아! 그렇구나

우리 역사

3

고구려

아! 그렇구나

우리 역사

③

고구려

글 · 여호규 | 그림 · 김형준

여유당

아! 그렇구나 우리 역사 개정판을 펴내며

많은 사람들의 관심과 함께 시작한 《아! 그렇구나 우리 역사》는 이 일 저 일 어려운 과정을 거친 끝에 여유당 출판사에서 첫 권부터 다시 출간하게 되었습니다. 이 시리즈를 손수 준비하고 책을 펴낸 기획 편집자 입장에서 완간 자체가 만만치 않다는 사실을 몰랐던 바 아니지만, 대대로 이어 온 우리 역사가 수없이 많은 가시밭길을 걸어온 것처럼 한 권 한 권 책을 낼 때마다 극심한 긴장과 고비를 피할 수는 없었습니다. 이 시리즈의 출간 준비에서부터 5권 신라·가야 편이 세상에 나오기까지 4년이 걸렸고, 이후 1년 반이 지나서야 6권, 7권, 8권이 뒤를 잇게 되었습니다. 독자들과의 약속대로라면 이미 완간해 가는 시점인데, 이제야 절반에 다다랐으니 아직도 그만큼의 어려움이 남은 셈입니다. 먼저 독자들에게 미안한 일이고, 가능한 한 빨리 완간을 하는 게 그나마 미안함을 덜 수 있는 최선이라고 생각합니다.

여유당 출판사에서는 이 시리즈를 처음 계획했던 총 17권을 15권으로 다시 조정했습니다. 11권 조선 시대 이후 근현대사가 다소 많은 비중을 차지한다는 집필진들의 생각에 따라, 12권 개항기와 13권 대한제국기를 한 권으로 줄였고, 마찬가지로 14, 15권 일제 강점기를 한 권으로 모았습니다. 물론 집필진은 이전과 같습니다.

1권 원시 시대를 출간할 때만 해도 어린이·청소년층에 맞는 역사 관련 책들을 찾기가 쉽지 않더니 지금은 몇몇 출판사에서 이미 출간했거나 장르별 혹은 연령별로 준비하는 실정입니다. 이런 상황에서 《아! 그렇구나 우리 역사》 시리즈가 독자들뿐만 아니라 다양한 계층의 관계자들에게 소중한 자료로 자리매김했다는 사실에 필자들이나 기획자로서 작은 보람을 느낍니다. 어린이·청소년 출판이 가야 할 길이 아직 멀고 멀지만 번역서나 창작 동화를 앞다투어 쏟아 내던 이전의 풍경에 비하면 아주 반가운 현상이라 할 수 있겠습니다.

더불어 2004년은 중국의 동북 공정 문제로 우리 역사를 진지하게 바라볼 수 있는 한 해가 되었습니다. 우리 역사를 어설프게 이해하고 우리 역사에 당당한 자신감을 갖지 못할 때 고구려 역사도 발해 역사도, 그리고 동해 끝 섬 독도까지도 중국과 일본의 틈바구니에서 부대낄 것은 뻔한 사실입니다. 특히 21세기를 이끌어 갈 10대 청소년들의 올바른 역사 인식은 민족의 운명을 가늠하는 발판임이 분명합니다.

학창 시절 대다수에게 그저 사건과 연대, 그리고 해당 시대의 영웅을 잘 외우면 그뿐이었던 잘못된 역사 인식을 꿈 많은 10대들에게 그대로 물려줄 수는 없습니다. 우리 역사는 한낱 조상들이 남긴 흔적이 아니라 개인에게는 자신의 가치관을 여물게 하는 귀중한 텃밭이요, 우리에게는 세계 무대에서 한국인이라는 자신감을 갖고 당당히 어깨를 겨루게 할 핏줄 같은 유산임을 잊지 말아야 합니다.

그런데 아직도 우리에게는 10대 청소년이 읽을 만한 역사책이 빈약합니다. 이제 전문가가 직접 쓴 책도 더러 눈에 띄지만 초·중학생 연령층이 쉽게 접할 수 있는 책은 여전히 많지 않습니다. 그나마 고등학생 나잇대의 청소년이 읽을 만한 역사물도 사실은 성인을 주 대상으로 만들어졌을 뿐입니다. 그만큼 내용과 문장의 난이도가 높거나 압축·생략이 많아 청소년들이 당시 역사의 과정을 제대로 이해하면서 읽어 나가기 어려운 게 현실입니다.

따라서 10대의 눈높이에 맞춰 역사를 서술하고, 역사의 의미를 제대로 이해할 수 있게 관점을 제시하며, 역사 이해의 근거로서 봐야 할 풍부한 유적·유물 자료, 상상력을 도와주는 바람직한 삽화, 게다가 청소년이 읽기에 적절한 활자 크기와 종이 질감 등을 고민한 책이 반드시 필요했습니다. 자신의 세계관과 올바른 역사관을 다질 수 있는 이 시리즈는 '전문 역사학자가 처음으로 쓴 10대 전반의 어린이·청소년을 위한 한국 통사'라는 데 의미가 크다고 하겠습니다. 이 시리즈는 이렇게 만들었습니다.

첫째, 이 책은 전문 역사학자들이 소신 있게 들려 주는 우리 조상들의 삶 이야기입니다. 원시 시대부터 해방 후 1987년 6월 항쟁까지를 15권에 아우르는 《아! 그렇구나 우리 역사)는 한 권 한 권, 해당 시대의 역사를 연구해 온 선생님이 직접 쓰셨습니다. 고구려 역사를 오래 공부한 선생님이 고구려 편을 쓰셨고, 조선의 역사를 연구하는 선생님이 조선 시대 편을 쓰셨습니다.

둘째, 초등학교 고학년과 중학생 연령층의 10대 어린이·청소년을 위해 만들었습니다.

지금까지 초등학교 저학년 어린이를 위한 위인전이나 동화 형식의 역사물은 여럿 있었고, 또 고등학생을 대상으로 펴낸 생활사, 왕조사 책도 눈에 띕니다. 하지만 위인전이나 동화 수준에서는 벗어나고, 고등학생의 독서 수준에는 아직 미치지 못하는 단계에 필요한 징검다리 책은 찾아볼 수 없었습니다. 《아! 그렇구나 우리 역사》는 초등학교 5·6학년과 중학생 연령층의 청소년에게 바로 이러한 징검다리가 될 것입니다.

셋째, 각 시대를 살았던 일반 백성의 생활을 구체적으로 생생하게 묘사했습니다.

그 동안 어린이·청소년을 위한 역사책이 대부분 영웅이나 사건 중심으로 이야기를 풀어 나갔다면, 이 시리즈는 과거 조상들의 생활에 역사의 중심을 두고 시대에 따른 정치·경제·사회·문화의 변화를 당시의 국제 정세와 함께 이해할 수 있도록 꾸몄습니다. 이 책을 읽으면서 독자 여러분은 당시 사람들의 생활 세계를 머릿속에 그려 나갈 수 있을 것입니다.

넷째, 최근 연구 성과에 따른 글쓴이의 목소리에도 힘을 주었습니다.

이미 교과서에 결론이 내려진 문제라 할지라도, 글쓴이의 견해에 따라 당시 상황의 발단과 과정에 확대경을 대고 결론을 달리 생각해 보거나 논쟁할 수 있도록 주제를 끌어냈습니다. 이는 곧 암기식 역사 교육의 틀을 깨고, 독자 한 사람 한 사람이 다양한 각도에서 역사의 비밀을 푸는 주인공이 되도록 유도하려 함입니다. 이는 역사적 사실과 인물을 통해 자신의 현재와 미래를 통합적인 시각으로 내다보게 하는 장치이며, 여기에 바로 이 시리즈를 출간하는 의도가 있습니다.

다섯째, 전문적인 내용일수록 이해하기 쉽게 풀어 쓰려고 노력했습니다.

주제마다 독자의 상상력만으로 해결되지 않는 부분은 권마다 200여 장에 이르는 유적·유물 자료 사진과 학계의 고증을 거친 그림을 통해 충분히 이해할 수 있도록 했습니다. 또한 중간중간 독자 여러분이 좀더 깊이 있게 알았으면 하는 주제는 네모 상자 안에 자세히 정리해 정보의 극대화를 꾀했습니다.

이 책을 위해 젊은 역사학자 9명이 힘을 합쳐 독자와 함께 호흡하는 한국사, 재미있는 한국사를 쓰려고 노력했습니다. 그러나 역사란 너무나 많은 것을 품고 있기에, 집필진 모두는 한국 역사를 쉽게 풀어서 새롭게 쓴다는 것 자체가 매우 어려운 일임을 절감했습니다. 더구나 청소년의 정서에 맞추어 우리 역사 전체를 꿰뚫는 책을 쓴다는 것은 박사 학위 논문을 완성하는 것 못지않게 힘든 과정이었습니다. 거기에 한 문장 한 단어마다 꼼꼼한 교열 교정을 거듭했습니다.

이 시리즈는 단순히 10대 어린이·청소년만을 위한 책이 아닙니다. 우리 역사를 소홀히 여겼던 어른이 있다면, 이 책을 함께 읽으면서 새로운 양식을 얻을 수 있으리라 생각합니다. 나아가 이 시리즈는 온 가족이 함께 읽는 데 큰 어려움이 없게 공을 들였습니다.

아직 미흡한 점이 많으나, 이 시리즈를 통해 여러분이 우리 역사를 올바로 이해하고 자신만의 세상을 더불어 열어 나가는 데 도움이 되기를 바랍니다.

2005년 7월
집필진과 편집진

| 차 례 |

《아! 그렇구나 우리 역사》 개정판을 펴내며 · 4

1 고구려 사람의 영원한 고향, 압록강 · 13
   자연 환경과 교통망
   농경민·유목민·산림족이 이웃하며 살던 곳 · 13
   | 아! 그렇구나 | '압록강'이라는 이름이 생겨난 까닭 · 28

2 구려 사람들과 주몽 · 29
   고구려가 건국되기까지
   고구려를 세운 사람은 정말 주몽인가? · 29
   | 한 걸음 더 나아가기 | 고구려의 첫 도읍인 졸본은 어디인가요? · 52
   | 한 걸음 더 나아가기 | 왜 졸본에서 국내성으로 도읍을 옮겼나요? · 56

3 5부가 함께 다스리던 나라 · 61
   초기 국가 체제와 사회 구조
   | 이야깃거리 | 낙랑 공주와 호동 왕자의 애틋한 사랑 이야기는 사실인가요? ·78

4 변화의 몸짓, 새로워진 나라 모습 · 81
   3세기 국제 정세와 정치 체제 변화
   | 아! 그렇구나 | 신하들이 왜 임금을 따라 스스로 죽었을까? · 96
   | 한 걸음 더 나아가기 | 시동생과 다시 결혼한 왕비 우씨의 유언 · 98

5 중국 대륙의 변화를 주시하라 · 101
   4세기 대외 관계와 제도 정비

6 광개토왕릉비는 말한다 · 117
   고구려 사람의 세계관
   | 아! 그렇구나 | 광개토왕릉은 장군총인가 태왕릉인가? · 138
   | 한 걸음 더 나아가기 | 광개토왕이 정복한 거란과 숙신은
                        어디에서 와서 어디로 갔을까요? · 140

7 몽골 초원과 양쯔 강을 연결한 외교망 · 143
5세기 고구려의 국제적 위상

| 한 걸음 더 나아가기 | 고구려 국력의 원천, 우수한 제철 기술 · 156

8 정치 권력과 경제력을 독차지한 귀족들 · 167
고구려 중기 정치 제도와 중앙 귀족의 삶

왕과 귀족이 독점한 정치 · 167
고구려 귀족은 어떻게 살았을까 · 172
| 한 걸음 더 나아가기 | 고구려 건축술의 꽃, 곱디고운 붉은색 기와집 · 192

9 성의 나라가 되기까지 · 197
성곽으로 본 중후기 지방 제도와 군사 제도

10 고분 벽화에 담긴 고구려 사람의 삶과 생각 · 227
벽화로 본 고구려 중·후기의 문화

고분 벽화, 고구려 문화를 읽는 열쇠 · 227
벽화에서 만나는 고구려 사람들 · 244
고구려의 하늘 세계 · 256
| 한 걸음 더 나아가기 | 고구려 고분 벽화, 그 색깔의 신비 · 270

11 시대 변화를 읽지 못한 가혹한 대가 · 271
6세기 중반의 정세 변화와 귀족 연립 체제

12 한판 싸움 : 고구려 대 통일 제국 수나라 · 283
고구려 – 수 전쟁의 전말

13 물리치고 또 물리쳤건만 · 301
고구려 멸망에 이르기까지

| 아! 그렇구나 | 연개소문은 이름이 여럿이라던데? · 307

14 민족 문화로 살아 숨쉬는 고구려 역사 · 325
고구려, 그 후

| 한 걸음 더 나아가기 | 일본과 돌궐로 간 고구려 유민들 · 336

고구려 이야기를 마치며 · 344 연표 · 346 사진 제공 · 354 참고 문헌 · 355

압록강가의 고구려 마을

일러두기

1. 연대를 표기할 때는 지금 우리 나라에서 공용으로 쓰는 서력 기원(서기)에 따랐다. 따라서 본문에 '서기전 1500년'이라 쓴 연대는 서력 기원 전 1500년을 의미한다. 흔히 쓰이는 '기원전'이라는 말을 피하고 '서기전'이라 한 것은, 기원전이란 말 자체가 '서력 기원 전'의 준말이기도 하거니와, 단군 기원인지 로마 건국 기원인지 예수 탄생 기원인지 분명하게 드러나지 않는 '기원전'보다 서기전이라는 말이 그 본래 의미를 더 잘 전달한다고 보기 때문이다.

2. 외국의 인명과 지명은 기본적으로 외래어 표기법을 따랐다. 다만 중국 지명인 경우, 먼저 중국어 발음에 근거하여 외래어 표기법에 따라 쓴 다음 괄호 ( ) 안에 우리 말 한자 발음과 한자를 같이 적었다. 중국어 발음을 확인하기 어려운 마을 이름은 우리 말 한자 발음으로 적었다.
그리고 외래어 표기법에서는 중국의 강 이름을 적을 때 중국어 발음 뒤에 '강' 자를 덧붙이도록 했으나(예:황하 → 황허 강, 혼강 → 훈장 강), '강'을 뜻하는 말('허'와 '강', '장'과 '강')이 겹치는 만큼 본래의 강 이름을 아는 데 혼란스러워질 수 있다. 그래서 '황하'는 '황허', '혼강'은 '훈 강'으로 쓴다.

3. 역사학 용어는 기본적으로 국사편찬위원회의 분류에 따르고, 고고학 용어는 국립문화재연구소에서 펴낸 《한국고고학사전》(2002)의 표기에 따랐으나, 어려운 한자어 대신 알기 쉬운 우리 말로 바꿀 수 있는 경우에는 바꿔서 썼다. 국립 박물관에서 펴낸 도록(이를테면 국립 부여 박물관의 《국립부여박물관》)에서도 되도록 쉬운 말로 바꿔 쓰는 추세이고(예:정림사지 → 정림사 터), '횡혈식 석실분' 같은 말을 '굴식 돌방 무덤'으로 바꿔 실은 《한국고고학사전》의 기본 정신도 그러하다고 보기 때문이다.

4. 글쓴이의 견해가 교과서와 다르거나 역사 해석에 논쟁의 여지가 있는 경우, 역사학계의 최신 연구 성과에 근거하여 글쓴이의 관점과 해석에 따라 서술하고, 그와 다른 견해도 있음을 밝혔다.

1

고구려 사람들의 영원한 고향, 압록강

자연 환경과 교통망

농경민·유목민·산림족이 이웃하며 살던 곳

고구려가 처음 어디에서 일어났는지 아십니까? 정확히 모르겠지만, 만주 땅 어느 곳이라고요?

예, 그렇습니다. 고구려는 만주에서 건국되었습니다. 그래서 첫 번째 수도인 졸본(지금의 환런)과 두 번째 수도인 국내성(지금의 지안)이 모두 중국에 있습니다. 지안에 있는 장군총이나 광개토왕릉비 같은 고구려 유적도 중국 정부에서 관리하고요.

만주는 한반도 북쪽, 압록강 건너편에 있는 땅입니다. 중국 대륙 전체로 보면 동북 지방에 해당하지요. 다음 지도를 한번 볼까요? 서

고구려가 태어난 터전, 만주

북쪽에 기다랗게 뻗은 산줄기가 따싱안링(大興安嶺 : 대흥안령) 산맥입니다. 동북쪽에 샤오싱안링(小興安嶺 : 소흥안령) 산맥이 있고요. 그리고 백두산을 중심으로 동서로 뻗은 산줄기를 장백 산맥(중국식으로는 창바이(長白) 산맥)이라고 합니다. 만주는 이들 산맥으로 둘러싸인 지역을 가리킵니다.

이들 산맥 사이에는 랴오허(遼河 : 요하)와 쑹화 강(松花江 : 송화강)이라는 큰 강이 흐릅니다. 그런데 두 강 사이에는 높다란 산줄기가 없고 평야가 계속 이어져 있습니다. 그 길이가 한반도보다도 긴 평야라니, 얼마나 넓은지 쉽게 상상이 안 되지요. 만주를 광활한 대평원이라고 하는 것은 바로 이 때문입니다.

랴오허와 쑹화 강 유역에서는 일찍부터 사람들이 농사를 지으며 살았습니다. 이들 강가에서 발견된 신석기 시대나 청동기 시대 유적은 그들이 남긴 흔적이지요. 그렇지만 만주에 농사 짓기 좋은 평야만 있는 것은 아닙니다.

서부 지방은 바다와 멀어서 비가 적게 오기 때문에 초원이나 사막이 많습니다. 이러한 지역에는 말이나 양을 놓아 기르며 떠돌아다니는 유목민이 많이 살았지요. 그리고 동부 지방은 날씨가 춥고 울창한 숲이 우거졌습니다. 그래서 이 곳 사람들은 뭍짐승을 사냥하거나 물고기를 잡으며 살았지요.

만주에는 농사 짓는 농경민뿐 아니라 유목민과 산림족이 이웃하며 살았군요. 이 가운데 고조선과 부여, 고구려를 건국한 우리 조상들은 주로 농사를 지으며 살았습니다. 다만 주변에 여러 족속이 있었기 때문에 이들과 다양한 관계를 맺으며 살아야 했습니다. 사이

좋게 지내기도 했지만 때로는 목숨을 건 전쟁을 하기도 했지요.

대부분 한반도에서만 살아온 우리로서는 쉽게 떠올리기 어려운 광경이지요. 그렇지만 이러한 자연 지형과 사람들의 생활 모습을 잘 알아야 고구려 역사 여행을 재미있고 유익하게 할 수 있답니다.

한반도의 자연 지형을 가장 많이 닮은 땅

이러한 만주 땅 가운데 고구려가 처음 나라를 세운 곳은 정확히 어디일까요?

지도에서 압록강을 찾아보세요. 압록강은 백두산 천지에서 발원해서 서해로 흘러드는, 우리 땅에서 가장 긴 강입니다. 그리고 북한과 중국의 국경선이기도 합니다. 고구려는 바로 이 압록강의 중상류 일대에서 건국되었습니다. 만주의 가장 남쪽 지방이지요.

그런데 이 곳을 여행하다 보면 만주의 다른 지역과 사뭇 다른 분위기를 느낄 수 있습니다. 만주의 중심부는 대평원입니다. 산이 있다 하더라도 야트막한 언덕이 대부분입니다. 그런데 만주의 대평원 지역에서 압록강 중상류 유역으로 들어서는 순간 지금까지와 전혀 다른 풍경을 만나게 됩니다.

산봉우리가 높아지고 능선도 완만한 듯하면서 날카로움을 더합니다. 들판도 강가를 따라 펼쳐지다가 산모퉁이를 만나면 끊어지기를 되풀이하고. 이러한 산과 들을 배경으로 자리 잡은 마을은 마치 한강이나 낙동강 상류의 산골 마을에 온 듯한 착각을 불러일으킵니다.

압록강 중상류 일대는 자연 지형상 만주 대평원과 전혀 다른 모습입니다. 오히려 한반도의 자연 지형을 빼닮았다고 표현하는 것이 정확할 정도입니다. 이처럼 압록강 중상류 일대가 한반도를 닮은 것은 백두산에서 내리뻗은 산간 지대에 해당하기 때문이지요.

그러니까 고구려는 만주 대평원이 아니라 압록강 중상류의 산간 지대에서 일어섰군요. 더욱이 압록강 중상류 일대는 만주 땅만이 아니라, 한반도의 북부 지역까지 포함하지요. 정확히 말하면 고구려는 만주 남부와 한반도 북부에 걸친 압록강 중상류에서 일어났다고 할 수 있습니다.

고구려 문화의 원류, 압록강가의 돌무지 무덤

실제 압록강 중상류에는 만주에 속한 북쪽뿐 아니라 한반도에 속한 남쪽 지역에도 초기 고구려 사람들의 흔적이 많이 남아 있습니다. 무슨 흔적이냐고요? 고구려 사람들의 특유한 무덤인 돌무지 무덤입니다.

《아! 그렇구나 우리 역사》 2권에서 보았듯이, 청동기 시대에는 고인돌을 많이 만들었지요. 그렇지만 지역이나 지위에 따라 흙 구덩이에 시신을 묻은 움 무덤이나 돌널 무덤도 만들었습니다. 철기 시대가 되면 나무 곽 무덤이나 큰 독을 이용한 독 무덤도 유행합니다. 이처럼 무덤은 지역이나 시대에 따라 달랐기 때문에 각 지역의 역사와 문화를 이해하는 데 중요한 자료가 되지요.

돌무지 무덤은 말 그대로 '돌로 쌓은 무덤'으로서 한자로 '적석묘 (積石墓)'라고도 합니다. 땅 위에 돌로 네모지게 묘단을 쌓은 다음 묘

단 중앙에 널방을 만들어 시신을 안치하고 돌로 덮는 형태이지요. 시신을 지하가 아니라 지상의 묘단 위에 묻은 점, 묘단부터 봉분까지 모두 돌로 쌓은 점이 가장 큰 특징입니다.

돌무지 무덤은 껴묻거리로 보아 철기가 처음 퍼지던 서기전 3~2세기 즈음부터 만들어진 것으로 짐작됩니다. 그런데 당시 만주와 한반도 일대에서는 움무덤이나 돌널 무덤을 많이 만들었고, 위와 같은 돌무지 무덤은 압록강 중상류 지역에서만 발견됩니다. 압록강 본류나, 북쪽 지류인 훈 강뿐 아니라 남쪽 지류인 독로강이나 자성강 근처에도 돌무지 무덤이 많이 남아 있지요.

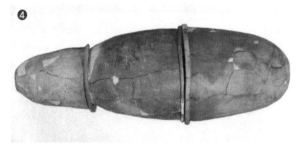

❶ 돌널 무덤(부여 송국리)
❷ 움 무덤〔랴오닝 성 선양(瀋陽:심양) 시 정가와자 마을〕
   땅에 움을 파고 그냥 시신과 껴묻거리를 넣었다.
❸ 나무 곽 무덤(평양시 낙랑 구역 토성동)
❹ 독 무덤(평양시 남경 유적) 왼쪽 끝 독의 길이 30.2센티미터.

그러므로 돌무지 무덤은 압록강 중상류 지역의 주
민들이 새롭게 만들어 낸 독창적인 문화라고 할 수 있
습니다. 이 지역 주민들은 돌무지 무덤을 만들면서 주
변 지역과 구별되는 독자적인 문화권을 형성했군요.
그런 면에서 압록강가의 돌무지 무덤은 고구려 문화
의 원류라고 할 수 있겠지요.

돌무지 무덤 만드는 순서

묘단을 쌓는다.

묘단 위에 널방을 만든다.

널방 안에 시신을 안치한다.

돌을 덮어 봉분을 쌓는다.

**돌무지 무덤
(자강도 초산군 운평리)**
이 무덤의 돌무지를 걷어 냈더니
돌로 만든 널방이 드러났다. 자
강도는 옛 평안 북도의 동북부,
압록강 중상류 유역이다.

소금 장수 을불이 알려 주는 압록강 수로망

압록강 중상류의 강변에는 상당히 넓은 들판도 있지만, 워낙 험준한 산간 지대이기 때문에 높은 산으로 둘러싸인 자그마한 들판이 많습니다. 삼면은 험준한 산으로 막히고 한 면은 압록강으로 막혀, 걸어서는 도저히 들어갈 수 없는 곳들이지요.

그런데 이러한 자그마한 들판 주변에도 돌무지 무덤이 있습니다. 그 옛날 고구려 사람들이 살았다는 증거이겠지요. 그러면 이 곳에 살던 사람들은 다른 곳과 어떻게 왕래했을까요?

우리는 가끔 생각지도 않은 곳에서 중요한 정보를 얻는 경우가 있습니다. 고구려 15대 임금인 미천왕의 어린 시절 이야기도 그런 경우입니다.

압록강 상류의 북한 풍양 마을
험준한 협곡 사이를 흐르는 압록강가를 따라 아담하고 풍요로운 북한의 농촌 마을이 펼쳐져 있다. 가슴에 품고 싶을 만큼 아름다운 자태를 뽐내면서……

미천왕의 어린 시절 이름은 을불(乙弗)이었다고 한다. 당시 고구려 임금은 을불의 큰아버지인 봉상왕이었다. 그런데 어느 날 봉상왕은, 자신의 아우이자 을불의 아버지인 돌고가 배반할 마음이 있다고 의심해 그를 죽였다.

갑자기 아버지를 잃은 을불은 어찌 해야 할지 몰랐다. 봉상왕이 자신마저 죽일지도 모른다는 공포에 휩싸였다. 이에 을불은 멀리 도망쳤다. 처음에는 수실촌이라는 마을에 사는 음모라는 사람의 집에 가서 머슴살이를 했다.

그렇지만 일이 너무 힘들자 그 집을 떠나 재모라는 사람과 함께 소금 장사를 했다. 이 때 을불과 재모는 배를 타고 다니며 소금을 실어 날랐다. 하루는 압록강 동쪽에 있는 사수촌의 어떤 집에서 잠을 잤는데, 그 집 할머니가 청하는 만큼 소금을 주지 않았다가 모함을 받아, 그 고을을 다스리는 압록재에게 불려 가 볼기를 맞았다. 그래서 을불은 얼굴이 야위고 옷도 남루해 아무도 그가 왕족인지 모르게 되었다.

이 때 봉상왕의 폭정을 견디지 못한 신하들이 을불을 왕으로 추대하려고 했다. 신하들이 산과 들로 을불을 찾아다니다가 하루는 비류수라는 강가에 이르러 한 청년이 배 위에 앉아 있는 것을 발견했다. 비록 용모는 초췌하고 옷차림도 남루했지만 몸가짐이 비범해 을불임을 알았다. 이에 을불을 모셔다가 봉상왕을 쫓아 낸 다음 왕으로 추대했다.

《삼국사기》 〈고구려본기 5〉 미천왕 즉위년조

소년 을불이 아버지를 잃은 다음 얼마나 큰 고통을 겪었는지 쉽게 짐작할 수 있겠지요. 엄청난 고통을 겪어서인지 을불은 미천왕(재위 300~331년)으로 즉위한 다음 많은 공적을 쌓는답니다. 그 이야기는 뒤에서(101~104쪽) 하기로 하고 여기에서는 을불이 도망다닌 길만

보려고 합니다.

을불은 처음 음모의 집에서 머슴살이를 하다가 일이 너무 힘들어 재모와 함께 소금 장사를 했지요. 그런데 이 때 을불은 육로가 아니라 배를 이용해 소금을 실어 날랐습니다. 그리고 신하들이 을불을 발견할 당시에도 비류수 물가의 배에 앉아 있었고요.

을불은 육로가 아니라 압록강 물길, 곧 수로를 주로 이용했던 것입니다. 당시에 을불과 재모 두 사람만 수로를 이용하지는 않았겠지요. 압록강 중상류에 살던 사람들은 애써 험준한 산을 넘기보다는 물길을 이용해 압록강 본류와 지류 구석구석까지 왕래했던 것입니다.

실제로 압록강변에 위치한 고구려 성곽들을 보면 강변으로 통로를 낸 경우가 있습니다. 그리고 뭍으로 상륙하는 주요 지점에는 적의 상륙을 저지하기 위한 방어벽(차단성)을 쌓기도 했고요. 모두 압록강 수로를 주요 교통로로 활용했음을 알려 주는 유적들이지요.

이제 압록강변의 자그마한 들판에도 돌무지 무덤이 즐비하게 서 있는 이유를 알겠지요? 압록강은 고구려 사람들에게 농사 지을 터전인 들판을 마련해 주었고, 농사에 필요한 물과 비료를 풍부하게 날라 주었으며, 이 들판 저 들판을 하나로 묶는 교통로 구실을 했습니다. 압록강은 본디 나라와 나라를 가르는 국경선이 아니라 고구려 문화를 낳은 원천이었던 것입니다.

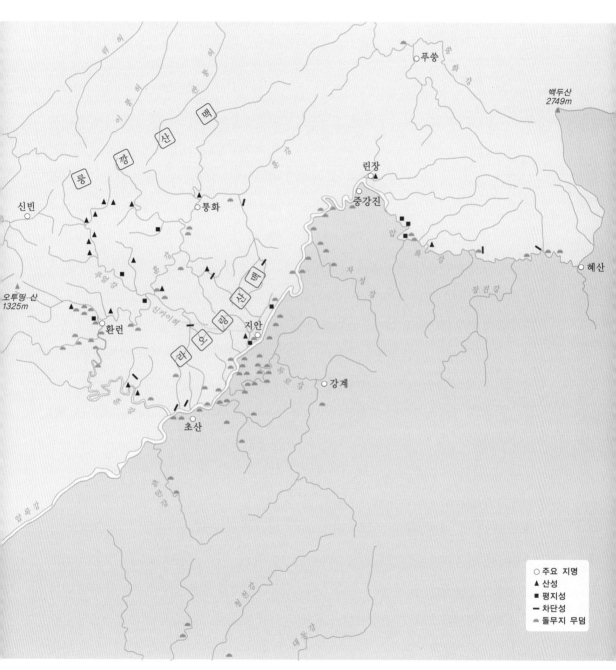

백두산
2749m

푸쑹

린장

중강진

혜산

신빈

퉁화

오투띵 산
1325m

환런

지안

강계

초산

압록강

○	주요 지명
▲	산성
■	평지성
▬	차단성
⏢	돌무지 무덤

압록강 중상류 일대의 고구려 유적

돌멩이 무더기에서 계단식 피라미드까지

돌무지 무덤의 발전 과정

돌무지 무덤의 형태는 시대에 따라, 또 묻힌 사람의 신분에 따라 다양하다.

처음에는 강돌(강가의 둥글둥글한 돌멩이)이나 산자갈로 묘단을 만들고, 그 위에 시신을 안치한 다음 돌로 덮었다. 그러다 보니 세월이 흐르면서 돌이 흘러내려 둥그스름한 형태가 되었다. 이에 돌이 흘러내리지 않도록 무덤 가장자리를 잘 다듬은 거대한 돌로 쌓았다. 무덤의 기단(基壇)이 만들어진 것이다. 그래서 기단이 없는 것을 무기단식 돌무지 무덤, 있는 것을 기단식 돌무지 무덤이라고 한다.

무기단식 돌무지 무덤에서 기단식으로 변화한 것은 돌무지 무덤을 쌓는 기술이 발달한 결과이다. 또한 거대한 돌을 다듬고 운반하는 데 필요한 많은 사람을 동원할 수 있는 세력가가 등장한 결과이기도 하다. 돌무지 무덤의 형태는 기술 발달과 사회 변화를 동시에 보여 주는 셈이다.

기술이 더욱 발달하고 힘 있는 세력이 더욱 성장함에 따라 돌무지 무덤의 형태는 다시 바뀌게 된다. 가장 아래층뿐 아니라 2층, 3층의 가장자리도 거대한 돌로 쌓아서 여러 층으로 된 계단식 돌무지 무덤이 만들어진 것이다.

서기 300년 즈음에는 거대한 돌계단 사이에 잘 다듬은 돌로 널방을 만드는 기술이 도입된다. 이에 따라 돌무지 무덤의 형태는 또 한 번 발전한다. 거대한 계단식 돌방 돌무지 무덤이 탄생한 것이다.

지안에 있는 계단식 돌방 돌무지 무덤인 천추총(千秋塚)은 한 변의 길이만 85미터에 이른다. 태왕릉, 서대묘, 임강총도 계단식 돌방 돌무지 무덤에 속하는데 거대한 규모로 보아 왕릉으로 짐작된다. 다만 이들은 가장자리만 거대한 돌로 쌓고 내부는 자갈돌로 채웠기 때문에 쉽게 무너졌다. 이에 내부까지 잘 다듬은 돌로 쌓은 것이 동방의 금자탑이라는 장군총이다. 장군총은 무덤 전체를 잘 다듬은 돌로 한 치도 빈틈 없이 쌓은 탓에 지금까지 웅장한 자태를 뽐낸다.

다시 말해 돌무지 무덤은 무기단식에서 기단식으로, 기단식은 다시 계단식으로 발전했다. 마지막에는 거대한 계단식 돌방 돌무지 무덤이 등장했고. 이렇게 본다면 우리는 돌무지 무덤의 형태가 바뀐 과정을 통해 고구려 사회의 발달 과정을 파악할 수 있겠다. 돌무지 무덤에는 바로 고구려의 역사가 담긴 셈.

다만 지배층은 끊임없이 새로운 형식을 만들어 냈지만, 대다수 백성은 여전히 자그마한 무기단식으로 저승 세계를 꾸몄다. 그러니까 발전된 형태가 등장했다 해서 이전 단계의 무덤 형태가 사라져 버리느냐 하면, 그게 아니라는 말이다. 장군총을 축조할 무렵에는 위에서 말한 네 가지 형태가 모두 존재했고, 따라서 어떤 돌무지 무덤에 묻혔느냐에 따라 무덤 주인공의 신분이나 지위를 달리 볼 수 있겠다. 특정한 시점의 돌무지 무덤들을 통해 왕에서 백성에 이르는 다양한 고구려 사람을 만날 수 있으니, 돌무지 무덤에는 바로 고구려의 신분

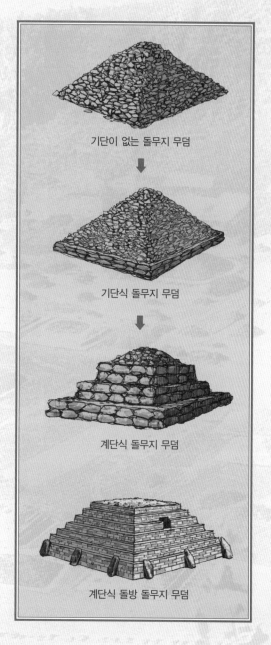

기단이 없는 돌무지 무덤

기단식 돌무지 무덤

계단식 돌무지 무덤

계단식 돌방 돌무지 무덤

임강총(전체 둘레 255미터, 높이 4.5미터)

서대묘(한 변의 길이 55미터, 높이 9미터)

태왕릉(한 변의 길이 66미터, 높이 14.8미터)

천추총(한 변의 길이 80~85미터, 높이 15미터)

구조와 사회 구조도 담겨 있는 셈이다.

이처럼 돌무지 무덤은 고구려의 역사와 사회 구조를 알려 주는 소중한 문화 유산이다.

그런데 돌무지 무덤은 대동강 유역의 평양 지방, 그리고 남쪽으로 내려와 임진강변과 한강 유역에서도 많이 발견된다. 이 가운데 평양 지방의 돌무지 무덤은 4세기 중후반 고구려가 평양 지방을 본격적으로 경영하면서부터 만든 것으로 보인다.

임진강이나 한강 유역의 돌무지 무덤에 대해서는 여러 학설이 있지만, 대체로 고구려의 주민들이 남쪽으로 이주하는 과정에서 남긴 것으로 본다. 특히 서울시 석촌동에 있는 거대한 계단식 돌무지 무덤은 그 시대에 남한의 서반부를 차지했던 백제의 왕릉으로 짐작된다. 백제의 시조 온조가 고구려에서 내려왔다는 백제 건국 설화에서 보듯이, 백제 왕실이 어떠한 형태로든 고구려와 밀접한 관련이 있음을 잘 보여 주는 무덤이다.

오랜 세월 탓으로 돌이 무너져 내리고 잡초로 뒤덮여 본디 모습을 짐작하기 어렵지만, 처음에는 모두 반듯한 피라미드 형태였다. 능(陵)은 임금의 무덤, 묘(墓)는 일반인의 무덤을 가리킬 때 붙이는 이름이다. 그리고 총(塚)은 장군총처럼 위쪽으로 뾰족하게 솟은 무덤, 분(墳)은 봉분을 언덕처럼 높고 둥그스름하게 만든 무덤을 가리킬 때 사용한다.

돌방

위 : 장군총(한 변의 길이 32미터, 높이 12.5미터)
아래 : **석촌동 4호 무덤(복원)** 한강에 가까운 서울 송파구 석촌동에는 백제 초기의 무덤이 여럿 있는데, 이 중 4호 무덤은 왕릉으로 보이는 돌무지 무덤이다.

'압록강'이라는 이름이 생겨난 까닭

북중국이나 만주 땅은 황토 지대이기 때문에 강물이 누렇다. 황허(黃河:황하)는 '누런 강'이라는 뜻인데, 랴오허 상류인 시랴오허(西遼河:서요하)의 다른 이름 시라무렌 허도 누런 강이라는 뜻이다. 반면 암반이 두꺼운 산간 지대를 흐르는 압록강은 푸르다 못해 짙푸른 녹색을 띤다. 한반도의 다른 강들도 압록강처럼 푸른빛을 띤다.

그래서 누런 강물만 보던 중국 사람들이 압록강의 짙푸른 빛깔에 반해, 머리 빛깔이 청록색인 '청동오리(鴨)'에 비유해 '압록강(鴨淥江)'이라고 이름 붙였다. 압록강 유역이 자연 지형상 한반도에 가깝다는 것을 강의 이름을 통해서도 알 수 있다.

2

구려 사람들과 주몽
고구려가 건국되기까지

고구려를 세운 사람은 정말 주몽인가?

〈한국을 빛낸 100명의 위인〉이라는 노래에도 나오듯이, 흔히 주몽 (동명성왕)이 부여에서 내려와 고구려를 세웠다고 하지요. 그러면 과연 주몽 혼자 어느 날 갑자기 고구려를 건국했을까요? 이 때 압록강 가의 사람들은 주몽이 나라를 세우도록 내버려 둔 채 먼 산만 바라보았을까요?

그렇지는 않았겠지요. 조금 뒤에 살펴보겠지만 고구려라는 나라는 굉장히 오랜 세월에 걸쳐 많은 사람들의 힘으로 세워졌습니다. 그러면 광개토왕릉비나 《삼국사기》 같은 역사 기록에서는 왜 주몽이 고구려를 세웠다고 적었느냐고요? 왕조 시대의 역사관 때문입니다. 왕조 시대에는 임금이 나라의 주인이라고 생각했거든요. 그래서 모든 역사는 임금을 중심으로 기록되었지요.

그러니까 주몽 혼자 고구려를 세웠다는 기록도 그대로 믿을 수 없겠지요. 그래서 역사학자들은 역사책 속에 숨은 진실을 찾기 위해 열심히 공부하고 연구한답니다. 유적이나 유물에 담긴 역사를 발견하기 위해 직접 다니면서 관찰하기도 하고요.

그럼 역사책에 숨은 진실과 압록강가의 돌무지 무덤에 담긴 역사를 좇아 고구려가 세워지던 먼 과거로 여행을 떠나 볼까요? 아주 오랜 세월에 걸쳐 무수한 사람들을 만나게 될 것입니다. 우리 조상뿐 아니라 고구려 건국을 방해했던 이방인도 만날 테고요.

'구려 사람'이라 불러 주세요

청동기 시대까지 압록강 중상류는 문화가 아주 뒤떨어진 지역이었습니다. 청동기는 극히 일부만 보급되었고, 농기구는 여전히 석기를 사용했지요. 그러다 보니 농사 이외에 사냥이나 물고기잡이를 병행하며 생계를 유지할 수밖에 없었습니다.

자연히 살림이 넉넉하지 못했고, 자기들만의 특성을 살린 문화를 일구어 낼 수 없었지요. 그러니 자기네끼리 정치 세력을 형성해 나라를 세울 만한 힘도 없었겠지요. 그들은 아직 고구려 사람이 아니라, 만주와 한반도에 흩어져 살던 우리 조상인 예맥족의 일부일 뿐이었습니다.

왕조 시대

나라를 다스리는 왕을 혈연으로 세습하던 시대. 곧 왕의 아들이나 아우가 왕위를 잇던 시대를 말한다.

압록강 중상류에 새로운 기운이 일어난 것은 철기가 보급되면서부터입니다. 철기는 잘 부러지는 청동기와 달리 날카로우면서도 질겨 웬만한 충격에는 잘 부러지지 않습니다. 그래서 무기뿐 아니라 큰 충격을 견뎌 내야 하는 갖가지 농공구도 철로 만들었지요. 더욱이 철광석은 자연에서 쉽게 구할 수 있기 때문에 많은 사람이 널리 철기를 쓸 수 있었답니다.

청동기 시대와 견준다면 가히 혁명적인 변화였습니다. 서기전 3~2세기 즈음 압록강 중상류에도 변화의 물결이 밀려왔습니다. 가장 큰 변화는 농사 짓는 데서 시작되었지요. 쇠도끼를 사용함으로써 커다란 나무를 뿌리째 뽑아 내고 크고 작은 들판을 개간할 수 있었습니다. 이제 들판의 어느 한 구석에 밭뙈기를 마련하는 정도가 아니라, 들판 전체를 모두 경작할 수 있게 되었지요.

곡식을 거둘 때도, 반달 모양 돌칼로 이삭을 하나씩 따던 방식에서 벗어나 쇠낫을 이용하여 밑동째 한꺼번에 베어, 같은 시간을 일하고도 이전보다 훨씬 많은 곡식을 거두게 되었어요.

바로 이 때부터 돌무지 무덤을 만들기 시작했답니다. 지금도 압록강변 들판 곳곳에서 돌

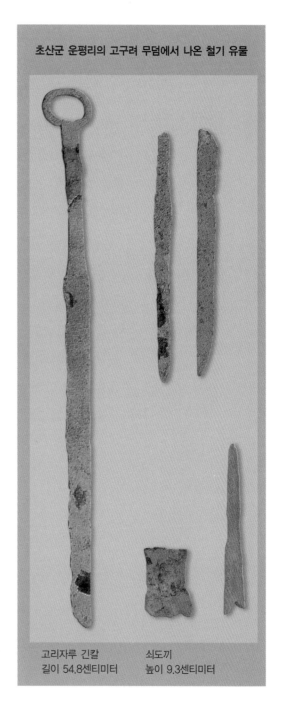

초산군 운평리의 고구려 무덤에서 나온 철기 유물

고리자루 긴칼
길이 54.8센티미터

쇠도끼
높이 9.3센티미터

무지 무덤을 만날 수 있는데, 유심히 보면 농경지를 비켜나서 황무지인 강둑이나 산비탈에서부터 무덤을 쌓은 것을 알 수 있습니다. 농민답게 농사 짓는 들판을 가장 소중하게 여겼던 것이지요.

이로써 압록강 중상류 사람들은 많은 땅을 경작하며 이전보다 풍요롭게 살게 되었습니다. 그리고 돌무지 무덤이라는 무덤을 만들면서 주변 지역과 구별되는 문화도 꽃피우게 되었습니다. 압록강 중상류 사람들을 하나로 뭉치게 하는 독자적인 문화가 형성된 것이지요.

《한서》라는 중국 역사책에서는 서기전 2세기 압록강 중상류 유역의 주민을 가리켜 '구려만이(句麗蠻夷)'라 했습니다. '만이(오랑캐)'는 중국 사람들이 자기네 나라 밖의 사람을 낮추어 부르던 말입니다. 중국 사람들의 잘못된 시각을 바로잡으면 '구려만이'는 '구려 사람'이라고 할 수 있겠지요.

일찍이 고조선이나 부여가 예맥족에서 갈라져 나가 독자적인 정치 세력을 형성해 그 이름을 알린 것처럼, 압록강 중상류의 주민들도 '구려'라는 이름으로 불리게 되었습니다. 고구려는 바로 이 '구려'에서 유래한 명칭입니다. 그러니까 주몽이 부여에서 내려오기 훨씬 전부터 고구려라는 이름의 모태, 그리고 고구려를 세우기 위한 움직임이 시작된 셈이지요.

운평리 고분군 전경
옛 시대의 무덤(고분)이 여럿 모여 있는 것을 '고분군'이라 한다.

고리자루 긴칼

(環頭大刀 : 환두대도)

앞의 31쪽에는 운평리에서 나온 고리자루 긴칼의 사진이 있다. 삼국 시대의 유물 중에서 우리는 당시 우리 조상들의 허리춤에 매달렸을 긴 칼을 흔히 보게 되곤 한다. 그런데 그 칼들의 자루 끝은 항상 둥근 고리 모양이다. 삼국 시대 사람들은 왜 칼자루 끝을 둥근 고리로 만들었을까?

칼은 대개 양날을 세운 검(劍)과 외날인 도(刀)로 나뉜다. 검이 주로 상대방을 찌르는 용도로 사용되었다면, 도는 내려쳐서 베는 용도로 사용되었다. 도는 중국 한나라 때에 기병술과 우수한 제철 기술을 배경으로 발달했다.

기병술, 곧 말을 타고 달리며 상대방을 공격하는 전술이 필요해지면서, 당시 높은 수준에 이른 제철 기술을 활용해 칼등이 두껍고 날은 날카로우며 기다란 대도(大刀 : 큰칼)를 만들어 낸 것이다. 칼등을 두껍게 만들어 내려치는 힘을 극대화하면서, 칼날을 날카롭고 기다랗게 만들어 달리는 말 위에서도 적을 공격할 수 있도록 했다. 다만 이러한 대도는 내려칠 때 아래쪽으로 쏠리는 힘이 크기 때문에 떨어뜨릴 위험이 높았다. 이에 손잡이 끝부분에 둥근 고리를 만들고 노끈 같은 것을 매달아 손에 걸 수 있도록 했다.

이러한 고리자루 긴칼은 늦어도 서력 기원을 전후한 시기에는 이미 부여나 고구려 지역에서 사용되었으며, 점차 한반도 중남부 지역으로도 전파되어 삼국 시대에 가장 일반적인 무기로 자리 잡았다. 특히 왕이나 귀족, 장수들은 고리자루 부분에 용이나 봉황 모양을 본뜬 화려한 장식을 하여 권위와 위엄을 뽐내기도 했다.

고리자루 긴칼
훈 강가의 환런 출토.

구려 사람들의 마을

자강도 시중군 노남리의 집자리와 쇠부리터

압록강 지류인 독로강변의 시중군 노남리 마을에서는 고구려가 건국될 무렵의 유적이 발견되었다.

자그마한 들판이 아담하게 펼쳐지고, 강변에는 돌무지 무덤과 돌방 흙무덤(돌을 쌓아 무덤 방을 만들고 그 위에 산처럼 흙을 덮은 무덤. 곁에서 보면 아담한 언덕배기처럼 보인다. 4세기 이후에는 돌무지 무덤 대신 돌방 흙무덤이 많이 만들어지는데, 돌방 벽에 무덤 주인공의 생전 생활상이나 당시 사람들이 생각한 사후 세계를 그림으로 그려 놓곤 했다)이 무리 지어 있는 곳, 바로 그 옆에 집자리와 쇠부리터가 있었다. 고구려 사람들의 삶과 죽음의 세계가 동시에 발견된 셈이다.

집자리는 움집에서 갓 벗어난 형태로, 동서 길이 12미터, 남북 너비 10미터인 네모 모양이었다. 집 한가운데에만 한 줄로 기둥을 세우고, 그 기둥들 위에 도리를 가로지른 다음, 양쪽 흙벽으로 서까래를 걸치고 지붕을 얹었다. 양쪽 가장자리에는 기둥을 세우지 않고, 가운데 기둥도 주춧돌 없이 그냥 구덩이를 파고 세웠다.

지상 가옥 가운데 가장 간단한 형태라고 할 수 있겠다. 그렇지만 이전의 반지하식 움집과 비교한다면 놀라운 발전이라고 할 수 있다. 더욱이 집 안에는 쪽구들을 두 개나 설치했다. 이제 땅에서 올라오는 찬 기운과 습기를 막아 내고, 여름은 시원하게, 겨울은 따스하게 보낼 수 있게 된 것이다.

집자리 부근에서는 쇠부리터도 발견되었다. 쇠부리터란 쇠를 녹이고 달구는 시설을 말한다. 이로 보아 노남리의 고구려 사람들은 직접 쇠를 녹여 각종 연장을 만들었음을 알 수 있다. 때로는 무디어진 연장을 달구고

도리 　서까래

기둥

노남리의 집

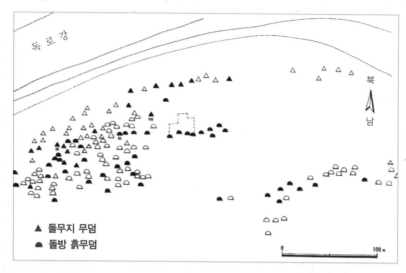

독로강

북

남

▲ 돌무지 무덤
◨ 돌방 흙무덤

0   100 m

노남리 고분군 분포도

두드려서 날카롭게 벼리기도 했을 것이다.
실제 쇠부리터 부근에는 녹지 않은 쇳덩어
리, 쇠찌꺼기, 불에 탄 진흙덩이 따위가 많
이 흩어져 있었다.

　우리는 독로강변 노남리 유적에서 구려
사람들이 이제 막 지상으로 올라온 초가집
에서 살던 모습, 쇠부리터에서 새로운 연장
을 만들거나 무디어진 연장을 벼리며 농사
를 준비하던 모습, 그렇게 이승의 삶을 살다
가 돌무지 무덤의 저승 세계로 떠나던 모습
등등, 고구려 사람들의 삶과 죽음을 한눈에
그려 볼 수 있다.

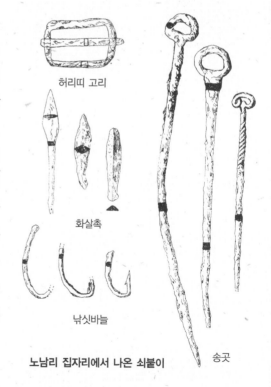

허리띠 고리

화살촉

낚싯바늘

노남리 집자리에서 나온 쇠붙이

송곳

고구려 건국의 모체, 나 집단

어떤 사회가 경제적으로 발전한다고 해서 반드시 모든 사람이 골고루 잘살게 되지는 않습니다. 이 때도 마찬가지였습니다. 모든 사람이 최첨단 철제 농기구를 가질 수는 없었겠지요. 그래서 철제 농기구를 가진 자와 그렇지 못한 자 사이에 빈부 차이가 생겨나기 시작했습니다.

처음에는 미미하던 차이가 시간이 지나면서 점차 엄청난 격차로 벌어졌습니다. 특히 들판이 넓은 지역인 경우, 한두 사람이 우월한 경제력을 바탕으로 많은 농경지를 차지하고 마을에서 공동으로 관리하던 재산까지 독차지하는 경우가 생겨났습니다.

그뿐 아니라 이들은 이웃 마을까지 손길을 뻗쳐 점차 여러 마을을 아우른 지역 세력으로 성장했습니다. 이러한 지역 세력은 우후죽순처럼 압록강 중상류 곳곳에서 일어났습니다. 압록강 중상류에 흩어진 돌무지 무덤은 그 때의 이야기를 지금까지 생생하게 전해 줍니다.

돌무지 무덤은 크기가 아주 다양합니다. 지름이 5~6미터 정도인 것도 있지만, 들판이 넓은 곳에는 잘 다듬은 큰 돌로 10미터 넘게 쌓은 것도 있습니다. 이렇게 큰 돌무지 무덤을 쌓는 데는 많은 사람이 동원되었겠지요. 여러 마을을 거느릴 정도로 힘 있는 사람이나 쌓을 수 있었을 것입니다. 그러니까 큰 돌무지 무덤이 있는 들판은 여러 마을을 아우른 지역 세력의 중심지였다고 할 수 있겠지요.

《삼국사기》〈고구려본기〉에서는 이러한 지역 집단을 '나(那)'라고 했습니다. 강가의 들판에 자리 잡은 유력한 지역 집단이라는 뜻이지요. 고구려라는 나라는 바로 이러한 나(那) 집단이 서로 싸우고 합쳐지는 과정을 통해 만들어졌답니다. 나 집단은 고구려 건국의 모체인 셈이군요.

압록강까지 진출한 한나라를 물리치다

이 무렵, 이웃 고조선의 상황도 급변했습니다. 서기전 2세기 초 중국 대륙에서 온 위만이 이주민들을 모아 준왕을 몰아내고 고조선 왕이 된 것입니다. 위만은 진번(眞番)이나 임둔(臨屯) 등 주변의 작은 나라를 정복해 강력한 세력권을 구축하고, 압록강 중상류로도 손길을 뻗치기 시작했습니다.

묘책을 찾던 나 집단의 유력자들은 초강수로 대응했습니다. 서기전 128년 남려(南閭)라는 사람을 우두머리로 삼아 한나라에 복속을 청한 것이지요. 남려가 이끌었던 사람이 28만여 명이라니 압록강 중상류뿐 아니라 동해안 지방 등 여러 지역의 주민들이 동참했던 모양입니다.

한나라는 곧바로 랴오둥(遼東 : 요동)에서 압록강을 거쳐 동해안에 이르는 지역을 창해군이라는 행정 구역으로 삼았습니다. 그리고 도로를 닦고 성곽을 쌓기 시작했습니다. 그렇지만 너무 많은 비용이 들자 서기전 126년 도로 건설을 중단하고 창해군도 폐지했습니다.

압록강 중상류의 구려 사람들로서는 마치 태풍이 지나간 것 같았을 테지요. 그런데 급박하게 돌아가던 국제 정세는 이들에게 숨돌릴 틈을 주지 않았습니다. 고조선이 한나라와 정면 대결로 치닫다가 서기전 108년 한나라에게 멸망당한 것입니다.

창해군(蒼海郡)
'푸른 바다'라는 뜻이므로 창해군이 동해안까지 이르렀음을 알 수 있다.

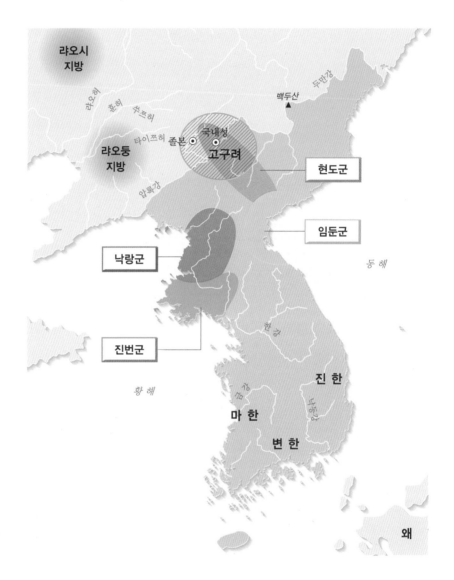

고조선이 멸망한 뒤 한 군
현의 영역

    고조선의 멸망은 엄청난 변화를 가져왔습니다. 한나라가 고조선 중심지뿐 아니라 주변 지역까지 자기네 영토로 삼으려 했기 때문입니다. 한나라는 서기전 107년 압록강 중상류에도 현도군(玄菟郡)이라는 행정 구역을 설치했지요.

이제 구려 사람들은 한나라의 지배를 받게 되었습니다. 그런데 한나라의 지배는 아주 가혹했습니다. 도로를 닦고 성곽을 쌓는 데 많은 사람을 동원했을 뿐 아니라 세금이라는 명목으로 많은 물자를 거두어 갔습니다. 이에 구려 사람들은 한나라의 지배에 강력히 맞서 싸웠습니다. 그러기를 30여 년, 마침내 서기전 75년 구려 사람들은 한나라 세력을 압록강 중상류에서 몰아냈습니다.

누가 누가 더 큰 왕국을 만드나

한나라를 몰아내는 동안 구려 사회는 많이 변했습니다. 곳곳의 나 집단 가운데 우세한 나 집단들이 한나라를 쫓아내는 일을 주도했고, 이 과정에서 우세한 나 집단들은 다른 작은 나 집단들을 정복하며 큰 정치 세력으로 성장했지요.

왕을 자처하는 자들이 다스리는 소규모 왕국이 압록강 중상류 곳곳에 등장했습니다. 이들은 세력을 넓히고 주도권을 차지하기 위해 치열하게 다투었습니다. 이 과정에서 작은 왕국을 여럿 정복한 큰 왕국이 등장합니다.

이러한 다툼을 회심의 미소를 지으며 바라보던 나라가 있었습니다. 바로 압록강 중상류에서 쫓겨난 다음 기회만 엿보던 한나라가 압록강 서북쪽의 쑤쯔허(蘇子河 : 소자하) 유역에 현도군을 설치하고 다시 손길을 뻗친 것입니다. 여러 선진 문물을 당근 삼아, 협력하는 자에게는 한나라 의복과 모자, 그리고 도장을 내려주었습니다.

압록강 중상류의 나 집단이나 왕국들은 선진 문물이 탐나서, 때로는 한나라 관복이나 도장의 권위를 빌리기 위해 앞다투어 현도군으로 달려갔습니다. 이로써 한나라는 구려 사회의 여러 왕국들을 교묘하게 분열시키며 다시 지배력을 뻗칠 수 있었습니다.

소년 명궁 주몽의 남하와 정착

주몽이 부여에서 내려온 것은 바로 이 무렵이었습니다. 주몽 이야기는 광개토왕릉비를 비롯해 중국 역사책인 《위서》, 고려 시인 이규보가 지은 서사시 〈동명왕편〉, 삼국 시대 역사책인 《삼국사기》와 《삼국유사》 등에 전합니다. 기록마다 약간씩 차이가 있지만 전체 줄거리는 거의 비슷합니다.

주몽의 어머니는 물의 신 하백의 딸 유화였다고 한다. 하루는 유화가 물놀이갔다가 하느님(天帝:천제)의 아들이라는 해모수의 꾐에 빠져 정을 통하게 되었다. 하백은 부모의 말을 듣지 않고 다른 남자와 정을 통했다면서 유화를 태백산 남쪽 우발수로 쫓아냈다.

마침 우발수를 지나가던 부여 금와왕이 유화를 발견하고 왕궁으로 데려갔다. 유화는 작은 방에 갇혔는데, 햇빛을 쬐고 임신해서 큼지막한 알을 낳았다. 이상하게 여긴 금와왕이 알을 버렸으나 모든 짐승이 알을 밟지 않고 도리어 따뜻이 품어 주었다.

알을 유화에게 되돌려 주니 사내 아이가 태어났다. 이 아이는 일곱 살에 활을 만들어 쏘았는데 백발백중이었다. 그래서 활 잘 쏘는 아이라는 뜻으로 '주몽'이라 했다. 하루는 금와왕의 왕자 일곱 명과 사냥을 했는데 아무도 주몽의 실력을 따르지 못했다. 이에 금와왕의 맏아들 대소가 주몽을 죽이라고 청했으나, 금와왕은 차마 죽이지 못하고 말 기르는 일을 맡겼다.

주몽은 어머니 유화 부인의 도움을 받아 준마를 고른 다음 일부러 마르게 했다. 이에 금와왕이 살진 말은 자신이 타고 야윈 말은 주몽에게 주었다. 금와왕의 왕자와 신하들이 주몽을 더욱 시기해 죽이려 하자 주몽은 오이, 마리, 협보와 함께 남쪽으로 도망쳤다.

주몽이 엄리대수라는 큰 강에 이르렀을 때 추격병에게 잡힐 위기에 빠졌다. 이에 주몽이 "나는 하느님의 아들이요 하백의 외손자다" 하고 외치며 활을 강물에 쏘자, 물고기와 자라들이 떠올라 다리를 만들었다. 주몽이 강을 건너자 물고기들은 곧바로 흩어졌다.

추격병을 따돌린 다음 큰 나무 아래에서 쉬고 있는데, 비둘기 한 쌍이 날아왔다. 주몽은 어머니 유화 부인이 보낸 새임을 알아차리고 활로 쏘아 떨어뜨렸다. 비둘기의 목을 열어 보니 유화 부인이 주는 오곡 씨앗이 있었다. 주몽이 비둘기에게 물을 뿜어 주니 비둘기는 다시 살아나서 날아갔다.

주몽은 다시 남쪽으로 내려오다가 모둔곡(보술수)에 이르러 재사, 무골, 묵거 등을 만나 이들과 더불어 졸본천에 이르렀다. 졸본천 비류수가에 자리 잡은 주몽은 졸본부여 왕의 사위가 되어 그 왕위를 이었다고 전하기도 하고, 소서노라는 과부와 결혼했다고 전하기도 한다.

이렇게 졸본부여 왕이나 소서노와 결합하여 세력을 키운 주몽은 마침내 이 지역의 맹주인 비류국 송양왕에게 도전장을 내밀었다. 주몽은 송양왕과 활 쏘기 시합을 해 명궁답게 이겼다. 그렇지만 비류국의 오랜 전통을 하루 아침에 없앨 수는 없었다.

맹주(盟主)
동맹을 맺은 여러 나라나 단체 가운데 우두머리가 되는 나라, 단체나 사람.

더욱이 비류국의 송양왕은 누가 먼저 나라를 세웠느냐로 강자를 가리려고 했다. 이에 주몽은 의례용 북과 뿔피리를 비류국에서 몰래 훔쳐 와, 오래 된 것처럼 색깔을 칠해 왕국의 위엄을 갖추었다. 그러고는 궁궐의 기둥도 썩은 나무로 세워 아주 오래 된 것처럼 꾸몄다.

그래도 비류국이 항복하지 않자 주몽은 흰 사슴을 붙잡아 매달고 주문을 외웠다. "사슴아, 제발 하늘에 간절히 빌어 비를 많이 내려 비류국 도성을 물에 잠기도록 하라. 그러지 않으면 사슴 너를 결코 놓아 주지 않겠다"고.

주몽의 간절한 소망에 하늘이 감동했는지 7일 동안 비가 내려 비류국 도성을 물바다로 만들었다. 비류국 송양왕도 더 버티지 못하고 마침내 항복했다. 이로써 주몽은 이 지역의 새로운 맹주가 되었다.

믿기 어렵다고요? 주몽이 알에서 태어났다느니, 물고기가 다리를 만들었다느니, 믿을 수 없지요. 그런데 주몽 이야기뿐 아니라 건국 설화는 모두 믿기 어려운 이야기로 꾸며진답니다. 알에서 태어났다느니, 하느님의 아들이니, 물의 신 하백의 외손자니 하는 것은 모두 시조가 신비롭게 탄생했고, 하늘과 물로부터 신이한 능력을 물려받았음을 강조하기 위한 독특한 표현 방법이지요.

이러한 표현을 빼고 보면 주몽 이야기에는 역사적인 사실도 많이 숨어 있답니다. 주몽이 잘했다는 활 쏘기와 말 타기는 당시 가장 중요한 무술이었지요. 비둘기가 가져다 준 씨앗은 선진 농업 기술을 상징하고요. 하늘에 빌어 비를 내린 것도 물을 잘 관리했음을 말하겠지요. 그리고 보니 주몽은 가장 뛰어난 무술과 농업 기술을 터득

했던 사람이로군요.

그런데 주몽이 졸본천에 정착한 다음 어떻게 나라를 세웠나요? 혼자서 단숨에 왕이 되었나요? 아니지요. 처음 부여에서 친구 몇 명을 데리고 내려왔고, 또 중간에 모둔곡에서 몇 사람을 만났고, 비류수에 정착한 다음에는 졸본부여 왕이나 소서노라는 여자의 도움을 받았지요.

주몽은 우수한 무예와 선진 문화를 가지고 졸본천(비류수) 유역의 토착 집단이나 왕국과 결합해 힘을 키웠던 것입니다. 그리고 이를 바탕으로 비류국의 항복을 받아 내고 새로운 맹주로 떠올랐지요.

한나라의 분열 책동을 막고 고구려를 세우다

주몽 집단이 힘을 키워 나갈 무렵, 한나라의 분열 책동은 여전히 계속되었고 각 왕국 사이의 다툼도 치열하게 벌어졌습니다. 그런데 이러한 다툼이 반드시 나쁜 결과만 가져오진 않습니다. 치열한 다툼은 자연스럽게 약자를 도태시켜 버리지요. 약자 편에서 본다면 불행한 일이지만, 새로운 시대가 온다는 점에서는 또 다른 희망을 잉태하는 과정이기도 합니다.

이 때도 마찬가지였습니다. 힘이 약한 나 집단이나 작은 왕국은 큰 왕국에 흡수되어 갔습니다. 그리하여 주몽 집단을 비롯해 비류나국, 연나국, 관나국, 환나국이라는 큰 왕국 다섯으로 통합되었습니다. 물론 작은 왕국이 몇몇 남았지만. 큰 왕국들만 합치거나 뜻을 모은다면 한나라의 분열 책동을 막을 수 있는 상황이 되었지요.

이에 새로운 맹주로 떠오른 주몽 집단은 강력한 무력을 바탕으로 큰 왕국들을 위협해 다음과 같이 합의했습니다. 각 왕국이 한나라와 왕래할 때는 개별적으로 하지 않고 항상 주몽 집단을 통하는 대신, 주몽 집단은 각 왕국의 내부 일을 간섭하지 않는다고. 이로써 주몽 집단은 명실상부하게 압록강 중상류 전체를 대표하게 되고, 각 왕국은 대외적으로 독자성을 잃었지만 내부적으로는 종전과 같은 권한을 누리게 되었습니다.

당연히 한나라의 분열 책동은 이제 먹히지 않았겠지요. 현도군에서는 아무도 오지 않자 현도군의 동쪽 경계에 작은 성을 쌓아, 압록강 중상류의 여러 세력들에게 줄 관복과 모자를 두었다고 합니다(당시 고구려 사람들은 이 성을 '모자〔幘〕를 두는 성'이라는 뜻으로 책구루(幘溝婁)라고 했습니다). 한나라도 압록강 중상류 전체를 한 국가로 대할 수밖에 없게 된 것이지요.

이로써 고구려라는 나라가 국제 공인을 받게 된 것입니다. 대략 서기 1세기 중반의 일이었습니다. 철기가 보급되고 돌무지 무덤이 만들어진 것이 서기전 3~2세기. 그러니까 고구려가 세워지기까지 200년 넘게 걸렸군요. 그 사이 구려 사람들은 고조선의 압박과 한나라의 가혹한 지배를 물리쳐야 했고요. 이처럼 고구려라는 나라는 주몽 혼자의 힘이 아니라 압록강 중상류에 살았던 많은 사람들의 피와 땀이 모이고 또 모여 세워졌답니다.

구루(溝婁)
성(城)을 뜻하는 고구려 말.

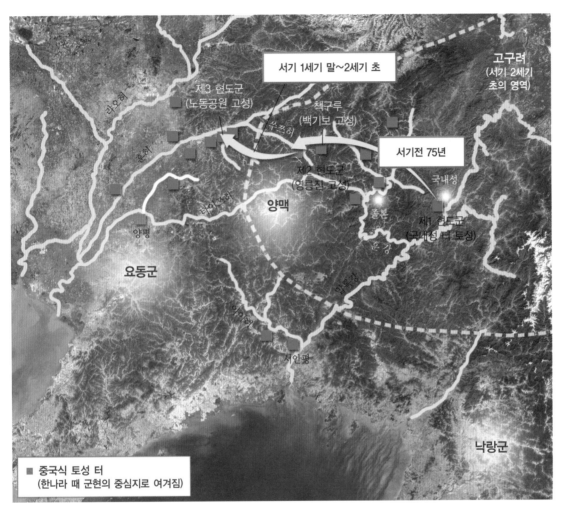

서기 1세기 말~2세기 초

제3 현도군
(노동공원 고성)

고구려
(서기 2세기
초의 영역)

책구루
(백기보 고성)

서기전 75년

제2 현도군
(영릉진 고성)

국내성

졸본

제1 현도군
(국내성 터 토성)

양맥

요동군

양평

서안평

낙랑군

■ 중국식 토성 터
(한나라 때 군현의 중심지로 여겨짐)

현도군이 쫓겨 간 과정

졸본부여 왕과 소서노는 누구인가?

주몽이 압록강 중류 유역으로 내려와 맹주로 떠오른 과정에 대해서는 역사책마다 조금씩 다르게 전한다. 《삼국사기》〈고구려본기〉나 〈동명왕편〉에는 주몽이 혼자 힘으로 왕국을 세웠다고 나오는 반면, 《삼국사기》〈고구려본기〉의 세주(자잘한 글씨로 단 주석, 곧 해설이나 설명)나 〈백제본기〉에서는 졸본부여 왕의 사위가 되었다가 그 뒤를 이어 왕이 되었다고 한다.

　또한 〈백제본기〉의 세주에서는 소서노(召西奴)라는 여성이 북부여에서 내려온 우태와 결혼했다가 우태가 죽은 다음 과부로 지냈는데, 주몽이 남하하자 다시 그의 아내가 되어 고구려 건국을 도왔다고 한다. 아마 소서노는 당시 졸본 지역의 유력한 토착 세력 가운데 하나였나 보다. 그리고 고구려 말에서 '노(奴)'나 '나(那)'가 강가의 지역 집단을 뜻한다는 사실을 근거로, 소서노를 사람 이름이 아니라 지역 집단의 명칭으로 보기도 한다.

　이러한 이야기는 주몽이 오기 전에도 부여 방면에서 남하한 세력이 많았음을 알려 준다. 졸본부여 왕도 그 이름으로 보아 부여에서 졸본 땅으로 내려와 왕을 칭한 인물로 보이며, 소서노도 주몽에 앞서 부여에서 내려온 우태와 결혼한 경험이 있다. 이처럼 주몽이 남하할 무렵, 많은 세력이 압록강 중류 일대로 내려와 토착 세력과 결합해 힘을 키웠던 것이다. 주몽은 그들 가운데 하나로 최후의 승자가 된 인물인 셈이다.

주몽과 동명은 같은 사람인가?

주몽은 고구려를 세운 역사적 인물이고, 동명은 부여의 시조다. 두 사람은 실제로는 서로 다른 인물인 셈이다. 그런데 《삼국사기》〈고구려본기〉에는 주몽이 죽은 다음 '동명성왕'으로 불렸다고 나온다.

이 기록 때문에 '주몽은 언제부터 동명성왕으로 불렸을까?' 하는 의문이 제기되었다. 이와 관련하여 고구려 사람들이 남긴 기록을 주목할 필요가 있다. 그래야 고구려 사람들이 주몽을 어떻게 불렀는지 정확히 알 수 있을 테니까.

414년(장수왕 2년)에 세워진 광개토왕릉비에는 '추모왕(鄒牟王)'이라고 나오며, 장수왕 때에 작성된 '모두루 묘지(墓誌 : 묘지는 죽은 사람의 이름, 벼슬, 태어난 날짜와 사망한 날짜, 자손의 이름, 무덤의 주소 등을 새겨서 무덤에 넣거나 무덤 옆에 파묻는 돌)'에는 '추모'에다가 거룩할 성(聖) 자를 붙여 '추모성왕(鄒牟聖王)'이라고 했다. 또 5세기 전반의 상황을 전해 주는 《위서(魏書)》라는 중국 역사책에는 '주몽(朱蒙)'이라 썼다.

이로 미루어 고구려 사람들은 5세기 전반까지도 주몽을 '추모왕'이나 '주몽왕'이라 불렀던 것으로 보인다. 주몽왕을 동명성왕(東明聖王)이라고 고쳐 부른 것은 5세기 이후로 짐작된다. 아마 600년(영양왕 11년)에 이문진이라는 사람이 고구려 초기의 역사책인 《유기(留記)》를 새로 편찬하면서 주몽을 '동명성왕'이라고 고쳐 썼을 것으로 짐작된다.

삼국사기, 구삼국사, 삼국유사

《삼국사기(三國史記)》는 우리 조상들이 남긴 역사책 중에서 가장 중요한 책이다. 이보다 더 오래 전에 만들어진 역사책은 오늘날 남아 있지 않기 때문이다. 이 책마저 없었다면, 우리 고대 역사를 알기란 막막하기 짝이 없었으리라.

1145년(고려 인종 23년), 고려보다 앞선 시대에 우리 땅에서 공존했던 세 나라, 곧 고구려, 백제, 신라의 역사를 기록해 엮으면서 김부식은 책을 만든 이들을 대표해, "우리 역사에 대한 무지를 깨우치고 옛 기록의 부실함을 고치기 위해 편찬한다"고 밝혔다.

이들이 편찬한 《삼국사기》는 신라, 고구려, 백제 순서로 각 나라의 역사를 서술한 다음(신라본기 – 고구려본기 – 백제본기), 왕의 즉위 연대를 일목 요연하게 정리한 연표(年表), 여러 제도를 분야별로 기술한 잡지(雜志), 중요 인물의 일대기를 서술한 열전(列傳)을 차례로 적었다. 이처럼 각국의 역사(본기)와 중요 인물의 일대기(열전)를 따로 쓰는 방식을 기전체(紀傳體)라고 하는데, 과거 동양의 역사가들이 가장 좋아하던 역사 서술 방식이다.

이 책을 만든 이들은 풍부한 내용을 담기 위해 우리 나라 역사 기록뿐 아니라 중국 역사책도 많이 참고했다. 그럼에도 '지나치게 신라 중심으로 역사를 썼다', '지나치게 유교적 가치관에 입각해 서술했다'는 비판을 받기도 한다. 이들 세 나라 틈새에서 분명히 존재했던 가야나 고구려를 계승한 발해 역사를 쓰지 않아 고대사의 범위를 줄인 것도 아쉬움으로 남는다.

이러한 점에서 고려 초기에 편찬된 것으로 여겨지는 《구삼국사(舊三國史)》가 관심을 끈다. 고려 시인 이규보가 바로 《구삼국사》

《삼국사기》〈고구려 본기 1〉 동명성왕 즉위년조

《삼국유사》 기미 1 고구려조

의 내용을 바탕으로 〈동명왕편(東明王篇)〉을 썼다고 했는데, 〈동명왕편〉의 내용으로 보아 《구삼국사》는 고구려를 중심으로 고대 사람들의 세계관을 그대로 담아 기록했을 것으로 짐작된다. 《삼국사기》에 비해 우리 고대사의 본디 모습을 훨씬 더 많이 간직한 것으로 판단하지만, 안타깝게도 오늘날 전하지 않는다.

《삼국유사(三國遺事)》는 고려가 몽골의 지배하에 들어간 13세기 후반 일연(一然) 스님이 쓴 역사책이다. '유사(遺事: 남겨진 이야기라는 뜻)'라는 이름처럼 정사, 곧 정식 역사책에서 빠진 이야기들, 특히 기이하거나 불교에 관련된 이야기를 많이 담았다. 그래서 이 책을 통해 고대 사람들의 실제 생활이나 상상의 세계를 풍부하게 만날 수 있다. 향가와 같은 고대 문화의 정수도 만

날 수 있고.

이 책에서 가장 눈길을 끄는 점은 삼국에 앞서 고조선의 역사를 적고 단군 신화를 실었다는 사실이다. 당시 우리 겨레가 너는 신라의 후예, 나는 백제의 후예, 또 저 사람은 고구려의 후예 하는 식으로 생각했던 데에서 벗어나, 모두 단군의 후예라는 민족 의식을 확립했음을 보여 주는 대목이다. 이러한 민족 의식은 수십 년에 걸친 몽골 군의 침입을 물리치는 과정에서 형성되었다.

향가(鄕歌)

신라 사람들이 지어 부르던 시, 곧 노래. 근대 이전 '시'는 곧 '노래'였다. 엄밀히 말하면 향가는 '향찰로 적은 노래'를 말하는데, 향찰이란 한자를 이용해 우리 말을 적는 방식이다. 그런데 주로 신라 사람들이 자기네가 지은 노래를 향찰로 적어서 남겼기 때문에, '향가' 하면 으레 신라의 노래가 된다. 그러나 신라 이후 고려 시대 전반기 사람들도 향가를 지었다. 향찰에 대한 자세한 내용은 5권에 나온다.

고구려의 첫 도읍인
졸본은 어디인가요?

중국의 랴오닝 성 환런(桓仁:환인) 지방입니다. 훈 강(渾江:혼강)과 그 지류를 따라 넓은 들판이 펼쳐진 곳이지요. 랴오둥 지방과 가까워 한나라를 상대로 교섭을 주도하며 선진 문물을 일찍 받아들일 수도 있었고요. 압록강 중상류를 대표할 세력이 성장하기에 좋은 조건을 갖춘 곳이지요.

《삼국사기》나 광개토왕릉비를 보면 주몽은 비류수(지금의 훈 강) 강가의 졸본에 정착했다가, 서쪽 산 위에 흘승골성을 쌓아 도읍으로 삼았다고 합니다. 도읍을 세웠다는 산은 오녀산(五女山)으로 짐작됩니다. 오녀산은 해발 820미터로, 높이가 수십 미터에 이르는 절벽으로 둘러싸인 천혜의 요새이지요. 더욱이 산꼭대기에는 길이 1킬로미터, 너비 300미터나 되는 평탄한 땅이 펼쳐지고(30평짜리 집을 3000여 채나 지을 수 있는 넓이예요), '천지'라는 샘(물이 없으면 사람은 살 수 없지요)도 있답니다.

지금 그 곳에 가 보면 고구려 때의 건물 터, 병영 터, 창고 터 등이 남아 있습니다. 동쪽 산기슭에는 고구려의 웅장한 성벽이 지금도 옛 모습을 고스란히 간직하고 있고요.

훈 강에서 올려다본 오녀산

　　그러면 졸본은 오녀산 동쪽이 되나요. 이 지역은 지금 훈 강에 만들어진 댐 때문에 물에 잠겨 버렸답니다. 잠기기 전 오녀산 동남쪽 고력묘자(高力墓子) 마을에는 200여 기에 달하는 돌무지 무덤이 장대한 열을 이루었다고 하니, 졸본의 후보지 가운데 하나로 볼 수도 있겠지요. 아무튼 졸본은 오녀산 동쪽의 훈 강변 어디인 것은 분명합니다.

　　그런데 과연 오녀산이 도읍이었을까요? 그렇게 보기에는 너무 험준하지요. 무엇보다도 도읍 사람들은 이런 산꼭대기까지 생활하기에 충분한 물자를 나를 수 없었을 것입니다. 그러므로 평상시에는 훈 강변의 졸본에 살다가 적이 침입하거나 특별한 일이 있으면 오녀산 꼭대기의 성을 임시 왕성으로 삼았다고 보아야겠지요.

　　그런데 왜 높은 산에 도읍을 세웠다고 기록했느냐고요? 이 의문

❶ 오녀산성 동쪽 성벽　**❷** 서문 터
❸ 천지(天池)　**❹** 큰 건물 터　**❺** 병사들이 주거하던 곳

은 현지에 가서 오녀산을 바라보면 자연스럽게 풀
립니다. 오녀산은 워낙 높고 절벽으로 감싸여서, 환
런 분지 어디에서 보더라도 신비로운 분위기를 자
아낸답니다. 오녀산에 오르면 환런 분지 전체가 한
눈에 들어오고요.

오녀산은 환런 분지의 상징입니다. 그러니 환런
분지를 장악한 자는 당연히 오녀산을 통해 자신의
권위를 과시했겠지요. 주몽이 이 곳에 도읍을 세웠
다고 기록한 것은 이 때문입니다. 물론 평상시에는
거주하지 않았다 하더라도 오녀산을 신성한 곳으로
만들기 위해, 또 비상시에 방어 요새로 활용할 수
있도록 여러 가지 건물과 성벽을 쌓았겠지요.

오녀산성 정상에서 내려다본 훈 강(위) 댐 건설로 호수로 바뀌었다.
오녀산의 험준한 산길(오른쪽)

왜 졸본에서 국내성으로 도읍을 옮겼나요?

글쎄요. 정확히 '이것이다'라고 꼬집어 답하기는 쉽지 않네요. 《삼국사기》에 따르면 유리왕 22년, 곧 서기 3년에 졸본에서 국내, 곧 지금의 지안(集安:집안) 땅으로 도읍을 옮겼다고 합니다.

유리왕 21년 어느 봄날, 갑자기 제사에 쓸 돼지가 달아났다. 제사용 짐승을 담당하는 관리가 돼지를 뒤쫓아 멀리 국내 위나암에 이르러 비로소 잡았다. 이 관리가 국내 지역을 돌아보니, 땅은 오곡을 짓기에 알맞고 사냥할 짐승과 물고기가 풍부했다. 이에 졸본으로 돌아와, 왕에게 국내 지역으로 도읍을 옮기면 백성의 이익이 크고 전쟁 걱정도 없어지리라고 아뢰었다. 유리왕은 이 관리의 말에 따라 이듬해에 국내로 도읍을 옮겼다고 한다. 《삼국사기》〈고구려본기 1〉 유리명왕 21년과 22년조

재미있는 이야기이지요? 그렇지만 정확히 서기 3년에 천도했다고 보기는 어렵습니다. 서기 1세기 중반에 국가 체제를 확립했음을 감안하면 이보다 조금 뒤겠지요. 또한 제사에 바칠 돼지가 국내 지역까지 달아났다는 말도 믿기 어렵습니다. 환런과 지안의 거리는 100

여 킬로미터에 달하고, 사이에 라오링(老嶺:노령) 산맥이 가로놓여 길이 무척 멀고 험준하니까요.

그럼 왜 이렇게 표현했느냐고요? 당시 제사용 돼지는 상서로운 존재로 여겨졌습니다. 아이가 없던 산상왕이 도망친 제사용 돼지를 보호하던 처녀를 만나 동천왕을 낳은 이야기도 있지요. 고구려 사람들은 제사용 돼지가 하늘이나 신의 뜻을 전해 준다고 믿었던 모양입니다. 국내로 천도한 것 역시 하늘이나 신의 계시에 따른 신성한 행위임을 강조하기 위해 돼지를 등장시킨 것이지요.

그러면 국내로 도읍을 옮긴 진짜 이유는 무엇일까요? 먼저 군사적 요인을 들 수 있겠네요. 졸본, 곧 환런 땅은 랴오둥 지방과 매우 가까워 늘 한나라의 침공 위협에 시달렸습니다. 반면 지안 땅은 라오링 산맥을 방패 삼아 한나라의 침공을 저지할 수 있었지요. 관리가 '전

❶ 성 모양새를 간직하던 1930년대 국내성 북쪽 성벽
❷ 도시 개발로 화단 축대처럼 바뀐 1994년 국내성 북쪽 성벽
❸ 유네스코가 정한 세계문화유산 목록에 올리기 위해
   2004년에 새로 단장한 국내성 북벽
❹ 현재 남아 있는 북벽(부분 확대)

국내성 서문 터(위)와 국내성 서벽 전경

쟁 걱정이 없어질 것'이라고 말한 것은 바로 이를 뜻 하지요.

그렇다고 군사적인 이유가 전부일까요? 관리는 국내 땅이 오곡을 짓기에 알맞고 짐승과 물고기가 풍부하다고 했어요. 실제로 지안 분지는 압록강 중 상류에서 환런 분지 다음으로 넓답니다. 주변 산야에는 물고기와 짐승도 많았겠지요. 그렇지만 환런 분지와 견주면 결코 비옥한 편이 아닙니다.

그러면 관리가 왜 위와 같이 말했을까요? 관리의 말을 조금 다르게 해석 하면 어떨까요. 지안 분지뿐 아니라 그 근처에서 나는 물자 전체를 일컫는 다고요. 환런 분지는 들판이 넓고 비옥하지만 압록강의 한 지류(훈 강)에

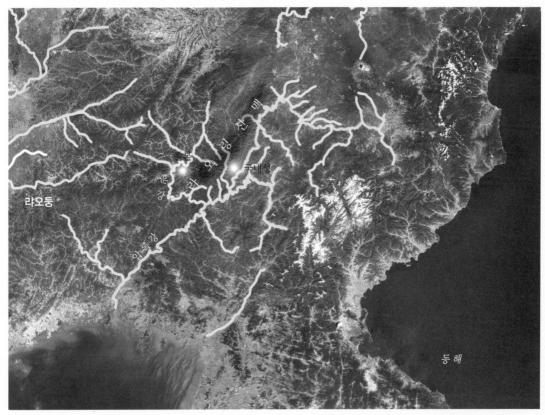

라오둥

동해

압록강 중류 일대의 물길

치우쳐 있거든요. 반면 지안 분지는 압록강 본류의 물길과, 랴오둥에서 동해안에 이르는 육로가 교차하는 교통의 요지입니다. 당연히 지안 분지로 모여드는 물자가 환런 분지보다 많았겠지요.

압록강 중상류 전체를 지배하기에는 지안 분지가 훨씬 유리했던 것입니다. 그래서 한나라도 지안 지방에 가장 큰 성곽을 쌓았습니다. 최근 고구려가 한나라 토성 자리를 그대로 이용해 국내성을 쌓은 사실이 밝혀졌답니다. 그러니까 고구려는 압록강 중상류 전체를 원활히 다스리기 위해 압록강 수로망의 중심지인 국내로 천도했군요.

국내성 출토 막새기와

3

5부가 함께 다스리던 나라

초기 국가 체제와 사회 구조

고구려 건국의 수혜자들

이제 오랜 세월에 걸쳐 수많은 사람들의 피땀으로 고구려가 세워진 사실을 잘 알았습니까? 그러면 이렇게 세워진 고구려는 누가 어떻게 다스렸을까요? 구려 사람이라면 누구나 당당하게 주인 노릇 하며 살았을까요?

앞에서 돌무지 무덤의 크기가 다양하다고 한 것, 기억하지요? 작은 것도 있지만, 너른 들판에는 큰 돌무지 무덤이 있다고 했어요. 이러한 돌무지 무덤은 여러 마을을 아우른 유력자의 무덤일 거라고 했고요. 그렇습니다. 나 집단이나 왕국을 이끈 사람은 바로 이들이었습니다. 그러니 고구려를 세우는 데 모두가 피땀을 흘렸다 하더라도, 건국 과정에서 한 일이나 누린 기쁨은 저마다 달랐겠지요. 주몽 집단과 큰 왕국의 유력자들이 가장 큰 기쁨을 누렸겠지요. 그리고 작은 왕국이나 나 집단의 유력자들도 그에 못지않았을 것입니다.

그러면 일반 백성은 어떠했을까요? 여전히 유력자들을 위해 고달 프게 일만 했을까요?

글쎄요. 그렇다고 볼 수도 있겠지요. 그렇지만 아무 변화가 없었 던 건 아닙니다. 가장 큰 변화는 치열한 내전이 끝난 것입니다. 한나 라를 비롯한 또 다른 전쟁이 기다리고 있었지만, 압록강 중상류의 구려 사람들끼리 서로 죽이는 전쟁은 사라졌습니다. 일반 백성은 최 소한 언제 목숨을 잃을지 모르는 상황에서 벗어나 조금이나마 안정 된 삶을 누리게 되었지요.

정도의 차이는 있지만 구려 사람은 모두 고구려 건국의 혜택을 입 었다고 볼 수 있겠군요. 이러한 면모는 고구려가 주변 지역을 본격 적으로 정복하면서 확연히 나타납니다. 구려 사람은 적어도 정복된 지역 사람보다는 우월한 지위를 누렸으니까요.

그렇지만 세상 일이 그렇게 간단하지는 않답니다. 최첨단 철제 농 공구를 모든 사람이 골고루 가질 수 없었듯이, 정복을 통해 얻은 물 자나 노예 또한 골고루 나눌 수 없었답니다. 역시 유력자들이 가장 큰 몫을 차지했지요. 나라를 다스리는 권한도 마찬가지였습니다.

나라의 중대사는 회의를 통해 결정하고

고구려 건국의 최대 수혜자는 주몽 집단과 큰 왕국을 이끈 유력자들 이었군요. 나라가 세워진 뒤 주몽 집단은 '계루부'라는 이름을 가지게 되었답니다. 비류나국, 연나국, 관나국, 환나국은 이제 독립 왕국이 아니라 고구려를 구성하는 집단이라는 뜻에서 비류부, 연나부, 관나부, 환나부라고 했고요.

고구려를 세우면서 주몽 집단과 다른 왕국들이 합의한 내용이 기억납니까? 각 왕국이 한나라와 직접 왕래하지 않는 대신 주몽 집단은 왕국 내부의 일을 간섭하지 않겠다는 약속 말입니다. 계루부가 고구려를 대표하는 왕실이 되었지만, 다른 4개 부도 여전히 자치권을 가졌어요.

그래서 계루부가 왕 자리를 독차지하긴 했지만, 나라의 중요한 일을 마음대로 처리하지 못했습니다. 전쟁을 한다든지, 외교 관계를 맺는다든지, 중죄인을 처벌한다든지 하는 국가 중대사는 다른 4개 부의 유력자들과 회의를 열어 결정했습니다. 당시 유력자를 가리켜 '가(加)'라고 했기 때문에, 이 회의를 '여러 가들의 회의'라는 뜻으로 '제가회의(諸加會議)'라고 하지요.

여러 사람이 모여 회의를 하기 위해서는 가장 먼저 무엇을 정해야 할까요? 회의 안건이라고요? 논의 절차도 중요하고, 만장일치나 다수결 같은 의결 원칙도 필요하다고요? 예, 맞습니다. 회의 진행에 아주 중요한 것들이지요. 그런데 그런 것들보다 더 중요한 게 있답니다.

누가 어느 자리에 앉을 것인가입니다. 바윗돌이 흩어진 야외에서 회의를 한다고 생각해 보세요. 학급 회장이 저 구석진 바윗돌에 앉아도 될까요? 아니지요. 그래서는 회의를 진행할 수 없겠지요. 회장은 모든 학생을 다 볼 수 있는 곳에 앉아야겠지요.

이와 마찬가지로 제가회의를 열 때에도 지위의 높낮이에 따라 자리를 정했습니다. 왕이 가장 높은 자리에 앉았겠지요. 그 다음은 누구일까요? 본디 큰 왕국을 이끌었던 4개 부의 대표자들이겠지요. 그 다음은 이들에 소속된 소왕국의 유력자, 그리고 작은 나 집단들의 유력자겠지요.

그리 복잡하지 않네요. 서열에 걸맞은 자리 이름만 지어 주면 되겠군요. 그래서 각자의 지위에 맞게 본디 큰 왕국을 이끌었던 부의 대표자에게는 패자(沛者), 소왕국 정도의 유력자에게는 우태(優台), 나 집단 정도의 자그마한 유력자에게는 조의(皂衣)라는 벼슬 이름을 주었답니다.

이러한 벼슬은 과거에 합격했거나 공훈을 세웠기 때문이 아니라, 본

디 그만한 세력을 가졌다는 징표로 준 것입니다. 세력의 크기를 나타
내는 표지인 셈이지요. 그러니 국가 중대사를 결정하는 과정에서도 벼
슬이 높은 사람, 곧 세력이 큰 사람의 입김이 강하게 작용했겠군요.

　또한 많은 사람이 모인 자리에서 지위의 높낮이를 쉽게 구별하기
위해 차림새도 달리 했답니다. 가령 세력이 큰 유력자(大加:대가)는
책(幘)이라는 특이한 모자를 썼지만, 약한 유력자(小加:소가)는 고깔
처럼 생긴 절풍(折風)을 썼지요. 모자만 보아도 그 사람의 지위를 짐
작할 수 있었겠군요.

　그런데 왕의 권한이 커지면서 새로운 사람들이 회의에 참석하게

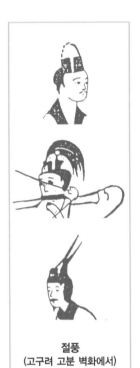

절풍
(고구려 고분 벽화에서)

되었습니다. 왕을 보좌하면서 행정 실무를 총괄하거나 외교 문서를 작성하는 사람들이지요. 특히 높은 학식을 바탕으로 갖가지 문서 작업을 총괄한 주부(主簿)는, 점차 세력이 큰 유력자와 옷차림을 똑같이 할 정도로 지위가 높아졌답니다.

각 부의 일은 각자 처리하고

각 부 대표자들이 자신의 부로 돌아오면 마치 왕과 같은 존재였습니다. 전쟁이나 외교 분야를 제외하면 거의 모든 일을 독자적으로 처리했거든요. 각 부가 이와 같이 내부의 일을 스스로 처리하기 위해서는 무엇을 갖추어야 했을까요?

무엇보다 여러 집단을 통제하고 백성을 다스리기 위한 기구가 필요했겠지요. 당시 각 부의 유력한 대가들은 사자(使者), 조의(皀衣), 선인(先人)이라는 관원을 별도로 거느렸어요. 물론 왕실도 똑같은 이름의 관원을 두었고요.

사자는 말 그대로 누군가를 대신해 심부름하는 사람을 가리킵니다. 대가들의 명령을 받아 여러 집단을 통제하고 물자를 거두는 일을 했답니다. 대가들이 각 부를 다스리는 데 굉장히 중요한 구실을 했던 것이지요. 그래서 훗날 국가 제도를 본격 정비하는 과정에서 사자는 가장 중요한 벼슬 등급을 나타내는 명칭으로 사용됩니다.

조의나 선인이 무슨 일을 했는지는 정확히 알려지지 않았습니다. 다만 조의는 본디 나 집단 정도의 유력자에게 내린 벼슬인데, 이들의 세력이 약해지면서 대가에 직접 속한 관원 벼슬로 바뀐 것 같습니다. 그리고 무사의 면모도 강하답니다. 대가의 직속 무사단이었을 수도 있겠지요.

각 부의 대가들은 이러한 관원을 거느리고 백성을 다스리며 부 안의 일을 처리했습니다. 대가가 다스린 백성의 수를 정확히 알 수는 없지만, 이웃 부여에서 대가가 수천 호, 소가가 수백 호를 다스렸다고 하니 이와 엇비슷했으리라고 짐작합니다.

무기를 마련할 수 있는 사람만이 진정한 전사

나라를 다스리는 방식이 이러했으니 전쟁을 하는 방식도 지금과 달랐겠지요. 국가를 지탱하는 가장 중요한 힘은 군사력입니다. 군대가 없다면 외적의 침입을 방어할 수 없겠지요. 사회 질서를 유지할 수도 없을 테고요(치안 유지를 위한 군사력은 훗날 경찰로 독립합니다).

그래서 모든 국가는 군대를 조직하고, 이를 유지하기 위한 비용으로 세금을 거두지요. 지금 우리 나라 군대는 어떻게 조직되었나요? 건강한 대한 민국 남자라면 누구나 군대를 갔다 와야 하지요. 일반 병사는 국방 의무를 수행하는 일반 젊은이들로 이루어지고, 하사관이나 장교 같은 전문적인 직업 군인만 지원자 중에서 뽑습니다.

고구려가 처음 건국되었을 때에도 건강한 남자는 모두 병사가 되었을까요? 이 무렵 이웃 부여에서는 부유한 사람들이 각자 칼, 창, 활 같은 무기를 마련했답니다. 전쟁이 일어나면 유력자들(諸加 : 제가)이 이들을 이끌고 싸웠어요. 이 때 가난한 백성은 보급병 노릇을 했고요. 부유한 사람만 진정한 전사였던 셈이네요. 더욱이 이들은 다

같이 한 군대를 이루지 않고, 자신을 다스리는 유력자의 지휘를 받았습니다.

고구려도 부여처럼 각 부의 유력자들이 백성을 거느렸고, 백성은 부유한 사람과 가난한 사람으로 나뉘었습니다. 다른 여러 제도가 부여와 비슷했던 것으로 보아 전쟁을 수행하는 방식도 비슷했으리라고 짐작됩니다. 무기를 갖춘 부유한 사람만 전사가 되었고, 각 부의 유력자들이 이들을 동원해 전쟁을 수행했지요.

고구려 초기 군대란 각 부별로 동원된 전사단의 연합체인 셈이군요. 오늘날 군대와 굉장히 다르지요. 왜 이런 차이가 생겼을까요? 오늘날 군대는 국민의 세금으로 운영됩니다. 국민의 세금으로 운영되는 군대와 부유한 자만 전사가 되던 군대. 바로 여기에 중요한 차이가 있습니다.

오늘날 전쟁에서 획득한 물자나 땅을 어떻게 처리합니까? 물자를 획득한 병사나 땅을 넓힌 부대가 차지합니까? 아니지요. 세금을 낸 모든 국민의 것, 곧 나라의 재산과 영토가 되지요. 반면 당시에는 전쟁에 참여한 전사들이 온갖 전리품을 나누어 가졌습니다. 심지어 포로까지. 부유한 사람들이 각자 무기를 갖추어 전쟁에 참여한 대가를 받았던 것이지요. 그러니까 전쟁 참여란 국토 방위를 위한 의무가 아니라, 전리품을 획득할 수 있는 중요한 기회였던 셈입니다.

군대를 운영한 방식을 보니 세금 제도도 많이 달랐을 것 같다고요? 예, 그렇습니다. 모든 국민에게서 직접 세금을 걷는 제도가 아직 성립하지 않았던 것입니다. 각 부의 유력자들이 각자 수많은 백성을 다스리던 상황을 고려하면 당연하겠지요. 그러니 각 부별로 전사단을 조직할 수밖에 없었고, 게다가 무기를 갖출 만한 부유한 사람만 전사가 될 수 있었지요.

　어쩌면 군대의 가장 중요한 특징이 여기에 있는지도 모릅니다. 나라의 혜택을 받는 사람들이 군대의 운영 원리를 결정합니다. 고구려 건국의 최대 수혜자는 계루부나 각 부의 유력자이고, 이들이 나라를 다스렸다고 한 이야기가 생각납니까? 그러니 나라를 지탱하기 위한 군대도 유력자들이 이끌어 나갔겠지요.

　이에 무기를 갖출 정도로 부유한 자들을 전사로 동원한 다음, 전리품을 나누어 가졌던 것입니다. 이 때 가난한 백성들은 전리품도 제대로 받지 못하고 군량미를 나르는 힘든 노역만 했지요. 그러고 보니 전쟁을 수행하던 방식을 통해 각 부를 이끌던 유력자들, 무기를 갖출 정도로 부유한 사람, 그리고 가난한 백성으로 구성된 고구려 초기의 사회상을 한눈에 볼 수 있네요.

하늘에 대한 제사도 국가 경영의 수단

그럼 고구려 왕은 압록강 중상류 일대를 어떻게 하나의 나라로 결속시켰을까요? 물론 계루부가 강력한 군사력과 경제력을 갖추었기 때문에 다른 왕국들을 제압해 고구려를 구성하는 집단, 곧 부로 만들 수 있었겠지요. 그렇지만 군대나 세금 같은, 나라를 지탱하는 제도가 제대로 정비되지 않은 상태에서 한 나라로 결속하려면 어려움도 많았을 것입니다.

　계루부 왕실은 이러한 어려움을 독특한 방식으로 해결했습니다.

사람들은 농사 지으며 봄, 가을로 하늘에 제사 지내기 시작했습니다. 농사에 필요한 비와 햇빛을 내려주시는 하늘과 태양에게 감사하고, 풍년을 빌기 위해 제사를 드렸지요. 처음에는 마을마다 따로 제사를 지냈겠지요. 그러다 세력 집단이나 왕국이 등장하면서 제사 지내는 집단의 규모도 커져 갔습니다.

압록강 중상류 일대도 마찬가지였습니다. 그래서 고구려가 건국 된 다음에는 계루부 왕실의 거처, 곧 왕도에서 가을마다 하늘에 제사를 지내는 큰 모임(국중대회:國中大會)을 열었지요. 《삼국지》라는 중국 역사책에서는 당시 고구려 사람들이 "왕도 동쪽에 큰 동굴이 있는데(국동대혈:國東大穴), 바로 이 동굴에서 신을 모셔다가 나무로 신상을 만들어 왕도 동쪽의 강, 곧 압록강에서 제사를 지냈다. 동굴 이름은 수혈(隧穴), 신의 이름은 수신(隧神)"이라고 적었습니다.

그럼 수혈에서 모셔 왔다는 수신은 누구이며, 왜 하필이면 강에서 제사를 지냈을까요? 주몽 이야기가 생각납니까? 주몽의 어머니는 물의 신 하백의 딸 유화였지요. 그리고 아버지는? 좀 모호한가요? 유화가 햇빛을 쬐고 잉태했지만, 그 전에 하느님의 아들이라는 해모수와 정을 통했으니, 햇빛과 해모수가 모두 주몽의 아버지일 수도 있겠군요. 이제 왜 압록강에서 제사 지냈는지 알겠지요?

압록강에 떠 있는 신상은 바로 물의 신 하백의 딸 유화를 상징하겠지요. 이 때 유화 신상 위에는 넓디넓은 하늘을 배경으로 태양이 떠 있었겠지요. 그러니까 압록강 위의 제사는 유화가 햇빛을 쬐고, 아니면 하늘을 상징하는 해모수와 결합해 주몽을 잉태하는 과정을 그려 보이는 것이군요.

시조 주몽이 물과 태양의 권능을 한몸에 지니고 태어난 과정을 재현한 것이지요. 고구려 왕들은 주몽의 탄생을 재현하는 제사를 주관함으로써 자연스럽게 주몽의 권능을 계승했다고 과시할 수 있었고, 이 때 제사에 참가한 각 부의 유력자들은 고구려 왕에게 복종을 맹세했겠지요.

북쪽 출구에서 바라본 산줄기

하늘에 대한 제사는 계루부 출신 왕이 여러 유력자들로부터 권위를 인정받고, 또 그들의 복종을 다짐하는 의례였군요. 제사의 역할은 여기에서 끝나지 않았습니다. 국가 중대사를 논의하기 위한 유력자들의 정기 회의도 이 때 열렸고, 중죄인을 단죄하는 재판도 이 때 열렸지요. 그러니까 하늘에 대한 제사가 국가 경영의 핵심 수단이었군요. 더욱이 제사에 필요한 물품이라는 명목으로 여러 집단에서 많은 물자를 거두었답니다. 말하자면 세금 징수가 이루어졌던 셈이지요.

더욱 재미있는 사실은 이러한 제사가 각 부에서도 열렸다는 것입니다. 이 때는 각 부 대표자의 권위를 인정하는 형태가 되었겠지요. 이 제사에는 각 부에 속한 집단의 사람들만 참가했을 테고요. 그리고 이 때 각 부는 소속 집단으로부터 많은 물자를 거두기도 했을 것입니다.

결국 고구려 왕은 시조 탄생을 재현하는 제사

남쪽 출구에서 바라본 압록강

국동대혈
국내성에서 동쪽으로 17킬로미터 떨어진 압록강가에 있다. 압록강에서 골짜기를 따라 400미터 정도 올라간 산중턱에 있는데, 현지에서는 통천굴(通天洞)이라고 부른다. 굴의 길이 16미터, 너비 20미터, 높이 6미터로 양쪽이 트여 있다. 남쪽 출구에 서면 골짜기 사이로 압록강이 살짝 모습을 드러낸다. 중국 학자들은 이 굴을 수신을 모셨던 국동대혈로 추정한다.

를 통해 여러 집단을 하나로 결속시켰군요.

　이 제사 모임을 '동맹(東盟)'이라고 한 까닭은 바로 이 때문입니다.
당시 부여족 전체의 시조는 동명(東明)이라고 했지요. 고구려 왕들은
부여족 전체 시조의 이름을 따서 제사 명칭을 정함으로써, 부여족의
정통성이 주몽을 통해 자신들에게 이어졌노라고 자랑한 것입니다.

태양이 온 천지를 환하게 비추고 강변에서 무수한 백성이 지켜보는 가운데,
나무로 만든 유화 부인 신상을 모시고 압록강의 배 위에서 제사를 지냈다.

유화와 주몽이 신이라고?

유화와 주몽은 고구려 멸망의 그 날까지 가장 중요한 신으로 모셔졌다. 6세기 즈음 고구려 사람들은 유화를 부여신(扶餘神), 주몽을 등고신(登高神)이라는 이름으로 널리 모셨다. 특히 부여신 유화는 나무를 깎아 여성의 형상으로 만들어 모셨다고 한다. 고구려 사람들은 곳곳에 이들을 모시는 사당을 세웠는데, 645년 당나라의 공격을 받은 요동성에도 주몽의 사당이 있었다고 한다. 이 때 고구려 사람들은 아름다운 여성상을 잘 꾸며 여신으로 받들어 모시며 주몽 신에게 요동성의 안녕을 빌었다. 고구려 사람들에게 유화나 주몽은 단순한 건국 영웅이 아니라 그들의 삶 전체를 온전히 지켜 주는 신앙의 대상이었다.

정복 지역은 정복 지역일 뿐

고구려 초기에 나라를 다스린 이야기를 듣다 보니 흔히 생각하는 것과 다른 점이 많지요? 그럼 고구려가 바깥으로 뻗어 나간 과정, 이웃 나라나 집단을 정복한 과정을 살펴볼까요?

앞서 말했듯이 고구려는 산간 지대를 흐르는 압록강 유역의 좁은 들판에서 일어섰습니다. 너른 들판이 적어 농토가 넉넉하지 못했지요. 그래서 물자가 풍부한 땅을 찾아 서쪽으로는 랴오둥으로, 남쪽으로는 한반도로 정복 활동을 펼쳤어요.

고구려가 건국되던 1세기 즈음 압록강 중류 주변에는 많은 나라와 집단이 있었답니다. 먼저 서쪽의 랴오둥 지방에는 한나라가 있었어요. 당시 고구려에게 가장 두려운 존재이면서 다른 한편으로는 극복해야 할 대상이었지요. 한나라가 대군을 이끌고 침공한다면 언제 멸망할지 모르는 상태였고, 그렇다고 굴복만 한다면 주변으로 뻗어 나갈 수 없었으니까 말입니다.

이에 고구려는 한나라와 대결하다가 상황이 불리하면 복속하는 태도를 되풀이했답니다. 그러면서 대륙의 상황을 예의 주시하며 서서히 한나라 세력을 서쪽으로 몰아냈지요. 그리하여 2세기 초반에는 쑤쯔허 유역에 있던 현도군을 훈허(渾河: 혼하) 방면으로 몰아냈답니다(제3 현도군). 이로써 고구려는 타이쯔허(太子河: 태자하) 상류, 나아가 쑤쯔허 유역까지 세력을 뻗칠 수 있었습니다.

고구려 서북쪽에는 랴오허 서쪽의 유목민인 선비족(鮮卑族)의 일부가 건너와 살기도 했답니다. 고구려는 일찍부터 이들 가운데 일부를 복속시키고, 이들을 매개로 멀리 시랴오허 유역의 사람들과 교류했습니다.

북쪽에는 시조 주몽의 출신국인 부여가 쑹화 강 중류 일대를 중심으로 자리 잡고 있었습니다. 그런데 고구려와 부여는 처음부터 사이가 별로 좋지 않았어요. 두 나라가 서로 대립한 주요 원인은 한나라 때문이었지요. 당시 부여는 한나라와 좋은 관계를 맺고 갖가지 선진 문물을 받아들였습니다.

반면 고구려는 한나라를 몰아내면서 세력을 넓혔지요. 그런데 고구려가 뻗어 나갈수록 부여와 한나라가 왕래하던 교통로가 위협을 받았습니다. 부여로서는 그냥 보아 넘길 수 없었지요. 이에 고구려가 한을 침공했을 때, 군사 2만 명을 보내 한나라를 도와 주기도 했답니다.

동쪽으로는 큰 나라가 없었습니다. 고구려가 세력을 뻗어 나가기에 가장 좋은 지역이었지요. 그래서 고구려는 건국하자마자 압록강 상류를 거쳐 행인국, 북옥저, 해두국, 구다국, 개마국 등 여러 작은 나라를 정복했답니다. 그리고 낙랑군의 영향력이 약해지자 동옥저와 동예를 차례로 복속시켰지요. 그러니까 고구려가 세력을 가장 많이 뻗친 곳은 동해안 일대였군요.

《삼국지》에서는 고구려가 동옥저를 다스린 양상을 다음과 같이 묘사했습니다.

고구려는 관리를 파견하지 않고 동옥저 지역의 유력자(대인)를 뽑아 사자로 삼아 그 지역을 다스리게 했다. 그리고 대가, 곧 고구려 각 부의 유력자들로 하여금 고구려에 바치는 조세(삼베·물고기·소금·해초류 등)를 감독하게 했다. 물론 동옥저 사람들이 고구려까지 물자를 운반했다. 또 미녀도 바쳤는데 노비나 첩으로 삼아 노예처럼 대우했다.

정복을 했으되 관리를 파견하지 않고, 그러면서도 갖가지 물자와 여자를 엄청나게 거두어 가고…… 동옥저를 정복했지만 아직 고구려 영토로 생각하지 않았던 것이지요. 그래서 고구려에 협력하는 토착 세력을 뽑아 다스리도록 하면서 최대한 많은 물자를 수탈하는 데

부여

읍루

라오허시(랴오무렌허)

북옥저

백두산

행인국

제2현도군

두만강

압록강

훈 해

❸

졸본

국내성

❹

❶

❷

개마국·구다국

요동군

양맥

❺

고구려

❻

동옥저

서안평

청천강

동 해

로하이 만

대동강

낙랑군

동예

❶ 동명왕 6년
❷ 동명왕 10년
❸ 유리명왕 33년
❹ 대무신왕 9년
❺ 태조왕 4년
❻ 후한 말(2세기 후반)

만족했던 것입니다.

그리고 수탈 과정에는 각 부의 여러 유력자들이 끼어 들었습니다. 각 부의 유력자들이 전사단을 이끌고 어떤 지역을 정복한 다음 전리품을 나누어 갖는 모습을 상상할 수 있겠지요? 영토를 늘리기 위해서가 아니라 더 많은 물자를 수탈하기 위해 정복했다고 할까요.

그러니까 고구려가 아무리 많은 지역을 정복하더라도 진정한 영토는 압록강 중상류 일대뿐이었고, 나머지 지역은 정복 지역일 따름이었지요. 정복 지역은 정복 지역일 뿐, 정복 지역 사람도 어디까지나 복속민일 뿐! 이것이 당시 고구려 사람들의 생각이었습니다.

고구려가 초기에 두만강, 동해안 방면의 여러 나라를 정복한 과정

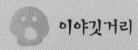

낙랑 공주와 호동 왕자의 애틋한 사랑 이야기는 사실인가요?

낙랑 공주와 호동 왕자의 애틋한 사랑 이야기, 들어 본 친구가 많겠지요.

호동 왕자는 고구려 대무신왕의 아들입니다. 하루는 호동 왕자가 동해안의 옥저로 놀러 갔다가 낙랑 왕 최리(崔理)를 만나게 되지요. 최리는 호동의 수려한 용모를 보고 고구려 왕자임을 알아채고는 자신의 딸인 낙랑 공주와 결혼시키킵니다. 신혼의 단꿈도 잠시 잠깐, 호동은 홀로 귀국한 다음 낙랑 공주에게 사람을 보내, 자명고(自鳴鼓)를 찢으라고 합니다. 그래야만 아내로 맞겠노라고 으름장을 놓으면서. 당시 낙랑에는 적군이 침입하면 저절로 우는 신기한 북이 있었는데, 바로 그 북을 찢으라는 것이었지요.

조국을 선택하느냐, 사랑을 따르느냐. 낙랑 공주는 번민의 나날을 보내다 마침내 자명고를 찢었습니다. 곧 이어 고구려군이 밀어닥쳤건만, 낙랑은 자명고만 믿다가 멸망 직전에 이르게 되지요. 그제야 자명고가 찢어진 사실을 안 최리는 공주를 죽였지만 이미 때는 늦었지요.

호동 왕자는 한 여인의 사랑을 버리면서까지 나라를 위해 일했건만, 결국 그도 비운의 주인공이 됩니다. 호동은 후비의 아들이었는데, 호동 때문에 자신의 아들이 태자 자리를 빼앗길까 봐 걱정한 왕비의 질투를 이겨 내지 못하고 결국 스스로 죽음의 길을 택하게 되지요.

두 남녀의 운명적인 만남. 그 속에 담긴 호동 왕자의 야망과 낙랑 공주의 지순한 사랑. 두 사람 모두 비운의 주인공이 되는 것으로 막을 내리는 이야기.

아득히 먼 옛날 이야기이지만, 나라를 위한 호동의 마음과 한 남자를 향한 공주의 사랑이 너무나 극진하기에 오늘날까지 진한 감동을 전해 줍니다. 그런데 이 이야기가 당시 상황을 얼마나 전하는가에 대해서는 여러 견해가 있습니다. 《삼국사기》에 실린 이 이야기에 따르면 고구려는 1세기 전반에 낙랑군을 멸망케 했습니다. 그렇지만 실제로 고구려가 낙랑을 무너뜨린 것은 313년입니다. 실제 역사하고는 너무나 동떨어졌군요.

그러면 순전히 꾸며 낸 이야기일까요?

당시 낙랑군을 둘러싼 상황은 아주 복잡하게 전개되었습니다. 중국 대륙에서는 한나라(전한)가 멸망하고 신(新)이 건국되는 대혼란이 일어났습니다. 대륙의 혼란은 멀리 낙랑군까지 밀려왔으니, '왕조'라는 인물이 낙랑 태수를 죽이고 자신이 태수 자리에 올랐습니다(서기 24년). 왕조의 반란은 6년이 지나서야 평정될 정도로 낙랑군 일대를 심하게 뒤흔들었지요.

바로 이 무렵 고구려가 낙랑군 북쪽으로 진출했을 가능성이 있습니다. 낙랑 공주와 호동 왕자 이야기는 바로 이 과정에서 생겨났을지도 모르고요. 다만 서기 25년 건국한 후한의 광무제가 낙랑군에 대한 지배권을 강화하면서 상황은 곧바로 역전되지요. 고구려의 잠지락 집단을 다스리는 유력자(대가) 대승을 비롯해 1만여 명이 낙랑에 투항했습니다(서기 47년).

그렇지만 고구려가 1세기 전반에 낙랑군 방면으로 진출했다는 명확한 기록은 없습니다. 그래서 호동 왕자가 멸한 것은 한나라가 설치한 '낙랑군'이 아니라, 고조선 유민이 세운 '낙랑국'이라고 보는 견해도 있습니다. 또한 동해안으로 갔다가 낙랑 왕 최리를 만났다는 데 주목하여, 호동 왕자가 무너뜨린 것은 낙랑군 그 자체가 아니라 낙랑군의 지배를 받던 옥저나 다른 작은 나라라고 보기도 합니다.

그 밖에도 여러 가능성이 있겠지요. 결론적으로 말해 이 이야기는 고구려가 대외 정복을 추진하던 과정에서 일어난 실화를 바탕으로 꾸민 것으로 짐작됩니다. 그러니까 고구려가 본격적으로 대외 확장을 추진하던 과정을 보여 주는 이야기로군요.

4

변화의 몸짓, 새로워진 나라 모습
3세기 국제 정세와 정치 체제 변화

고국천왕의 죽음과 왕비 우씨의 이상한 행동

197년 무더운 여름날, 왕이 죽었습니다. 고구려의 9대 임금 고국천왕, 그에게는 임금 자리를 이어받을 자식이 없었습니다.

이 날 밤 왕비 우씨는 큰시동생인 발기를 찾아가 왕의 죽음을 알리지는 않고, "왕은 아들이 없으니 당신이 뒤를 이어야 합니다"고 말했습니다. 무슨 영문인지 모른 발기는 "어찌 함부로 왕 자리를 이야기하느냐"면서 "부인이 밤에 다니는 것은 예가 아니다"라고 면박까지 주었습니다.

우씨는 둘째 시동생 연우의 집으로 갔습니다. 연우는 우씨를 공손히 맞아들여 융숭하게 대접했습니다. 그제야 우씨는 왕의 죽음을 알리며 "발기가 무례해 당신을 만나러 왔다"고 했지요.

우씨의 의도를 눈치 챈 연우는 칼로 고기를 썰다가 일부러 손가락을 베었습니다. 이에 우씨가 치마끈을 풀어 다친 손가락을 싸 주었습니다. 이 날 밤, 왕비 우씨는 연우를 데리고 왕궁으로 들어간 다음 날이 밝자 선왕의 유언이라면서 연우를 왕으로 세웠습니다.

발기는 당연히 반발했지요. "형이 죽으면 그 다음 아우가 왕위를 잇는 것이 예"라고 외치며 군사를 동원해 왕궁을 포위했습니다. 그렇지만 발기는 인심을 잃었는지 따르는 사람이 없었습니다. 마침내 연우가 발기의 공격을 막고 10대 임금 산상왕으로 즉위했습니다.

공손씨, 그리고 관구검의 잇따른 침공

발기는 외부의 힘을 빌리기로 결심하고, 한나라의 군현(지방 정부)이 설치된 랴오둥으로 달려갔습니다. 발기가 도착하자 공손탁(公孫度)이라는 뜻밖의 인물이 반갑게 맞아 주었습니다. 당시 랴오둥 지역도 고구려만큼 엄청난 홍역을 겪은 직후였거든요.

한나라는 2세기 중반을 넘기면서 외척과 환관의 전횡으로 서서히 무너져 갔습니다. 184년 황건적의 난이 중국 대륙을 휩쓸면서 한나라는 사실상 쓰러지기에 이르지요. 랴오둥 태수 공손탁은 이러한 혼란을 틈타 랴오둥 지역에 사실상 새로운 왕국을 세웠습니다.

공손탁은 랴오시(遼西:요서) 지방을 공격하고, 보하이(渤海:발해)만 건너 산둥 반도로 진출하는 한편 고구려를 침공할 기회를 엿보던 참이었습니다. 그러니 발기의 투항이 얼마나 반가웠겠습니까? 공손탁은 곧바로 발기에게 군대를 빌려 주었지요. 고구려는 산상왕의 막

외척
왕비의 친척을 말한다.

환관
궁궐에서 생활하며 황제(왕)를 모시는 남자 관리.

황건적의 난
중국 후한 말기 도교의 일파인 태평도 교주 장각이 주도해 일어난 반란. 반란을 일으킨 무리는 누런색 두건을 둘렀기에 황건적이라 불렸다.

냇동생 계수의 활약으로 이들을 물리쳤지만, 이 사건을 계기로 중국 대륙의 혼란이 빚어 낸 소용돌이 속으로 빨려들게 됩니다.

무언가 특별한 대책을 세우지 않으면 안 될 상황이었지요. 이에 198년 국내성 서북쪽에 둘레 7킬로미터에 이르는 거대한 환도산성을 쌓기 시작해 209년 이 곳을 임시 왕도로 삼게 됩니다. 언제 닥칠지 모르는 공손씨 세력의 침공을 막기 위한 태세를 갖춘 것이지요.

이뿐이 아니었습니다. 3세기에 접어들면서 중국 대륙은 위(魏)·촉(蜀)·오(吳), 삼국으로 분열됩니다. 이에 처음에는 오나라와 연계해 공손씨 세력을 견제했지요. 뒤이어 위나라가 동쪽으로 뻗어 오자 238년 위나라를 도와 마침내 공손씨 세력을 무너뜨리기에 이릅니다.

대륙의 정세 변화에 기민하게 대응한 결과였지요. 그런데 위나라는 랴오둥 지역을 장악한 다음 태도를 바꾸어 고구려를 거세게 압박합니다. 혹을 떼려다 더 큰 혹을 붙인 꼴이 되었지요.

선택의 여지가 별로 없었습니다. 위나라에 굴복하든가, 아니면 선제 공격하는 수밖에. 고구려는 과감하게 후자를 선택했지요. 242년 압록강 하구의 서안평을 공격했습니다. 랴오둥과 한반도 서북 지역을 잇는 이 곳을 장악해 위나라의 세력 확장을 저지하려는 의도였지요.

위나라 역시 강공책으로 나왔습니다. 장수 관구검을 보내 고구려를 침공했어요. 고구려 동천왕은 처음에 관구검 군대를 물리쳤으나 자만심에 빠졌다가 크게 패하게 됩니다. 파죽지세로 진공하는 관구검 군대에게 환도성까지 함락당하고, 멀리 북옥저까지 피신 가는 신세가 되지요. 이 때 위나라는 고구려 침공의 여세를 몰아 만주와 한반도 곳곳을 공략하기에 이릅니다.

산성자산성 출토 수막새

산성자산성 동쪽 벽

환도산성으로 추정되는 지안의 산성자산성
산성의 모양이 길둥근꼴(타원형)에 가깝다. '둥글 환(丸)' 자를 사용해 '둥근 모양 도성'이라는
뜻으로 환도성(丸都城)이라고 했는지도 모른다. 골짜기를 빙 둘러싼 산줄기를 따라 성을 쌓
은 '포곡식 산성'이다.

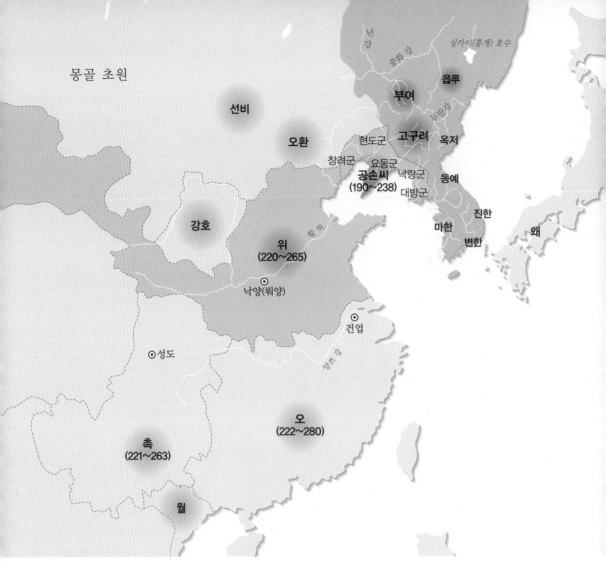

3세기 전반의 동아시아

변화의 조짐들

중국 대륙의 소용돌이가 만주와 한반도까지 밀려올 무렵, 고구려 내부에서도 커다란 변화가 일었습니다. 고구려는 건국 초기에 왕실인 계루부와 나머지 4개 부가 함께 나라를 다스렸다고 했지요. 그런데 시간이 지나면서 각 부 사이에 힘의 우열이 생겼습니다.

고국천왕이 죽은 2세기 말 즈음 비류부와 연나부 세력이 커진 반면, 환나부와 관나부 세력은 매우 약해졌습니다. 비류부가 이 지역

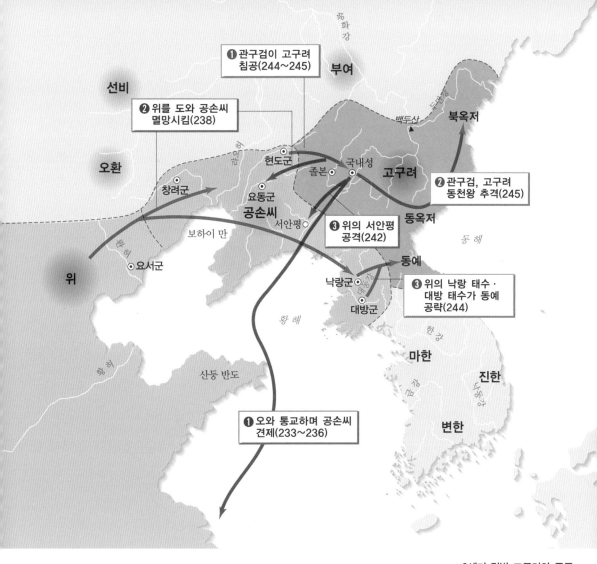

❶ 관구검이 고구려
침공(244~245)

선비

부여

❷ 위를 도와 공손씨
멸망시킴(238)

백두산

북옥저

오환

현도군

국내성

❷ 관구검, 고구려
동천왕 추격(245)

창려군

졸본

고구려

요동군

공손씨

서안평

동옥저

요서군

서안평

❸ 위의 서안평
공격(242)

보하이 만

동예

동 해

위

낙랑군

❸ 위의 낙랑 태수·
대방 태수가 동예
공략(244)

대방군

황 해

마한

산둥 반도

진한

❶ 오와 통교하며 공손씨
견제(233~236)

변한

**3세기 전반 고구려와 중국
세력의 관계**

맹주였던 비류국의 후신으로서 전통의 강호라면, 연나부는 2세기 중
반부터 왕비를 배출한 신흥 명문이지요. 고국천왕의 왕비 우씨도 연
나부 출신이고요. 이에 따라 중앙 정치는 왕실인 계루부와 우세한
두 부를 중심으로 이루어졌겠지요.

가령 산상왕은 형수 우씨를 왕비로 맞아들였다가 아들을 낳지 못
하자, 관나부의 한 여자와 관계를 맺게 됩니다. 이에 우씨가 관나부
여자를 죽이려 합니다. 친정인 연나부를 등에 업고 막강한 힘을 발

휘하는 왕비 우씨, 그리고 왕의 총애를 받았으면서도 생명의 위협을 느껴야 하는 관나부 여자. 그래도 이 여인은 산상왕의 도움으로 목숨을 건지고 훗날 동천왕이 되는 아들까지 낳았지요.

그보다 조금 뒤인 중천왕 때에 관나부 출신으로 얼굴이 아주 곱고 머리카락이 기다란 아름다운 여자가 있었어요. 이 여자도 중천왕의 총애를 듬뿍 받았는데, 251년 연나부 출신인 왕비 연씨와 왕의 총애를 다투다가 결국 서해 바다에 수장당하는 비운을 맞지요.

이러한 사건은 단순한 왕실 여자들 사이의 투기가 아니라, 계루부와 4개 부가 함께 나라를 다스리던 전통이 무너지는 상황을 보여 줍니다. 전통의 강호인 비류부나 신흥 명문 연나부는 왕실인 계루부와 결탁해 중앙 정치를 좌지우지했겠지요. 그렇지만 이러한 상태는 그리 오래 이어질 수 없었습니다. 한 번 갈라진 벽은 언젠가 무너지게 마련이지요.

왕을 중심으로 새롭게 변신한 중앙 귀족들

각 부의 유력자들은 권력 싸움에서 이기기 위해 어떻게 했을까요? 자신이 거느린 백성을 더욱 가혹하게 다스렸겠지요. 때로는 다른 유력자의 백성을 빼앗기도 했을 테고요. 권력을 다지려면 군사력과 재산을 더욱 키워야 하니까요. 고래 싸움에 새우 등이 터지듯이, 유력자들의 치열한 다툼은 백성들을 헐벗고 굶주리게 했습니다.

194년 가을에는 이런 일이 있었지요. 고국천왕이 사냥을 나갔는데, 길가에서 한 청년이 울고 있었습니다. 왕이 그 까닭을 물으니,

진대법이란?

고구려는 194년 가을, 고국천왕이 길가에서 울고 있는 청년을 만난 사건을 계기로 진대법을 시행한다.

진대법(賑貸法)이란 말 그대로 가난한 사람을 돕기 위해(賑) 나라의 곡식을 꾸어 주는(貸) 제도이다. 곡식이 떨어질 때인 3~7월에 백성들에게 곡식을 꾸어 주었다가 추수를 한 다음 갚도록 한 것이다. 이처럼 국가가 굶주린 백성을 직접 돌보기 시작하자 온 백성이 기뻐했다고 한다.

진대법 시행은 우리에게 두 가지 사실을 이야기해 준다. 하나는 급격한 사회 변화로 말미암아 가난한 백성이 많아졌다는 사실이고, 또 하나는 그러한 백성을 직접 도울 만큼 국가 권력의 힘이 강대해졌다는 사실이다. 이러한 사실은 나부의 유력자들이 백성을 직접 다스리던 정치 제도가 무너지던 상황과 연관된다. 고구려 진대법의 전통은 조선 시대까지 환곡제(還穀制)와 같은 형태로 계속 이어진다.

"저는 날품을 팔아서 어머니를 모시는데 올해는 흉년이 들어 곡식 한 줌도 얻을 수 없습니다"라고 대답했답니다.

백성들이 얼마나 힘들게 살았는지 알 수 있겠지요. 이러한 와중에 제철 기술이 발달해 더욱 많은 사람이 철제 농기구를 사용할 수 있게 되었어요. 많은 백성이 힘들게 살아갔지만, 철제 농기구로 농사를 지어 부자가 된 사람도 마을마다 꽤 생겨났답니다.

유력자뿐 아니라 백성들 사이에서도 빈부 격차가 엄청나게 벌어지게 되었군요. 길가에서 울던 청년처럼 날품을 팔아 겨우 목숨을 이어 가는 사람, 도망 다니던 을불을 고용했던 음모처럼 머슴을 많이 거느린 부유한 사람. 같은 마을 사람이라 하더라도 끈끈한 유대 관계는 아주 약해졌겠지요.

　사실 각 부의 유력자들이 직접 백성을 다스린 것은 마을마다 끈끈한 유대 관계가 있었기 때문입니다. 각 부의 유력자들은 이 유대 관계를 활용해 그리 힘들이지 않고 백성을 다스릴 수 있었지요. 이제 이 유대 관계가 약해졌으니 백성을 다스리는 것도 힘들어졌겠지요.

　이에 유력자들은 국왕을 중심으로 힘을 모았습니다. 각 부에 두었던 관원 조직은 국왕을 중심으로 통합하고, 군대도 결집했지요. 부별로 백성을 다스리던 방식을 폐지하고, 왕을 중심으로 하는 국가 기구를 통해 백성을 다스리기 시작한 것이지요.

이로써 각 부의 유력자들이 자신의 세력 근거지에 머무를 이유도 사라졌습니다. 각 부의 유력자들은 국가 기구에 참여하여 권력과 부를 확대하기 위해 왕이 거처하는 왕도로 집을 옮겼습니다. 그러고는 왕궁을 중심으로 왕도의 동·서·남·북 방면에 거주한다는 뜻에서 출신지를 동부, 서부, 남부, 북부로 나타내기 시작했습니다.

물론 모든 유력자가 왕도로 이주하지는 않았겠지요. 아마 그럴 수도 없었을 것입니다. 대체로 중앙 정계에서 권력을 차지한 유력자들을 중심으로 왕도로 이주했을 것입니다. 국가 기구를 정비함에 따라 한층 높아진 왕권을 등에 업고 성장한 신진 세력도 있었을 테고요.

지배 세력의 성격에 큰 변화가 일어난 셈이군요. 종래의 유력자들이 왕도에 거주하는 중앙 귀족으로 변신한 것이지요. 이와 더불어 유력자들의 자치권을 상징하던 비류부, 연나부, 관나부, 환나부 같은 명칭도 역사의 뒤안길로 사라졌습니다.

우산하 고분군
각 지방의 유력자들이 왕도로 옮아 옴에 따라 국내성 근처에는 이들의 저승 세계를 위한 무덤이 만들어지기 시작했다. 사진은 국내성 동북쪽의 산인 우산 아래 있는 고분군.

이제 모든 국가 권력은 국왕에게 집중되어 왕의 명령이라는 이름으로 행사되기에 이르렀지요. 이러한 변화는 바로 공손씨나 위나라와 대립할 무렵 일어났습니다. 고구려로서는 안팎으로 격변기에 처했던 셈이지요. 그러니 위나라 군대의 침공을 막아 내는 데에도 한계가 있었겠지요.

정복 지역을 진정한 고구려 땅으로

그러면 각 부의 유력자들이 다스리던 지역은 어떻게 되었을까요?

중앙 귀족들이 직접 백성을 다스리지 않게 되었으니까 국가에서 관리를 파견해 다스렸겠지요. 앞서 보았듯이 봉상왕에게 쫓겨다니던 을불은 노파의 모함으로 '압록재'라는 관리에게 불려 가 볼기를 맞았지요. 을불에게 볼기를 친 압록재, 그가 바로 나라에서 파견한 지방 관리입니다.

이전의 각 부 지역이 지방 행정 구역으로 바뀐 것입니다. 앞에서 압록강 중상류는 산간 지대로서 강변을 따라 들판이 펼쳐진다고 했지요. 이에 강을 따라 형성된 골짜기를 단위로 지방관을 파견했답니다. 행정 구역 이름에 골짜기를 뜻하는 '곡(谷)' 자가 들어간 것은 이 때문입니다.

그러면 유력자들은 세력 근거지를 몽땅 내놓은 채 아무것도 소유하지 못했을까요? 그럴 리야 없지요. 중앙 귀족들은 '식읍'이라는 형태로 여전히 넓은 땅과 많은 백성을 거느렸답니다. 그럼 그 전과 무슨 차이가 있느냐고요?

이전에는 각 부의 유력자들이 직접 백성을 다스리며 갖가지 물자를 거두는 한편 치안을 유지하고, 외적이 침공하면 군대를 이끌고 전투를 벌였지요. 그런데 이제 치안 유지나 군대 조직이 국가 전체 차원에서 이루어졌답니다. 이를 위한 각종 비용, 곧 세금도 국가에서 거두었지요.

반면 중앙 귀족은 국가의 힘을 빌려 식읍을 관리하며 온갖 물자를 거두었습니다. 때로는 식읍의 백성을 동원해서 여러 가지 일을 시키기도 했고요. 중앙 귀족은 국가의 관직을 받아 막대한 정치 권력을 누리기도 했지요.

치안이나 군대는 국가가 전체적으로 관장하고, 중앙 귀족은 국가의 힘을 빌려 식읍을 경제적으로 지배했군요. 그러니까 중앙 귀족은 국왕을 중심으로 힘을 결집함으로써 이전보다 훨씬 효율적으로 백성을 다스렸다고 할 수 있겠군요.

이러한 면모는 정복 지역을 지배하던 방식에서 더욱 명확히 드러납니다. 앞서 보았듯이 이전에는 토착 세력으로 하여금 정복 지역을 다스리게 하고, 고구려는 단지 물자만 수탈했습니다. 물론 국가 체제가 제대로 정비되지 않은 상태에서는 이것이 최선의 방안이겠지요.

그렇지만 이렇게 해서는 한계가 있을 수밖에 없겠지요. 정복 지역 사람들을 고구려 사람으로 대접해 주지 않고, 정복 지역 사람들도 스스로를 고구려 사람이라고 생각하지 않는데, 고구려라는 나라가 멀리 뻗어 나갈 수 없었겠지요.

이에 고구려는 정복 지역을 진정한 고구려 땅으로 바꾸는 작업에 들어갔습니다. 먼저 각 방면의 교통로를 한 행정 단위로 묶고, 최전방 요충지에 성곽을 쌓았습니다. 그리고 지방관을 파견하고 군대를 주둔시켜 정복 지역을 다스리는 한편, 외적의 침입을 막았지요. 그리하여 정복 지역 사람도 고구려 국가의 힘으로 생명과 재산을 보호받는 대신, 세금을 내고 성을 쌓거나 길을 내는 공사에 동원되었답니다. 대외 전쟁에 참전해 전공을 세우면 포상을 받기도 했지요.

이로써 고구려는 정복 지역이 넓어지는 만큼 영토를 넓히고 백성을 많이 확보하게 되었지요. 그리고 이를 발판으로 정복 전쟁을 더

한국 고대사의 보물 창고 《삼국지》 동이전

《삼국지(三國志)》는 3세기 말엽 진수(陳壽)라는 사람이 위·촉·오 삼국의 역사를 적은 중국 역사책이다. 그런데 이 책에는 중국뿐 아니라 그 주변 나라들의 역사도 적혀 있다.

3세기 중반 만주와 한반도에 흩어져 있던 우리 조상의 나라들, 곧 부여, 고구려, 동옥저, 동예, 마한, 진한, 변한 등의 역사도 '동이전(東夷傳)'이라는 항목에 서술해 놓았다. 각 나라의 역사, 그 나라와 중국의 관계는 물론이고 자연 지리, 산업 현황, 정치 제도, 법률, 신앙, 풍속 등을 상세히 적어 놓았다.

그래서 우리는 이 책을 통해 3세기 즈음 우리 조상이 어떻게 살았는지 또 어떠한 역사를 일구어 갔는지를 생생하게 알 수 있다. 당시에는 아직 우리 조상들이 역사책을 만들지 못했다. 그런 점에서 《삼국지》 동이전은 한국 고대사의 보물 창고라고 할 수 있다.

다만 《삼국지》 동이전은 중국 사람의 관점에 따라 서술되었다는 사실을 잊어서는 안 된다. 진수는 관구검 군대가 동이 사회를 정벌하면서 알게 된 내용, 낙랑·대방군이 한반

욱 활발히 펼쳤을 테고요. 전쟁의 목적이 단순한 물자 수탈에서 영토와 백성 확보, 곧 진정한 고구려 땅을 넓히는 것으로 바뀌었어요.

물론 고구려 영역이 확장되는 만큼 중앙 귀족들도 지방에 새로운 세력 근거지를 많이 얻었겠지요. 그러니까 중앙 귀족들은 국왕을 중심으로 힘을 결집함으로써 이전보다 훨씬 광대한 지역을 세력 근거지로 삼을 수 있었군요.

도 중남부 지역과 교류하면서 얻은 정보들을 주요 자료로 삼아 동이전을 썼다.

특히 동이전은 본기·잡기·열전으로 이루어진 기전체 역사책인 《삼국지》에서 중국 역사상 중요한 인물들의 일생을 쓴 열전의 뒷부분에 있다. 중국 사람들이 동이 사회를 소개하려는 목적에서 동이전을 쓰긴 했겠지만, 본기가 아닌 열전의 뒷부분에 썼다는 점은 중국 주변의 나라들이 중국 중심의 천하 질서 아래에 있다는 중화주의 역사관을 잘 보여 준다.

그러니까 동이전은 정복자의 눈, 나아가 중국 중심의 천하관에 기초하여 동이 사회를 바라본 내용인 셈이다. 가령 관구검 군대에 끝까지 대항한 고구려 사람에 대해서는 "성격이 흉악하고 급하며 노략질하는 것을 좋아한다"고 적은 반면, 관구검 군대에 협조했던 부여 사람에 대해서는 "성격이 용감하고 성실하며 노략질을 하지 않는다"고 적어 놓았다.

이는 어디까지나 정복자의 눈으로 고구려 사람과 부여 사람의 성격을 평가한 것이다. 그래서 역사학자들은 이 책에 담긴 중국 사람들의 잘못된 시각을 바로잡으면서 우리 고대사를 연구하기 위해 노력한다.

신하들이 왜 임금을 따라 스스로 죽었을까?

248년 고구려의 11대 임금 동천왕이 죽었다. 동천왕은 살아 생전에 어진 정치를 많이 폈는지, 나라 사람들이 모두 슬퍼했다고 한다. 더욱이 신하들 가운데는 따라 죽으려는 자도 많았다고 한다. 이에 새 임금이 자살하는 것을 금지하자, 장례일에 무덤에 와서 스스로 죽은 자가 많았다고 한다.

아마 오늘날 우리 생각으로는 도저히 이해할 수 없는 일이리라.

고대에는 순장(殉葬)이라는 풍습이 있었다. 주인이 죽으면 노예나 시종을 강제로 죽여서 같이 매장하는 풍습이다. 부여에서는 귀족이 죽으면 백수십 명을 매장하기도 했고, 신라도 502년(지증왕 3년)에야 비로소 순장 금지령을 선포했다. 실제 고조선이나 삼국 초기의 무덤 가운데 순장의 흔적을 보여 주는 유적이 많다. 그러니까 고대 사회 초기에 순장은 희한한 일이 아니었다.

그런데 당시 순장이 강제로 이루어지기만 했던 것은 아니다. 가령 한평생 주인만 모시던 시종이나 시녀들은 주인을 따라 저승에 가서 함께 사는 것을 더욱 행복하게 여기기도 했다. 이렇게 임금이나 주인을 따라 자발적으로 죽는 것을 순장과 구별해서 순사(殉死)라고도 한다.

강제적이냐 자발적이냐의 차이는 있지만, 순장이나 순사라는 풍습은 기본적으로 동일한 내세관을 보여 준다. 곧 순장이나 순사를 하던 사람들은 죽은 다음에도 이승의 삶이 저승에서 그대로 이어진다는 내세관을 가졌던 것이다.

신하들이 동천왕을 따라 죽으려고 했던 것도 바로 이런 맥락으로 볼 수 있다. 동천왕은 관구검의 침공 와중에 여러 신하들과 생사고락을 함께했던 임금이다.

경산 임당의 순장 무덤
주인공의 시신 아래로 순장된 사람들의 뼈가 보인다.

고령 지산동 44호 무덤
경북 고령에 있는 가야 유적. 가운데 주인공을 묻은 널 둘레에
순장한 시신이 묻혔던 널들이 있다.

그러니까 신하들 가운데 진심으로 저승에서도 동천왕과 함께 살기를 소망하는 이
가 있었을 것이다.

　그렇지만 사회가 발전함에 따라 사람들은 순장이나 순사의 폐해를 점차 깨닫게
된다. 시종이나 신하의 생명도 소중함을 깨달았을 뿐 아니라, 산 사람을 죽이는 것
은 사회·경제적으로도 엄청난 손실이라는 사실을 인식하게 된다. 신라가 국가 체제
를 막 정비하기 시작하던 502년에 순장 금지령을 내린 것은 바로 이 때문이다.

　동천왕이 죽은 다음, 새 임금인 중천왕이 자살 금지령을 내린 것도 같은 맥락에
서 이해할 수 있다. 앞서 보았듯이 3세기 중반은 고구려 사회가 엄청난 변화를 겪
으며 국가 체제를 새롭게 정비하던 시기였다. 고구려는 바로 이러한 흐름에 발맞
추어 순장, 순사라는 제도를 폐지한 것으로 짐작된다.

시동생과 다시 결혼한 왕비 우씨의 유언 | 고구려의 결혼 제도 |

연우가 산상왕으로 즉위한 다음, 고국천왕의 왕비 우씨는 어떻게 되었을까요?

놀라지 마세요. 시동생인 연우(산상왕)와 재혼을 했거든요. 형이 죽었다고 하지만 형수와 시동생이 결혼하다니, 오늘날에는 생각하기 어려운 이상한 일이지요. 그렇지만 당시에는 그리 이상한 일이 아니었답니다. 3세기 즈음 부여나 고구려에서는 형이 죽으면 동생이 형수를 아내로 맞아들였거든요. 한자말로 형사취수(兄死娶嫂)라는 제도입니다. 이러한 풍습은 유목민이나 만주족 사회에서는 나중까지도 널리 남았답니다.

그럼 왜 형사취수제라는 풍습이 널리 퍼졌냐고요? 형사취수제는 친족 제도와 깊이 관련됩니다. 지금 우리는 핵가족 단위로 생활하지요. 그렇지만 당시에는 친족 집단의 범위가 넓었고, 그 사이의 유대 관계도 긴밀했습니다. 그래서 형제끼리 재산을 비롯해 여러 권리와 의무를 공유하는 경우가 많았습니다.

고구려 초기의 결혼 제도는 서옥제(婿屋制)라고 합니다. 결혼할 때, 신부의 집 뒤뜰에 먼저 서옥(婿屋:사위 집)이라는 집을 짓지요. 그러면 신랑은 신부의 집 밖에 이르러 돈을 쌓아 놓고는 신부와 지내기를 간청합니다. 허락을 받으면 서옥에서 신부와 살다가 아들이 태어나 장성하면 본가로 돌아갑니다.

재미있는 풍습이지요. 그런데 신랑이 신부와 잠자기를 청할 때 어떻게 했나요? 그냥 말로만 청했나요? 아니지요. 신랑은 돈을 내놓고 간청했습니다. 신랑이 신부의 부모에게 돈을 갖다 바쳤습니다. 그리고 신랑이나 신랑 부모는 이 돈을 혼자 마련하지 않고, 형제를 비롯해 여러 친척의 도움을 받았습니다. 신부의 부모라면 받은 돈을 친족과 나누어 가졌고요.

친족끼리 권리와 의무를 공유하던 생활 방

식을 잘 보여 주네요. 형사취수제는 이러한 상황에서 생겨난 제도입니다. 동생이 형수를 아내로 맞는 일, 그 자체는 권리이겠지요. 이때 동생은 형의 재산을 관리할 권한도 얻었겠지요. 그렇지만 생활력이 부족해진 형수와 조카들을 돌보는 것은 말하자면 의무였겠지요.

그러니까 형사취수제는 가장의 죽음으로 인해 남은 가족의 삶이 결딴나지 않도록 막아 주는, 말하자면 사회 보장 제도였군요. 이러한 제도는 친족 집단의 유대 관계가 긴밀했기 때문에 가능했겠지요. 그러므로 사회 변화에 따라 친족 집단의 유대 관계가 약해지면 이 제도도 사라질 수밖에 없겠지요.

왕비 우씨의 유언은 형사취수제의 말로를 잘 보여 줍니다. 본디 형사취수제에 따르면 시동생과 재혼한 형수는 죽은 다음 본남편의 무덤 곁에 묻히게 됩니다. 동생이 형의 가족을 잠시 맡았을 뿐이니 당연한 일이지요. 그런데 왕비 우씨는 "고국천왕이 아니라 산상왕 곁에 묻어 달라"는 유언을 남깁니다. 우씨의 유언대로 장사를 지낸 지 며칠 뒤, 고국천왕의 혼령이 국가의 제의를 담당한 무당에게 나타나 "우씨가 산상왕에게 돌아가는 것

을 보고 분함을 이기지 못하여 더불어 싸웠다"고 말했답니다.

고국천왕의 혼령은 무엇이 그토록 분했을까요? 본디 풍습에 따른다면 우씨는 자신의 곁에 묻혀야 하는데, 동생 곁에 묻혔기 때문이지요. 그래서 급기야 혼령끼리 싸웠고요. 고국천왕의 혼령은 "돌아와 생각하니 낯이 뜨거워 차마 나라 사람을 볼 수 없으니, 나를 가려 달라"는 말도 남깁니다. 이에 고국천왕릉 앞에 소나무를 일곱 겹으로 심었다고 합니다.

고국천왕의 혼령도 결국 우씨가 산상왕 곁에 묻힌 것을 받아들인 셈이군요. 다만 혼자 묻힌 것이 부끄러우니 자신의 무덤을 가려 달라고 청한 것이고요.

그러니까 우씨의 유언에서는 '죽은 다음 본남편 곁에 묻히는' 형사취수제의 관행이 사라지는 경향이 나타나는군요. 다시 말하면 이 무렵 형사취수제가 서서히 사라지기 시작했다고 볼 수 있습니다. 본문에서 보았듯이 이 무렵 고구려 사회는 아주 큰 변화를 겪었습니다. 친족 집단의 유대 관계도 많이 약해지고, 이에 따라 형사취수제도 서서히 사라졌지요

격동의 4세기

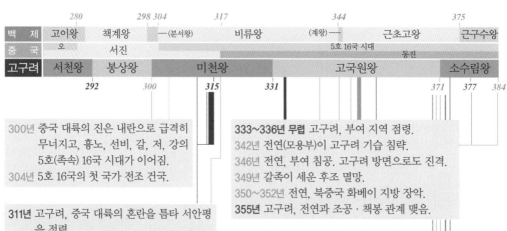

		280		298 304		317		344			375	
백제	고이왕	책계왕		─(분서왕)	비류왕		(계왕)─		근초고왕		근구수왕
중국	오	서진						5호 16국 시대			
									동진			
고구려	서천왕	봉상왕		미천왕			고국원왕			소수림왕	
		292	300	315		331			371	377	384

300년 중국 대륙의 진은 내란으로 급격히 무너지고, 흉노, 선비, 갈, 저, 강의 5호(족속) 16국 시대가 이어짐.
304년 5호 16국의 첫 국가 전조 건국.

311년 고구려, 중국 대륙의 혼란을 틈타 서안평을 점령.
313년, 314년 고구려, 낙랑·대방 지역 점령.
313년 로마, 크리스트 교 공인.
315년 고구려는 동북아의 중심지 랴오둥 지방 진출을 노렸지만 선비족의 하나인 모용부가 이미 장악하다시피 함.
317년 진은 양쯔 강 남쪽으로 밀려 동진 세움.

333~336년 무렵 고구려, 부여 지역 점령.
342년 전연(모용부)이 고구려 기습 침략.
346년 전연, 부여 침공. 고구려 방면으로도 진격.
349년 갈족이 세운 후조 멸망.
350~352년 전연, 북중국 화베이 지방 장악.
355년 고구려, 전연과 조공·책봉 관계 맺음.

369년 고구려의 백제 원정, 예성강 유역에서 대패.
370년 전연 멸망, 전진이 북중국 석권, 384년까지 고구려와 우호 관계 유지.
371년 백제가 고구려 평양성 공격, 고국원왕 사망.
372년 소수림왕, 태학 설립, 불교 수용.
372년 백제가 동진에 사절을 보냄.
373년 소수림왕, 법령(율령) 반포.
377년 신라, 고구려의 도움으로 전진에 사신 파견.
384년 백제에 불교 전래.

5

중국 대륙의 변화를 주시하라

4세기 대외 관계와 제도 정비

대륙의 혼란이 빚어 낸 기회와 위기

서기 300년, 중국 대륙을 다시 통일했던 진나라가 큰 혼란에 빠졌습니다. 그러자 주변의 여러 족속이 대거 북중국으로 진출했습니다. 북중국 대륙은 순식간에 흉노, 선비, 갈, 저, 강 등의 세상이 되었고 (5호 16국 시대), 진은 양쯔 강 남쪽으로 쫓겨나는 신세가 되었지요 (317년, 동진).

고구려에게 절호의 기회가 왔군요. 마침 고구려는 국가 체제를 새롭게 정비한 상태였지요. 또한 폭정을 일삼던 봉상왕 대신 무수한 고초를 겪었던 을불이 미천왕으로 즉위했고요. 미천왕을 비롯한 고구려 지배층은 나라를 발전시키기 위해 새로운 각오를 다졌겠지요.

고구려는 이러한 국가 체제와 새로운 마음가짐을 바탕으로 중국 대륙의 혼란을 틈타 영토 확장에 나섰습니다. 먼저 압록강 하구의 서안평을 점령한 다음(311년), 낙랑군과 대방군을 장악했습니다(313~314년). 고조선 멸망 이후 400여 년 만에 중국 군현을 한반도에서 몰아낸 것입니다.

한반도 서북 지역을 장악한 고구려는 말 머리를 서쪽으로 돌렸습니다(315년). 동북아시아의 중심지, 바로 랴오둥 지역으로 진출하기 위한 큰 걸음을 내디딘 것이지요. 그런데 랴오둥 지역에는 벌써 다른 강자가 나타나 있었습니다. 랴오시 지역에 있던 선비 모용부가 먼저 손길을 뻗친 것입니다.

고구려는 선비 모용부와 운명의 한판 대결을 벌여야 했습니다. 그렇지만 모용부는 결코 만만한 상대가 아니었습니다. 몇 차례 전과를 올리기도 했지만, 결국 고구려는 선비 모용부에게 랴오둥 지역을 통째로 내주었습니다. 그렇지만 랴오둥 지역을 포기할 수는 없었습니다. 이 곳을 차지하지 못하면 동북아의 주도권을 놓칠 뿐 아니라 생존권마저 위협받을 수 있었으니까요.

고구려가 반격의 기회만 노리고 있을 무렵, 모용부가 내분에 빠졌습니다(333년). 고구려에게 다시 한 번 기회가 온 셈이지요. 고구려는 북쪽으로 말 머리를 돌려 쑹화 강 유역의 부여를 점령했습니다. 이 곳은 들판이 넓을 뿐 아니라 서쪽의 몽골 초원으로 나아가는 전략적 요충지였거든요.

고구려가 서북방으로 나아갈 교두보를 확보한 것이지요. 반면 모용부에게는 고구려가 더욱 껄끄러운 존재가 된 셈이고요. 내분을 수습한 모용부는 고구려를 제압할 방도를 강구했습니다(모용부를 이 때

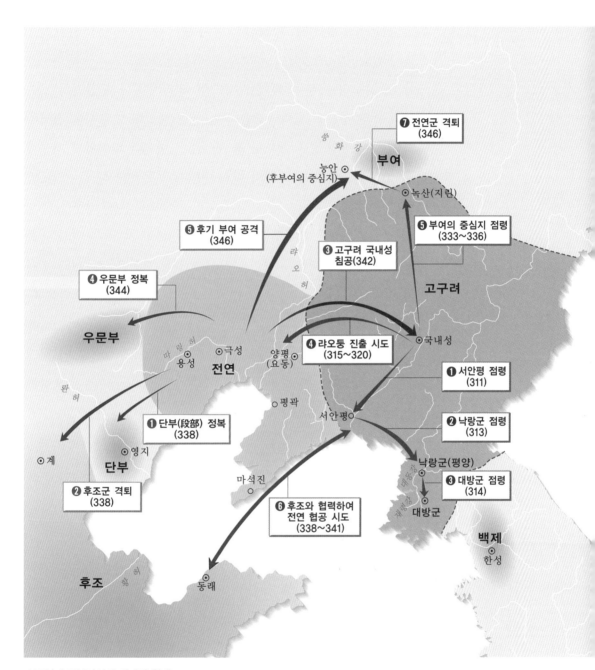

송 화 강

능안 ⊙
(후부여의 중심지)

부여

⊙ 녹산(지린)

5 후기 부여 공격
(346)

라 오 허

3 고구려 국내성
침공(342)

5 부여의 중심지 점령
(333~336)

고구려

4 우문부 정복
(344)

우문부

마 랑 처
용성
⊙극성
전연

양평
(요동)⊙

4 라오둥 진출 시도
(315~320)

⊙ 국내성

1 서안평 점령
(311)

롼 허

⊙평곽

서안평⊙

2 낙랑군 점령
(313)

1 단부(段部) 정복
(338)

⊙계

영지⊙
단부

마석진
⊙

6 후조와 협력하여
전연 협공 시도
(338~341)

낙랑군(평양)

3 대방군 점령
(314)

2 후조군 격퇴
(338)

대방군

백제
한성

후조

송 허

⊙동래

330년대 동북아시아 일대의 형세

부터 '전연'이라 합니다). 마침내 전연이 5만 대군을 이끌고 대대적으로 침공했습니다(342년).

이 때 고구려는 부여 지역을 지키는 데 주력하다가 전연의 기습 작전에 말려 왕도를 함락당했습니다. 전연은 고구려 도성을 철저히 파괴하고, 왕비와 왕의 어머니 등 포로 5만 명에다 미천왕의 시신까지 빼앗아 갔습니다. 고구려가 다시 일어서지 못하게 하려는 의도였지요.

고구려는 엄청난 피해를 입었음에도 불구하고, 주력 군대와 새롭게 확보한 부여 지역을 온전히 보전했습니다. 전연은 고구려라는 배후의 위협 요소를 완전히 제거하지 못한 것이지요. 이에 전연은 다시 고구려 공략에 나섰습니다(346년).

다만 이 때 공격 목표는 부여 지역이었습니다. 그렇지만 이 때에도 전연은 목표를 온전히 달성하지 못했습니다. 고구려의 염모라는 장수가 전연의 침공을 격퇴하고 부여 지역을 굳건히 지킨 것입니다. 전연은 고구려에게 쫓겨나 서쪽으로 옮겨 간 후부여의 왕과 포로 5만 명을 사로잡는 것에 만족해야 했습니다.

북중국 왕조와 평화 관계를 유지하라

이로써 양국의 전황은 별 진전이 없게 되었습니다. 바로 이 무렵 북중국 대륙에 돌발 사태가 발생했습니다. 북중국을 석권했던 후조가 황제의 죽음으로 내분에 휩싸인 것입니다(349년).

이에 전연은 350년부터 북중국을 공략해, 겨우 2년 만에 북중국

석권(席捲, 席卷)

닥치는 대로 영토를 휩쓺, 또는 무서운 기세로 세력을 펼치거나 휩쓺.

동반부를 손에 넣었습니다. 그러고는 황제국을 선포하고, 도성도 북중국으로 옮겼습니다. 일개 유목 국가에서 명실상부한 중국 대륙의 황제국으로 발돋움한 것이지요.

고구려는 지금까지와는 전혀 다른 상황에 부닥쳤습니다. 만약 전연이 온 국력을 기울여 침공한다면 생존을 보장받을 수 없었거든요. 또한 전연도 고구려라는 배후의 위협 요소을 안은 채 양쯔 강 남쪽의 동진이나 북중국 서반부의 전진 등과 대결을 벌일 수는 없었지요.

이에 양국은 상대방의 위상과 세력권을 인정하는 새로운 외교 관계를 맺었습니다. 먼저 고구려가 전연이 황제국임을 인정해 주었습니다. 이에 전연도 고구려의 세력권을 인정해 주었습니다(355년). 요즘 말로 하면 일종의 평화 협정을 맺었다고 할까요.

고구려의 이러한 대외 정책은 언뜻 보면 강대국에 무릎 꿇은 비굴한 행동이라고 생각할 수도 있습니다. 그렇지만 50년 가까이 겨루며 다투던 전연이 북중국을 석권한 상태에서 계속 대립하는 것이 과연 현명한 외교 전략일까요? 그렇게 한다면 위기만 불러오겠지요. 국제 정세의 변화를 정확히 읽어 내고 그에 걸맞은 외교 정책을 펼치는 것이 더욱 중요합니다.

고구려는 국제 정세의 변화에 맞게 새로운 대외 정책을 추진한 것입니다. 그 결과 고구려는 전연과 평화 관계를 유지하면서 동북아시아 일대에 세력을 뻗칠 외교적 기반을 마련할 수 있었지요. 이러한 대외 정책은 전연을 이어 북중국을 석권한 전진과도 유지되었습니다.

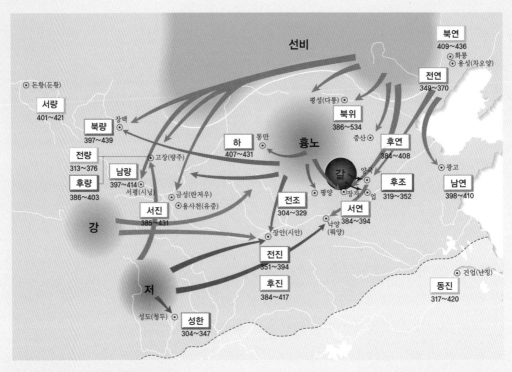

4~5세기 중국 북방에서 활약한 민족들

5호 16국 흥망의 과정

서기 304년 흉노족의 유연(劉淵)이란 사람이 한(나중에 '전조'로 이름을 바꾼다)을 세운 것이 5호 16국 시대의 출발이다. 329년 전조는 흉노족에서 떨어져 나온 갈족이 세운 후조에게 망하고, 후조는 다시 전연(선비족)과 전진(저족)에게 나뉘어 점령당한다. 전진은 370년에 전연을, 376년에 한족의 일파가 세운 전량을 정복했으나 강족의 후진에게 망하고 만다.

이에 전진을 이루었던 세력 중 저족 일파는 후량, 선비족 일파는 서진을 세웠는데, 후량은 후진에게 망하고, 후진은 양쯔 강 남쪽의 동진에게 망한다. 후진에게 복속했던 선비족의 한 일파가 후진이 약한 틈을 타 남량을 세웠는데, 남량은 414년 서진에게 망한다. 그리고 결국 서진도 흉노

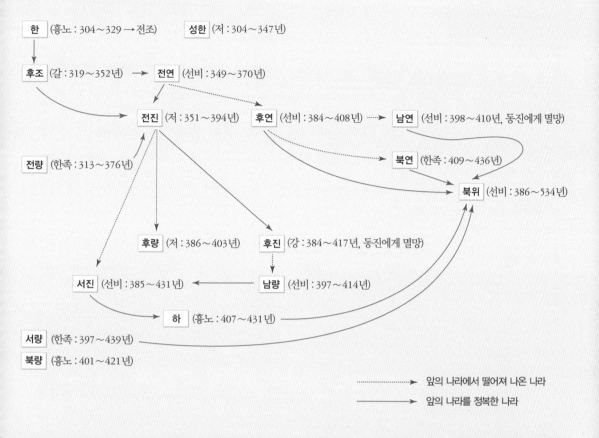

한 (흉노 : 304~329 → 전조)   성한 (저 : 304~347년)

후조 (갈 : 319~352년) → 전연 (선비 : 349~370년)

전진 (저 : 351~394년)   후연 (선비 : 384~408년) ┄┄┄ 남연 (선비 : 398~410년, 동진에게 멸망)

전량 (한족 : 313~376년)

북연 (한족 : 409~436년)

북위 (선비 : 386~534년)

후량 (저 : 386~403년)   후진 (강 : 384~417년, 동진에게 멸망)

서진 (선비 : 385~431년) ← 남량 (선비 : 397~414년)

하 (흉노 : 407~431년)

서량 (한족 : 397~439년)

북량 (흉노 : 401~421년)

┄┄┄┄┄┄► 앞의 나라에서 떨어져 나온 나라
────────► 앞의 나라를 정복한 나라

족의 일파가 세운 하에게 망한다.

한편 384년 전진이 망하자 전연의 후예들이 후연을 세웠다. 후연은 선비족이
세운 북위가 강성해짐에 따라 자주 싸우다가 결국 북위에게 도읍을 함락당하고
만다. 후연 세력의 일부가 떨어져 나가 남연과 북연을 세웠으나, 남연은 400년
도읍을 북위에게 빼앗기고 남쪽으로 밀려나 410년까지 버티다가 결국 동진에게
망한다. 436년 북연도 북위에게 망한다.

북위는 431년 하를 무너뜨린 데 이어 436년에 북연, 그리고 439년에 북량까
지 정복함으로써 마침내 북중국 전체를 평정하여 5호 16국 시대를 마감하고, 남
북조 시대를 연다.

국력을 남쪽 방면에 집중하라

고구려는 북중국 왕조와 평화적 외교 관계를 맺은 대가로 랴오둥 진출을 잠시 미루어야 했지만, 서방 국경 지대를 크게 안정시킬 수 있었습니다. 이에 고구려는 국력을 남쪽 방면에 집중했습니다. 이미 확보한 한반도 서북 지역(이전의 낙랑·대방군 지역)을 집중 개발한 다음, 이를 교두보 삼아 백제를 공략하며 한반도 남부로의 진출을 꾀했습니다.

그렇지만 준비를 제대로 하지 않은 탓일까요? 아니면 백제를 너무 얕보았기 때문일까요?

369년 늦가을, 고구려 고국원왕이 몸소 백제 공격에 나섰습니다. 당시 고구려 군사는 2만 명에 달했지만, 붉은 기를 앞세운 병사만 정예병이고 나머지는 오합지졸에 가까웠습니다. 고구려군은 모든 병사가 정예병인 것처럼 꾸며 남으로 남으로 진군했습니다. 재령강을 지나 멸악 산맥을 넘어 예성강 유역으로 진입해 치양(황해도 백천)에 이르렀을 때 백제군이 나타났습니다.

백제군은 이미 고구려군의 허실을 정확히 알고 있었습니다. 고구려로 망명 왔던 사기라는 백제 사람이 백제로 되돌아가 고구려군의 허실을 알려 주었거든요. 지피지기면 백전백승이라고 했나요. 고구려군은 싸움 한번 제대로 해 보지 못하고 무참히 패배했습니다.

걸음아 나 살려라며 후퇴했지만, 백제군은 추격의 고삐를 늦추지 않았습니다. 역습당할 것을 우려한 백제군이 추격을 멈추자 간신히 되돌아올 수 있었지요. 준비를 제대로 하지 않고 성급하게 덤비다가 호되게 당한 것이지요.

지피 지기 (知彼知己)

적의 사정과 나의 형편을 잘 아는 것.

백전 백승 (百戰百勝)

100번 싸우면 100번 이김. 곧 싸울 때마다 이김.

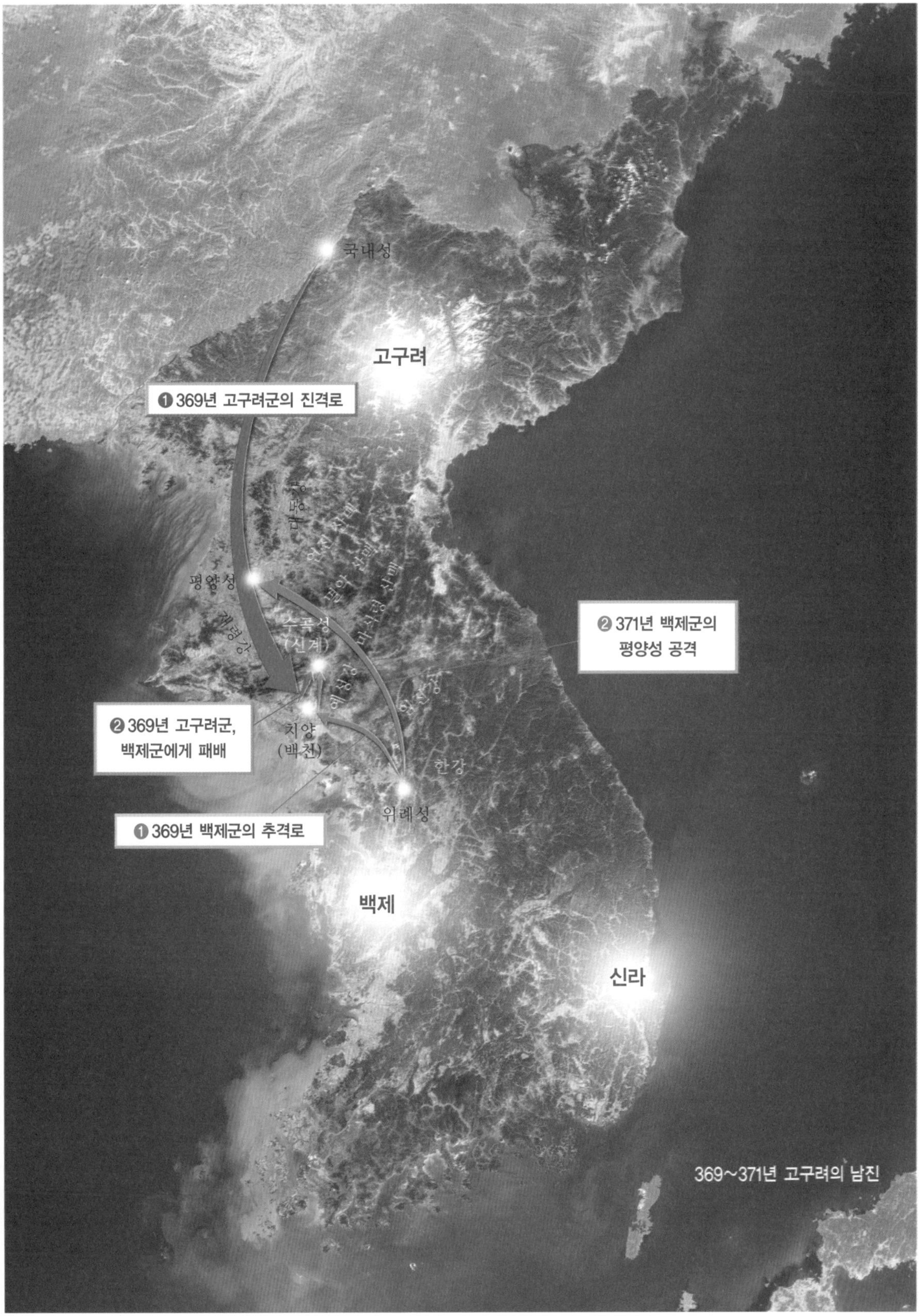
국내성
고구려
❶ 369년 고구려군의 진격로
평양성
재령강
수곡성
(신계)
❷ 371년 백제군의
평양성 공격
❷ 369년 고구려군,
백제군에게 패배
치양
(백천)
한강
위례성
❶ 369년 백제군의 추격로
백제
신라

369~371년 고구려의 남진

고구려의 불행은 여기에서 그치지 않았습니다. 2년 뒤인 371년에도 예성강 유역까지 진격했다가 백제의 역습을 받아 패배했거든요. 엎친 데 덮친 격으로 이 해 겨울에는 평양성까지 진격한 백제군을 방어하다가 고국원왕이 전사하는 사건까지 일어났습니다.

고구려는 북중국 왕조와 맺은 평화 관계를 바탕으로 남쪽 방면에 국력을 집중해 백제를 공략했지만, 번번이 패배라는 쓴잔만 마시고 물러나야 했습니다. 고구려에게는 더욱 철저한 자기 반성과 국가 체제를 재정비하기 위한 노력이 필요했습니다.

국제 수준의 제도를 갖추자

무엇이 부족했을까요? 당시 고구려는 북중국 왕조와 우호 관계를 맺어 서방 국경 지대를 안정시켰지만, 국가 제도를 근본부터 바꾸지는 않았습니다. 앞에서 이야기했듯이 고구려는 3세기 중반부터 국가 제도를 새롭게 정비했습니다.

그렇지만 당시의 국제 수준에서 본다면 걸음마 단계였을 뿐이지요. 인재 양성을 위한 교육 기관이나 나라를 다스리기 위한 법령도 갖추지 않았거든요. 군사력 강화도 필요했지만, 국가 제도를 새롭게 하는 것이 무엇보다 시급했습니다.

이에 고구려는 소수림왕 때에 인재를 양성하기 위한 태학을 설립하고(372년), 나라를 다스리기 위한 법령(율령)을 반포했습니다(373년). 국가 조직을 근본적으로 바꾸는 작업에 들어간 것이지요. 그리고 불교를 받아들여 국가의 정신적 통일을 꾀했습니다(372년).

사실 태학, 율령, 불교 등은 당시 북중국 황제국들이 앞다투어 갖추던 국가 제도이자 사상이었습니다. 북중국을 제패하려면 한족 왕조가 몇 백 년에 걸쳐 일구어 낸 선진 정치 제도와 사상으로 무장할 필요가 있었지요. 고구려도 마찬가지였습니다. 동아시아 여러 나라와 어깨를 나란히 겨루기 위해서는 국제 수준의 정치 제도를 갖추어야 했습니다.

국가 이념은 전통 사상으로

그렇지만 국제 기준을 따른다고 해서 모든 전통이 쓸모없어지진 않습니다. 더욱이 왕권의 신성함을 강조하는 데는 전통 사상을 활용하는 것이 훨씬 효과적이지요. 이에 고구려는 국제 수준의 정치 제도를 갖추는 한편, 전통 사상을 바탕으로 왕권을 더욱 굳건히 확립했습니다.

　당시에는 왕실뿐 아니라 귀족 가문들도 저마다 시조 설화를 가지고 있었어요. 가령 《삼국사기》를 보면, 2대 유리왕이 기산에서 사냥을 하다가 '양 겨드랑이에 깃이 달린 사람'을 만났다고 합니다. 깃이 달린 사람은 곧 하늘을 날 수 있는 사람을 뜻하지요. 귀족 가문들도 왕실처럼 자기네 조상이 하늘과 관련 있거나 하늘에서 내려왔다는, 곧 자신들은 하늘의 후손이라는 천손족 설화를 가졌던 것입니다.

　그렇지만 국왕 중심의 정치 제도를 갖추면서 귀족 가문들이 하늘의 후손이라고 내세우는 걸 그냥 내버려 두면 어떻게 될까요? 국왕의 권위가 제대로 서지 않겠지요. 이에 왕실만 천손족임을 표방하고, 나머지 일반 귀족 가문은 이제 천손족을 내세우지 못하도록 했습니다.

이러한 조치에 걸맞게 건국 설화도 새롭게 다듬었지요. 왕실만이 신성한 권능을 지닌 유일한 천손족이라고요. 이 과정에서 귀족 가문의 시조 설화도 변형되었어요. 고구려 왕에게 발탁되거나, 왕실을 위기에서 구하는 공을 세워 가문을 일으켰다는 식으로 말입니다.

가령 광개토왕과 장수왕 때 지방 장관을 지낸 모두루라는 사람의 묘지를 보면, 모두루 집안은 주몽을 따라 북부여에서 내려와 고구려 건국을 도왔다고 적혀 있습니다. 또 모두루의 조상들은 내란을 평정하거나 외적의 침략을 막는 커다란 공훈을 세운 대가로 대대로 왕의 은혜를 입고 높은 벼슬을 했다고 합니다. 모두루 역시 조상님 덕택에 왕의 은혜를 입어 지방 장관으로 지낼 수 있었고요.

고구려 왕실이 신성한 권능을 지닌 거룩한 존재라면, 모두루 집안과 같은 귀족 가문은 거룩한 왕의 은혜를 입고 살아가는 존재가 된 것이지요. 이에 모두루 묘지에서는 고구려 왕을 '성왕(聖王 : 거룩한 왕)'으로 적은 반면, 모두루 가문은 성왕에게 복종한다는 뜻으로 '노객(奴客 : 노비와 같이 낮은 존재)'이라고 낮춰 적었습니다. 이제 고구려 왕실과 귀족 가문은 명확하게 주종 관계를 맺은 셈입니다.

고구려는 바로 이 무렵 《유기(留記)》라는 역사책을 처음 편찬했다고 합니다. 현재 전하지 않기 때문에 정확한 내용을 알 수 없지만, 아마 왕실의 신성한 권능을 노래한 건국 설화, 왕실의 은혜로 가문을 일으켰다는 귀족들의 이야기가 가득했겠지요.

"옛적 시조 추모왕이 나라를 세웠는데 북부여에서 태어났다. 천제의 아들이고 어머니는 하백의 따님이었다. 알을 깨고 세상에 나왔는데 태어나면서부터 거룩한 ⋯⋯이 있었다"로 시작하는 광개토왕릉비는 바로 《유기》라는 역사책의 축소판입니다.

이렇게 하여 고구려는 국제 수준의 정치 제도를 갖추었을 뿐 아니라 국왕 중심의 국가 이념을 창출할 수 있었습니다. 국왕을 중심으로 국력을 모아 나라 밖으로 한껏 떨칠 모든 태세를 갖춘 것입니다.

모두루 묘지에 담긴 고구려 귀족 가문의 내력과 생각

모두루(牟頭婁)는 광개토왕 때부터 장수왕 때에 걸쳐 북부여 방면의 지방 장관을 지낸 인물이다. 그의 무덤은 현재 지안 시 동북쪽 압록강변의 하해방(下解放) 들판에 있다. 무덤 형태는 돌방 흙무덤(한자식으로 표현하면 석실 봉토분:石室封土墳)으로 둘레가 70미터나 되고, 높이도 4미터 정도에 이른다. 봉토 속의 무덤 방은 두 개이고, 벽면마다 흰 회반죽으로 매끈하게 발랐지만 벽화를 그린 흔적은 없다.

이 무덤의 가치는 앞방 벽면 위쪽에 두루마리처럼 기다랗게 펼쳐진 묘지(墓誌)에 있다. 회벽에 쓰인 묘지는 제목 2행과 본문 79행으로 이루어졌다. 제목 2행은 괘선(돌에 긴 글월을 새길 때 기준선으로 삼기 위해 긋는 선) 없이 12자씩 적은 반면, 본문 79행은 굵기가 3센티미터 안팎인 괘선을 네모 반듯하게 긋고 행마다 10자씩 빼곡히 적었다.

묘지는 마치 야외의 비석을 그대로 옮겨 놓은 듯이 생겼는데, 글자 수가 800여 자나 되어 광개토왕릉비(1775자)를 제외하면 삼국 시대 금석문(金石文:쇠붙이나 돌로 만든 그릇, 종, 비석 따위에 새긴 글자. 종이책에 기록되지 않은 고대의 역사와 예술을 연구하는 데 중요한 자료가 된다) 가운데 단연 으뜸이다. 다만 글자가 빗물에 많이 지워져 읽을 수 있는 글자는 350여 자 정도이다. 그래서 전체 내용을 정확히 파악하지 못하는 아쉬움이 남는다.

그렇지만 현재 읽히는 글자만을 가지고도 문헌 자료에 없는 역사적 사실을 많이 파악할 수 있다. 특히 5세기 전반에 고구려 귀족 가문이 어떻게 성장했는지, 귀족들이 왕실을 어떻게 생각했는지 등 당시 귀족들의 내력과, 고구려를 동북 아시아의 중심으로 생각한 그들의 세계관을 생생히 파악할 수 있다.

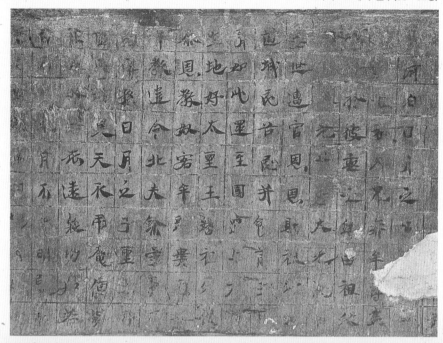

대사자(大使者) 모두루(牟頭婁)

하박(河泊 ; 하백)의 손자이고 해와 달의 아들이신 추모성왕(鄒牟聖王)은 본래 북부여로부터 나왔다. 천하 사방이 이 나라의 △가 가장 성스럽다는 것을 알지니 …… 노객(奴客)의 조상 …… 은 북부여에서 성왕(聖王)을 따라왔다. …… 대대로 벼슬하는 은혜를 입었다.

△ 강상성태왕(△罡上聖太王)이 다스리던 때에는 …… 반역 …… 염모(冄牟)
(15~20행은 거의 판독할 수 없음)
염모가 삼령(彡靈)으로 하여금 …… 선비족 모용부가 …… 하백의 손자이고 해·달의 아들이 태어나신 땅임을 알고 북부여로 와서 …… 이에 대형(大兄) 염모가
(26~37행은 거의 판독할 수 없음)
하백과 해·달의 …… 할아버지인 대형 염모가 목숨을 다하니 …… 장사를 치렀다.

할아버지의 □□로 말미암아 대형 자□(慈□)와 대형 □□가 대대로 벼슬의 은혜를 입고, 할아버지의 북도(北道) 성 주민(城民)과 곡 주민(谷民)을 은혜롭게 (내려받고) 아울러 영속하여 (전왕 : 前王) 이와 같이 잘 보살펴 길렀다.

국강상대개토지호태성왕 때에 이르러 할아버지의 △△로 말미암아 노객 모두루와 □□모(牟)에게 은혜롭게 교(왕의 명령)를 내려 영북부여수사(令北扶餘守事)로 보내셨다. 하백의 손자이고 해·달의 아들이신 성왕이 …… 하늘이 어여삐 여기지 않았는데〔왕이 돌아가셨는데〕 노객은 먼 곳에 있어 애통한 마음이 해가 …… 못하고 달이 밝히지 못하는 것 같았다. ……
먼 곳의 □□에 있어 …… 태대(太隊:큰 무리)가 날뛰어 …… 나이 든 노객에게 교를 내리시어 … (대대로) 벼슬의 은혜를 (입어)
(59행 이하는 거의 판독할 수 없음)

· △은 자획이 남아 있지만 이견이 많은 글자, □는 판독이 불가능한 글자.
· 판독문은 《역주 한국고대금석문》 I(한국고대사회연구소 편)을 참조했음.

광개토왕 시대

	384	386	391		412	420		439	455

중 국	동진	5호 16국 시대		송	북 위
고구려	소수림왕	고국양왕	광개토왕	장수왕	
백 제	근구수왕	진사왕	아신왕	전지왕	구이신왕	비유왕
신 라	(근초고왕)	(침류왕)	내물왕	실성왕	눌지왕	

375	385	392	405	420	427	458

375년 게르만 민족의 대이동 시작.

384년 전진 붕괴, 후연 건국.

385년 백제, 침류왕 사후 왕위 계승을 둘러싼 내분. 숙부인 진사왕이 재위 8년 만에 피살되고, 침류왕의 아들 아신왕이 즉위.

392년 신라, 백제와 왜의 협공을 피하기 위해 고구려에 왕자를 보내 구원 요청.

395~396년 후연이 북방에서 새롭게 일어난 북위를 무리하게 정벌하다가 파멸 자초.

395년 로마 제국이 동서로 분열.

395년 광개토왕, 거란 토벌.

396년 광개토왕, 백제를 공격해 58성 700촌 빼앗음.

397년 5월 백제 아신왕, 왜와 군사 동맹을 더욱 강화할 목적으로 태자 전지를 왜에 볼모로 보냄.

398년 고구려, 숙신 정벌.

400~402년 고구려, 후연의 혼란을 틈타 랴오둥 진출.

400년 고구려, 왜의 침공을 받은 신라를 도와 가야 지역까지 진격.

404년 고구려, 대방 지역에 침공한 왜를 격퇴하기 위해 출병.

410년 고구려, 동부여 복속.

6

광개토왕릉비는 말한다

고구려 사람의 세계관

광개토왕릉비인가? 호태왕비인가?

광개토왕이라는 이름은 많이 들어 보았지요? 살아 생전에 영토를 넓게 개척한 왕, 그래서 죽어서도 '광개토왕(廣開土王)'이라고 불린 왕. 그러한 광개토왕을 그냥 저승으로 보내는 것이 못내 아쉬웠는지, 고구려 사람들은 왕의 3년상을 마치면서 거대한 기념비를 세웠습니다 (414년).

그 기념비는 지금도 유유히 흐르는 압록강을 바라보며 중국 땅 지안 분지에 우뚝 솟아 있답니다. 고구려의 두 번째 수도(국내성)였던 그 곳에서는 이 기념비를 비롯해 수천 기에 이르는 고구려 무덤들이 옛 영화를 말해 줍니다. 기념비의 서남쪽 200미터 지점에 태왕릉이라는 거대한 돌무지 무덤이 있고, 동북쪽 1.3킬로미터 지점에는 동

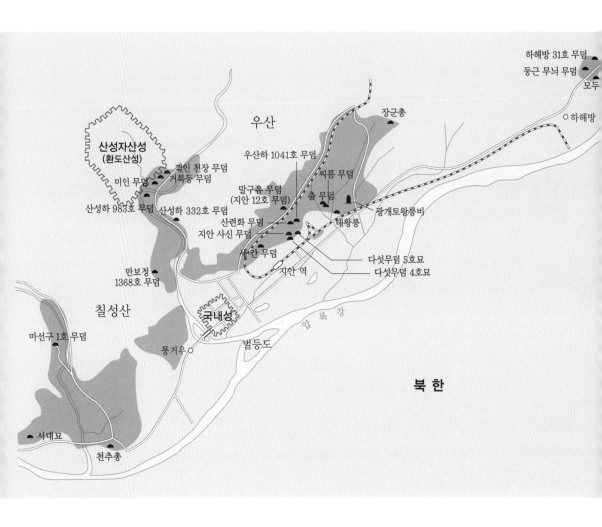

하해방 31호 무덤

둥근 무늬 무덤

모두

장군총

○ 하해방

산성자산성
(환도산성)

우산

우산하 1041호 무덤

씨름 무덤

겪인 천장 무덤

거북등 무덤

미인 무덤

말구유 무덤
(지안 12호 무덤)

춤 무덤

광개토왕릉비

산성하 983호 무덤   산성하 332호 무덤

산련화 무덤

태왕릉

지안 사신 무덤

만보정
1368호 무덤

세칸 무덤

다섯무덤 5호묘

지안 역

다섯무덤 4호묘

칠성산

국내성

압록강

마선구 1호 무덤

통거우 ○

벌등도

북 한

서대묘

천추총

지안의 고구려 유적

방의 금자탑이라는 장군총이 있어요.

　흔히 '광개토왕릉비'라고 하는 이 기념비의 높이는 약 6.4미터, 아
파트 3층 높이에 버금 가는 거대한 규모이지요. 화산에서 용암이 분
출하면서 만들어진 긴네모꼴 돌기둥을 자연 그대로 거의 다듬지 않
고 세웠습니다. 그래서 지금도 곳곳에 자갈이나 모래가 박힌 것을
볼 수 있답니다. 아래 위가 넓고 가운데는 잘록해 막 땅에서 솟아나

하늘로 올라가는 듯한 모양새이지요.

그런데 지금 여러분이 지안에 가서 이 기념비를 찾아 본다면 순간 당황할 것입니다. 분명히 '광개토왕릉비'라고 배웠는데, 비석 보호각 현판에는 '호태왕비(好太王碑)'라고 적혀 있거든요. '어, 내가 잘못 왔나', 아니면 '잘못 배웠나' 하는 의문이 일 것입니다.

그렇지만 여러분은 잘못 오지도, 잘못 배우지도 않았습니다. 광개토왕릉비를 중국에서는 '호태왕비'라고 하거든요. 일본 학자들도 '호태왕비'라는 명칭을 널리 쓴답니다. 그러면 같은 비석을 왜 나라에 따라 다르게 말할까요?

광개토왕의 정식 칭호는 굉장히 길답니다. '국강상 광개토경 평안 호태왕', 무려 12자나 되네요. 이 가운데 '국강상(國罡上)'은 '도성의 언덕'이라는 뜻으로 무덤을 만든 장소를 말합니다. '광개토경(廣開土境)'은 '영토를 넓게 개척했다'는 뜻으로 왕의 업적을 표현한 말이지요. '평안(平安)'은 '백성을 평안하게 살도록 했다'는 뜻이고, '호태왕'은 왕을 높여서 부르는 존칭이지요.

그러니까 기다란 칭호 가운데 '광개토경'이 왕의 업적을 가장 잘 나타낸 말이군요. 그래서 우리 역사서인 《삼국사기》에서도 광개토왕이라 쓴 것입니다. 반면 '호태왕'은 존칭이므로 꼭 그 사람만이 아니라 다른 왕을 부를 때도 그렇게 썼을 가능성이 있지요.

기다란 칭호를 줄여서 부른다면 광개토왕이 가장 바람직하겠군요. 비석의 이름도 '광개토왕의 무덤에 세운 비'라는 뜻에서 '광개토왕릉비'라고 하는 게 가장 정확할 테고요. 그러면 중국이나 일본에서는 왜 굳이 '호태왕비'라고 할까요?

광개토왕릉비의 시련

고구려 시대에는 광개토왕릉비를 아주 잘 관리했겠지요. 그렇지만 668년 고구려가 멸망한 뒤 왕릉비도 역사의 뒤안길로 잊혀 갔답니다. 통일신라나 발해, 그리고 고려의 역사를 기록한 어떠한 역사책에도 비석에 대한 이야기는 없거든요. 중국 역사책에도 나오지 않고요.

조선 초기 여러 기록에 비로소 국내성에 관한 이야기가 나오고, 이 곳에 오늘날 우리가 '장군총'이라 부르는 거대한 무덤과 함께 '비석'이 있음도 알려졌지만, 이것이 광개토왕릉비인지는 아무도 몰랐습니다. 사실 국내성이나 장군총이 고구려 유적인지조차 몰랐지요. 당시 이 곳에 살던 여진족의 조상이 세웠던 금나라의 도성과 황제릉인 줄로만 짐작했답니다.

그러다가 역사의 뒤안길로 사라진 지 1200여 년 만인 1870년대 후반에 비석은 다시 세상의 빛을 보았습니다. 그렇지만 너무 오랜 세월이 흐른 탓에 두꺼운 이끼로 뒤덮여 본모습을 제대로 알아볼 수 없었습니다. 불로 이끼를 태워서 겨우 글자 윤곽을 확인할 수 있을 정도였지요.

이 때부터 비석은 또 다른 시련을 겪어야 했습니다. 중국 사람들은 비석에 담긴 고구려 역사보다는 웅혼한 서체에 더 많은 관심을 쏟았답니다. 마치 광개토왕의 기다란 정식 칭호 가운데 그의 업적을 뜻하는 '광개토경'보다 존칭일 뿐인 '호태왕'에 더 관심을 가지는 것처럼.

자신의 역사가 아니라고 고구려사 자체에는 관심이 없었기 때문이지요. 그래서 중국에서는 역사학자보다는 주로 서예가들이 비석의 탁본을 찾았습니다. 그리고 이 비석의 탁본을 찾는 사람이 엄청나게 많아지자, 탁본을 빨리 뜨기 위해 울퉁불퉁한 비면에 석회를 칠해 매끈하게 만들기도 했습니다.

반면 일본은 청나라에 파견한 사코오 카게아키〔酒勾 景信〕라는 첩자를 통해 탁본을 입수한 다음, 다른 측면에 관심을 가졌습니다. 비문에 일본의 옛 이름인 '왜(倭)'가 자주 등장하는 데 주목한 것입니다. 더욱이 이른바 '신묘년조(신묘년에 있었던 일을 적은 구절)'를 문장 그대로 해석하면 '왜가 신라와 백제를 정복해 신하의 나라로 삼았다'고 볼 수도 있었습니다.

당시 한반도 침략에 혈안이 되었던 일본에게 이보다 더 반가운 소식이 없었겠지요. 일본에서는 '한반도 침략'이 역사적 근거가 있는 정당한 행위라고 주장할 생각으로 비석을 본격 연구했습니다. 고구려사에 관심이 없었던 점은 중국과 마찬가지이지만, 역사를 왜곡한 것은 더욱 나쁜 행위라고 하겠습니다.

현재 보호각을 씌운 광개토왕릉비(왼쪽)와 일제 강점기에 찍은 광개토왕릉비(오른쪽)

**광개토왕릉비 비문(왼쪽)과
탁본(오른쪽)의 일부**

더욱이 러일 전쟁 직후인 1906년에는 비석을 일본으로 훔쳐 가려는 음모를 꾸미기도 했답니다. 비석을 일본 국민에게 보여 주면서 한반도, 나아가 대륙 침략을 선동하려는 의도였지요. 비석은 제국주의자의 침략 야욕 때문에 온갖 수난을 겪어야 했던 것입니다.

이처럼 중국이나 일본 사람들은 비석에 담긴 고구려 역사에는 거의 관심이 없었답니다. 고구려 역사가 자신들의 역사가 아니니 어쩌면 당연한 일인지도 모르지요. 그리고 그러한 인식이 지금까지 이어져 왕의 업적을 나타내는 '광개토왕'이라는 이름을 외면하고, 굳이 존칭일 뿐인 '호태왕'을 따서 '호태왕비'라고 하는지도 모릅니다.

대왕의 공적을 영원토록 기억하라

그럼 비석에는 어떠한 내용이 적혔을까요? 비석이 말하는 고구려 역사를 들어 볼까요.

비석은 거대한 크기만큼이나 내용도 풍부합니다. 긴네모꼴 돌기둥의 네 면에 웅혼한 필체로 손바닥만한 글자(사방 14~15센티미터 안팎)를 빼곡히 새겨 놓았는데, 전부 1775자에 이릅니다. 논리 정연한 문장으로 장대한 서사시를 노래하듯이 써 내려갔는데, 내용은 대략 세 단락으로 나뉩니다.

첫째 단락은 고구려 왕실의 신성성을 노래한 부분입니다. 첫머리에는 시조 추모왕(당시 고구려 시조 주몽을 부르던 명칭, 모두루 묘지에서는 추모성왕이라고 나옵니다)이 천제(하느님)와 하백(물의 신)의 신성한 권능을 이어받아 고구려를 세웠다는 건국 설화를 이야기합니다. 그러고는 추모왕의 권능이 유류왕(2대 유리명왕)과 대주류왕(3대 대무신왕)을 거쳐 광개토왕까지 면면히 이어졌음을 적고, 광개토왕의 공적으로 나라가 부강해지고 백성이 풍요롭게 살게 되었음을 노래했습니다.

둘째 단락에는 광개토왕의 공적을 연대순에 따라 적었습니다. 395년 서요하(시라무렌허) 일대의 거란(패려), 396년 남쪽의 백제, 398년 동만주의 숙신, 400년 신라를 침공한 왜, 404년 대방 지역을 침공한 왜, 407년 정확히 알 수 없는 어떤 지역, 410년 동부여를 공략했다고 합니다. 만주와 한반도 일대 곳곳을 차례로 공략해 대제국을 건설했다는 것입니다.

셋째 단락에는 대왕의 무덤을 돌볼 묘지기를 어디에서 뽑았는지 일일이 기록했습니다.

고구려 왕실의 신성한 권능, 그러한 권능을 이어받아 대제국을 건
설한 광개토왕, 그리고 대왕의 업적을 영원토록 전하기 위해 왕릉과
비석을 지킨 묘지기들. 비석은 처음부터 끝까지 신성한 고구려 왕실
을 노래하고, 대왕의 공적을 영원토록 전하기 위한 내용으로 가득
채워졌군요.

묘지기 : 무덤을 지키는 사람

옛날에는 왕이나 벼슬이 높은 신하의 무덤을 나라에서 돌보았다. 고구려 신대왕 때에 국상(國相) 명림답부가 죽자 묘를 지키는 사람, 곧 수묘인(守墓人) 20호를 배치했다. 스무 집의 사람들이 묘 하나를 지키는 일을 맡은 것이다. 신라도 김유신 장군이 죽자 나라에서 수묘인을 지정했다고 한다.

광개토왕릉비에는 이러한 묘지기 제도를 가장 잘 보여 주는 기록이 있다.

왕릉비에 새겨진 비문에 따르면, 광개토왕은 본디 고구려 백성이었던 사람들이 (수묘인 일을 하다 보면) 가난해질 것을 걱정해 새롭게 정복한 백제 사람을 수묘인으로 뽑으라고 유언했다. 이에 장수왕은 부왕의 뜻을 받들면서도 정복민들이 묘지기 하는 법을 모를까 염려하여 옛날 백성을 섞어서 330호를 수묘인으로 뽑았다고 한다. 그리고 그 330호를 어디에서 데려다 놓았는지 비석에 일일이 새겼다.

광개토왕의 유언을 통해 묘지기가 힘든 부역(성을 쌓거나 길을 닦거나 하는, 나라에서 시키면 백성이 의무적으로 해야 하는 일)이었음을 알 수 있고, 장수왕의 조치를 통해서는 묘지기의 예법이 복잡했음도 짐작할 수 있다. 수묘인들의 가장 중요한 임무는 왕릉을 안전하게 지키고, 깨끗이 청소하는 것이었다. 왕릉인 만큼 그 절차나 예법이 복잡했을 것이다.

고구려는 이러한 수묘인을 지방 행정 구역인 성(城)이나 곡(谷)을 단위로 징발했다. 그러니까 고을마다 수묘인을 뽑아 바치는 식이었겠다. 지방 제도를 잘 정비한 덕분에 이제 막 정복한 지역에서도 성을 단위로 수묘인을 징발할 수 있었다.

수묘인은 국연(國烟)과 간연(看烟)으로 나뉜다. '연(烟)'은 '굴뚝'을 가리키는 말로서 '집 가(家)'와 같은 뜻이다. 집을 단위로 수묘인을 징발했음을 알 수 있다. 국연과 간연에 대해서는 여러 해석이 있지만, 대체로 국연이 간연에 비해 사회적 지위가 높고 부유하며, 국연이 감독자라면 간연은 직접 일하는 사람이었으리라고 짐작된다. 다만 국연과 간연을 정확히 1 : 10의 비율로 뽑은 이유는 아직도 장막에 가려 있다.

고구려의 장례 풍습

거대한 무덤을 만든 고구려 사람들은 장례를 어떻게 치렀을까? 사실 고구려의 장례 풍습을 상세히 전하는 문헌 기록은 거의 없다. 《삼국지》에 따르면, 3세기 즈음 고구려 사람들은 결혼하자마자 곧바로 장례 때 사용할 수의(壽衣), 곧 죽어서 입을 옷을 만들었다. 일찍부터 죽음을 겸허히 받아들이며 이승의 삶에 진지했던 태도를 엿볼 수 있다. 이 무렵 고구려 사람들에게는 금이나 은, 온갖 재물을 무덤에 껴묻는 풍습도 있었다고 한다.

장례 풍습은 시간이 흐르면서 중국식으로 바뀌기도 했다. 6세기 즈음 상복(喪服)을 입는 제도가 중국과 같았다는 것은 대표적인 사례이다. 그렇지만 기본적으로는 고유한 장례 풍습이 계속 이어졌다.

집 안에 시신을 두었다가 3년이 지난 다음 장례를 치른다든가, 장렛날에 북치고 춤추면서 즐거운 마음으로 죽은 이를 저승에 보낸다든가, 장례를 치른 다음 죽은 이의 옷이나 노리개, 수레 같은 것을 무덤 곁에 놓아 두면 사람들이 다투어 가져갔다는 것 등등은 고구려의 독특한 장례 풍습이다.

유적을 통해서도 장례 풍습을 들여다볼 수 있다. 초기의 돌무지 무덤은 불탄 경우가 많다. 화장을 한 흔적일 게다. 돌무지 무덤이 한 줄로 늘어선 경우는 가까운 가족끼리 한 곳에 무덤을 만든 흔적이겠고.

초기의 돌무지 무덤은 시신을 안치한 다음 돌로 덮었기 때문에 같은 무덤 칸에 추가로 매장할 수 없었다. 반면 돌방 무덤은 무덤 밖으로 연결되는 통로(널길)를 내기 때문에 추가로 매장하는 것이 가능하다. 그래서 돌방 흙무덤뿐 아니라 돌무지 무덤이라도 장군총이나 태왕릉처럼 내부 구조가 돌방인 경우, 시신을 안치하는 관대가 두세 개 나란히 있다. 남편이 먼저 죽어 무덤에 묻힌 뒤, 아내가 세상을 떠나면 곁에 같이 안치하기 위해서다. 이승에서 못다 이룬 사랑을 저승에 가서 영생토록 누리라고 말이다.

장군총의 돌방 안. 관대 두 개가 나란히 놓여 있다.

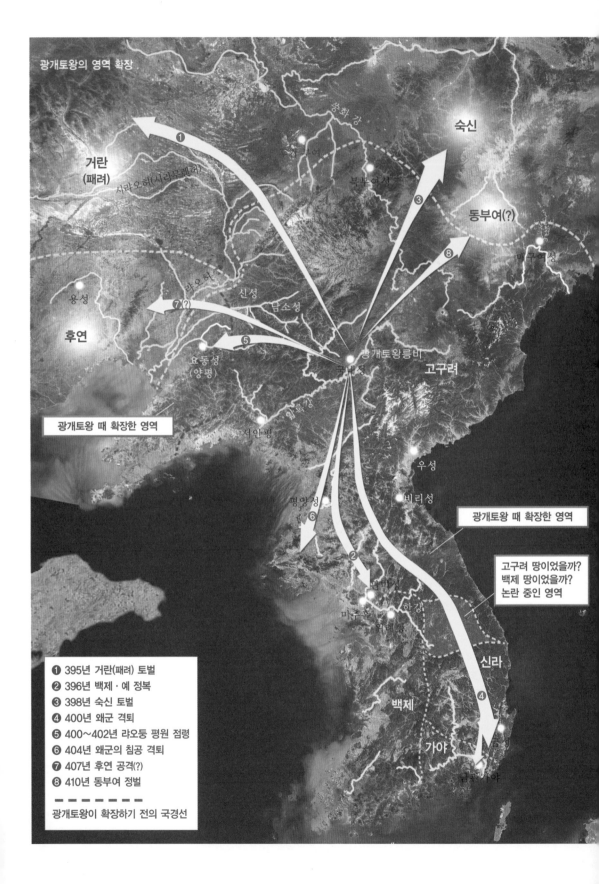

광개토왕의 영역 확장

거란
(패려)

시라오허(시라무렌허)

숙신

북부여성

동부여(?)

마구여성

용성

후연

라오 허

신성

남소성

요동성
(양평)

광개토왕릉비

고구려

광개토왕 때 확장한 영역

서안평

우성

비리성

평양성

광개토왕 때 확장한 영역

고구려 땅이었을까?
백제 땅이었을까?
논란 중인 영역

관미성

미추홀
위례성

한강

신라

백제

가야

금관가야

❶ 395년 거란(패려) 토벌
❷ 396년 백제 · 예 정복
❸ 398년 숙신 토벌
❹ 400년 왜군 격퇴
❺ 400~402년 랴오둥 평원 점령
❻ 404년 왜군의 침공 격퇴
❼ 407년 후연 공격(?)
❽ 410년 동부여 정벌

- - - - - - - -
광개토왕이 확장하기 전의 국경선

광개토왕 때의 동북아시아 정세

그러면 왕릉비에 적힌 광개토왕의 공적은 모두 실제 있었던 일일까요? 혹시 광개토왕을 위대한 영웅으로 만들기 위해 과장하거나 꾸며낸 부분은 없을까요?

광개토왕 때 동북아시아의 정세는 어느 때보다도 고구려에게 유리하게 돌아갔습니다. 384년 전진이 무너진 다음 전연의 후예들이 후연을 세워 북중국의 동반부를 장악했지만, 후연은 북방에서 새롭게 일어난 북위를 무리하게 정벌하려다가 파멸을 자초하게 됩니다 (395~396년).

후연은 북중국 동반부를 북위에게 내주고 랴오시로 도망쳤으나 (397년), 내분이 끊이지 않았고 왕들은 잇따라 죽임을 당했습니다. 그런 가운데 랴오둥 지역에서도 반란이 일어났습니다(400년 3월). 고구려를 압박하던 강력한 북중국 왕조가 잠시 사라진 것이지요. 고구려는 이 틈을 타서 랴오둥 진출이라는 오랜 소망을 현실로 이루었습니다(400~402년 무렵).

고구려가 후연의 혼란을 틈타 만주 곳곳으로 진출했군요. 그러니까 395년 거란 토벌, 398년 숙신 정벌, 410년 동부여 복속 등은 실제 일어난 사건이라고 볼 수 있겠지요. 《삼국사기》에서도 391년 거란을 정벌했다고 하는데, 연대는 다르지만 왕릉비에 있는 395년 거란 토벌과 같은 사건을 뜻할 것입니다.

그러면 한반도 남부의 정세는 어떠했을까요? 백제의 경우 385년 침류왕이 사망한 뒤 왕위 계승을 둘러싸고 내분이 끊이지 않았습니다. 침류왕의 아들 아신은 숙부 진사왕에게 왕 자리를 빼앗겼습니다. 그렇지만 진사왕도 재위 8년 만에 피살되고 아신왕이 즉위했지요. 아신왕 사후에도 한 차례 내분을 겪은 다음 왜에 가 있던 아신왕의 아들 전지가 즉위했습니다.

이러한 백제 왕위 계승전에는 왜가 깊숙이 관여했습니다. 백제와 왜가 밀접한 관계를 맺었던 것이지요. 백제는 자기네 영토에 왜군을 불러들여 군사 원조를 받기도 했습니다.

반면 신라는 백제뿐 아니라 왜하고도 적대 관계였습니다. 이에 신라는 백제와 왜의 협공을 벗어나기 위해 고구려에 왕자를 볼모로 보내 구원을 요청하게 되지요(392년).

고구려가 한반도 남부로 진출하기에는 더없이 좋은 상황이었군요. 고구려는 내분에 빠진 백제를 공략해 영토를 넓히는 한편, 신라를 침공한 왜병을 격퇴한다는 구실로 5만 대군을 파견해 가야 지역까지 진군했습니다. 고구려군의 말발굽 소리가 한반도 남부 곳곳을 뒤흔들었겠군요. 이로써 고구려는 백제를 강하게 압박하는 한편, 신라를 사실상 예속국으로 만들었지요.

비석에 새긴 광개토왕의 공적은 과장하거나 꾸며 낸 이야기가 아니군요. 당시 동아시아 국제 정세를 활용한 정복 활동의 성과였습니다. 물론 앞 장에서 이야기한, 국제 수준의 국가 제도와 전통 사상을 바탕으로 새롭게 만든 국가 이념이 밑거름으로 작용했겠지요.

고구려 사람들이 바라본 천하 질서
이처럼 광개토왕릉비의 비문은 고구려 왕실의 신성한 권능과 대왕의 위대한 공적을 노래한 장대한 서사시입니다. 그런데 지난 130여 년 간 무수한 학자들이 1775자나 되는 장대한 서사시 가운데, 겨우 19자로 이루어진 구절 하나를 해석하는 데 온 정열을 쏟았습니다. 이른바 '신묘년조'라는 것인데, 이 구절을 어떻게 해석하느냐에 따라 당시 동아시아 역사가 달라지기 때문이지요.

> 백잔(백제)과 신라는 옛적부터 (고구려에) 복속된 백성으로서 조공을 바쳐 왔다. 그런데 왜가 신묘년(391년)에 바다를 건너와 백잔, △△, 신라를 격파하고 신하로 삼았다.

백제와 신라는 본디 고구려에 예속된 나라였는데, 391년 왜가 이들 나라를 정복했다는 말입니다. 글자 그대로 해석하면 왜가 한반도 중남부 일대를 통째로 점령했다는 것입니다. 이에 19세기 후반 일본 제국주의자들은 이 구절을 대서 특필하며 한반도 침략을 선동했지요.

제국주의자의 책동을 그냥 두고 볼 수는 없었겠지요. 그리하여 우리 나라의 많은 학자들이 위 구절을 다른 방식으로 해석하거나 글자를 달리 읽기도 했습니다. 그렇지만 지금까지 나온 비문 탁본과 연구 성과를 종합하면, 일단 위와 같이 읽고 해석하는 것이 가장 올바르다고 생각됩니다.

그렇다면 왜가 실제로 백제와 신라를 정복했을까요? 이 구절을 정확히 이해하기 위해서는 이 비석을 세운 고구려 사람들의 머리 속으로 들어가 보아야 합니다. 그래야만 고구려 사람들이 무슨 생각으로

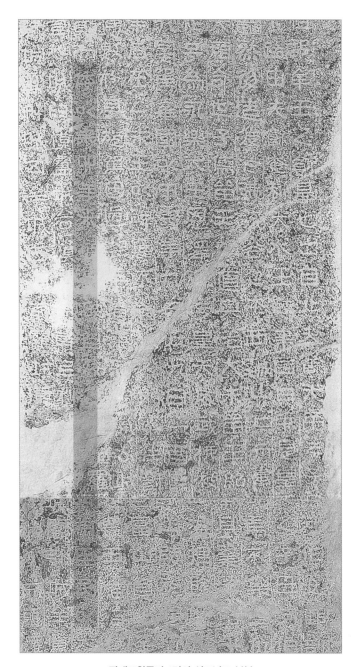

광개토왕릉비 1면의 신묘년조 부분

이런 구절을 남겼는지 알 수 있겠지요.

비석을 세운 고구려 사람의 생각은 비문의 전체 짜임새를 통해 들여다볼 수 있습니다. 먼저 대왕의 공적은 연대순으로 적혀 있습니다. 395년 거란 토벌, 396년 백제 공격, 398년 숙신 토벌 등의 순으로 말입니다. 그리고 각 기사 첫머리에는 대왕이 정벌에 나선 이유가 적혀 있습니다.

그런데 신묘년조는 연대로는 391년이지만, 395년 거란 토벌과 396년 백제 공격 사이에 있습니다. 그렇다면 신묘년조는 왜의 정복 활동을 서술하기 위한 독립된 기사가 아니라, 396년 대왕이 백제를 정벌한 이유를 설명한 구절이군요. 왜가 고구려 복속국인 백제와 신라를 침공했기 때문에, 이를 응징하기 위해 대왕이 몸소 출전해 백제 땅의 왜군을 정벌했다는 것입니다.

그러고 보니 왜는 다른 곳에도 여러 번 등장하는군요. 400년에는 왜의 침공을 받은 신라를 돕기 위해, 404년에도 대방 지역을 침공한 왜병을 격퇴하기 위해 대왕의 군대가 출병했다고 말입니다. 왜는 대왕의 권위에 끊임없이 도전하는 악의 무리로 묘사되는군요. 반면 백제와 신라는 마치 옛날부터 고구려 복속국이었던 것처럼 적었습니다.

자, 이제 왕릉비를 세운 고구려 사람들의 생각을 짐작할 수 있겠습니까? 당시 고구려 사람들이 바라본 세상은 크게 둘로 나뉘었습니다. 고구려에 복속된 지역과 그 바깥 세상으로 말입니다. 백제나 신라가 전자라면, 왜는 후자에 해당하겠지요.

다만 고구려에 우호적이었던 신라는 그냥 신라라고 부른 반면, 고

구려에 적대적이었던 백제는 멸시한다는 의미로 백잔(百殘)이라고
했습니다.

대왕은 고구려 천하를 어지럽히는 악의 무리(왜)를 응징하기 위해
백제를 정벌하거나 신라를 도왔다는 것이지요. 대왕의 출정은 단순
한 정복 전쟁이 아니라 고구려 천하의 질서를 지키기 위한 성스러운
전쟁이라는 것입니다.

물론 광개토왕 이전에 고구려가 백제나 신라를 완전히 정복하거
나 이들의 항복을 받은 적은 없습니다. 마찬가지로 왜가 백제나 신
라를 완전히 정복한 사실도 없었지요. 이 부분은 어디까지나 광개토
왕의 정복 활동을 성스럽게 꾸미기 위한 가상 스토리일 뿐입니다.

그렇지만 여기에서 한 가지 놓치지 말아야 할 것이 있답니다. 고
구려 사람들이 생각한 천하의 범위입니다. 왕릉비를 세운 고구려 사
람들은 백제와 신라, 그리고 동부여를 자기네 천하로 생각했습니다.
만주와 한반도에서 농사 지으며 살던 우리 조상들의 생활 터전을 자
기네 천하로 여긴 것이지요.

반면 유목민인 거란족이나 수렵민(사냥하며 생계를 잇는 사람들)인
숙신은 단순한 토벌의 대상으로 설정했습니다. 왜는 악의 무리로 설
정했고요. 고구려 사람들은 혈연이나 문화가 가까운 나라들을 자기
네 천하로 여겼던 것입니다. 이 때부터 '우리 민족'이라는 생각이 조
금씩 싹튼 모양이군요.

다만 고구려 사람들은 자기네 천하에 속한 나라를 고구려와 대등
하게 여기지는 않았습니다. 어디까지나 신성한 혈통을 이어받은 고
구려가 이 천하의 중심이고, 나머지 나라는 고구려에 복속해야 한다

고 생각했습니다. 그래서 왕릉비 첫머리를 고구려가 천하의 중심인 이유, 곧 신성한 혈통을 이어받아 나라를 세운 건국 설화로 장식했지요.

이러한 자세는 일개 귀족의 묘지에서도 엿볼 수 있답니다. 모두루 묘지의 첫머리도 시조 추모왕이 '하박지손(河泊之孫) 일월지자(日月之子)'로서, 곧 물의 신인 하백, 그리고 해와 달의 신성한 혈통을 이어받아 고구려를 세운 사실로 채워졌음을 보았지요. 게다가 "천하 사방이 이 나라(고구려)가 가장 성스럽다는 것을 알지니"라고 자부합니다.

광개토왕릉비는 고구려가 천하의 중심이요 가장 살기 좋은 땅임을 만천하에 알리는 거대한 기념비로군요. 비문의 아래와 같은 구절은 자부심으로 가득 찬 고구려 사람의 기상을 생생하게 전해 줍니다.

대왕의 은혜로운 혜택이 하늘에 미치고, 위엄은 온 사방에 떨쳤다. (나쁜 무리를) 쓸어 없애니 백성들이 생업에 힘써 편안히 살게 되었다. 나라는 부강하고, 백성은 풍요롭고, 오곡이 풍성하게 익었도다.

신라 무덤에서 나온 광개토왕의 칭호

광개토왕의 제사에 참배하러 온 신라 사신

1946년 경주시 노서동의 신라 무덤에서 청동으로 만든 둥근 그릇(호우:壺杅)이 출토되었다(그래서 이 무덤을 '호우총'이라 한다). 그릇 밑바닥에는 '을묘년 국강상광개토지호태왕 호우 십(乙卯年 國罡上廣開土地好太王 壺杅 十)'이라는 글자가 도드라져 있었다.

'국강상광개토지호태왕'이란, 바로 광개토왕이다. 을묘년은 왕릉을 만든 다음 해인 415년이고, '호우 십'이란 같은 모양으로 만든 열 번째 호우라는 뜻 같다.

이 그릇은 광개토왕을 장사 지내고 나서 1년 뒤 성대한 제사를 올리고, 이를 기념하기 위해 만든 것이다. 그런데 고구려에서 만든 그릇이 어떻게 신라 무덤에 묻혔을까? 그 사연을 더듬어 보면 다음과 같다.

당시 신라는 고구려에 예속되어 조공을

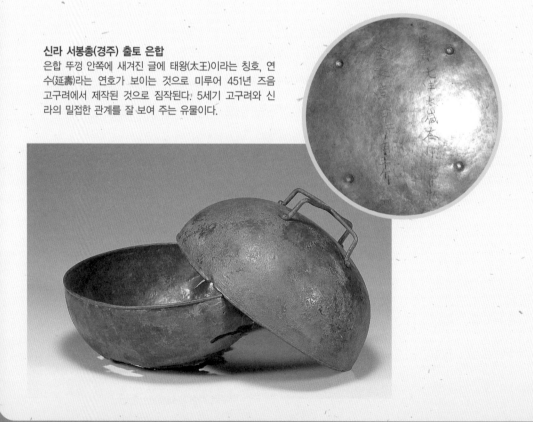

신라 서봉총(경주) 출토 은합
은합 뚜껑 안쪽에 새겨진 글에 태왕(太王)이라는 칭호, 연수(延壽)라는 연호가 보이는 것으로 미루어 451년 즈음 고구려에서 제작된 것으로 짐작된다. 5세기 고구려와 신라의 밀접한 관계를 잘 보여 주는 유물이다.

신라 호우총(경주)의 호우

바치는 나라였다. 고구려는 대왕의 제사를 예속국인 신라에 알렸을 테고, 신라는 신하 나라로서 예를 다하기 위해 사절을 보냈을 것이다. 고구려는 제사 의식에 참여한 조공국 사절들에게 기념품으로 이 그릇을 주었던 모양이다. 이 때 신라 사절도 그릇을 받아 경주로 가져왔고, 그 그릇은 세월이 흐른 다음 누군가의 무덤에 묻힌 것이다.

호우총에서 출토된 그릇 하나에도 5세기 초 고구려와 신라의 관계가 생생하게 담긴 셈이다.

연호(年號)

연대를 말하는 기준으로, 이를테면 서기 391년을 '영락(永樂) 원년', 392년을 '영락 2년'으로 쓰는 식이다. 중국의 주나라 때 처음 생겼는데, 우리 역사에서 독자적인 연호를 처음 사용한 것은 광개토왕 때다. 앞에서 예로 든 '영락'이 바로 광개토왕이 즉위하면서 정한 연호. 연호를 정하는 것은 곧 시간의 기준을 정한다는 의미이므로, 아무나 할 수 있는 일이 아니었다. 중국에서는 황제만이 정할 수 있었다. 신라가 진흥왕 때부터 독자적인 연호를 사용하자, 진덕여왕 때에 이르러 당나라 태종은 신하의 나라가 중국과 다른 연호를 쓸 수 없다며 당나라의 연호를 사용하라고 강요하기도 했다. '연수(延壽)'는 중국과 일본에서는 쓴 적이 없는 연호이므로 고구려의 독자적인 연호였던 것으로 보인다.

광개토왕릉은 장군총인가? 태왕릉인가?

왕의 3년상을 기념하여 광개토왕릉비를 세웠다니 왕릉은 당연히 비석 근처에 있을 터. 이 비석에서 가장 가까이 있는 왕릉급 무덤은 태왕릉이다. 서남쪽 200미터 거리이니 굉장히 가깝다.

태왕릉은 돌로 쌓은 거대한 돌무지 무덤. 한 변의 길이만 66미터이고, 엄청난 돌의 무게를 이기지 못해 무너졌는데도 현재 높이가 15미터나 된다. 무덤이라기보다는 차라리 야산에 가까운 모습이다. 무덤 곳곳에 흩어진 거대한 계단석이나 버팀돌(護石:호석)이 그 웅장했던 모습을 생생하게 전한다. 지금도 꼭대기에는 왕의 시신을 모셨을 무덤 방이 남아 있다. 게다가 '願太王陵安如山固如岳(원태왕릉안여산고여악:태왕릉이 산처럼 안전하고 단단하게 보존되기를 원하옵니다)'이라는 글이 새겨진 벽돌도 발견되었다.

이처럼 태왕릉은 왕릉비에서 가장 가깝고, 규모가 웅장하며, '태왕의 무덤'임을 알리는 벽돌이 발견되었기 때문에 많은 학자들이 광개토왕의 무덤이라고 생각한다. 그런데 한 가지 문제가 있다. 태왕릉의 정면은 서쪽인데, 왕릉비는 동북쪽에

동쪽에서 바라본 겨울 태왕릉 전경
무덤 방 입구는 사진의 앞쪽에 있다.

태왕릉의 흩어진 계단석(왼쪽)과 버팀돌(오른쪽)

있다. 비석이 태왕릉의 뒤쪽에 있는 셈. 위치만 놓고 본다면 태왕릉을 광개토왕릉이라고 하기는 어렵다.

그래서 다른 학자들은 왕릉비에서 동북쪽 1.3킬로미터 지점에 있는 장군총을 광개토왕릉으로 생각한다. 거리는 조금 멀지만, 비석이 장군총으로 들어가는 길목에 서 있기 때문이다. 더욱이 장군총은 한 변의 길이가 32미터로서 한 변이 66미터나 되는 태왕릉보다는 작지만, 가장 발달한 형태의 돌무지 무덤이다(1장 24~27쪽 참조). 그러니 장군총은 지안 분지에 묻힌 마지막 왕의 무덤이리라. 장수왕은 평양으로 천도한 다음(427년), 그 곳에서만 64년을 왕 노릇하고 491년 죽었다. 그러니까 장수왕이 평양 부근에 묻혔다면, 장군총의 주인공은 당연히 지안 분지에서 마지막으로 죽은 임금, 곧 장수왕의 아버지인 광개토왕이 될 터.

사실 현재로서는 어느 것이 맞다고 단정할 수 없다. 앞으로 풀어야 할 숙제 가운데 하나이다. 어쩌면 이 책을 읽는 여러분 가운데 이 숙제를 풀 위대한 학자가 나올 수도 있으리라.

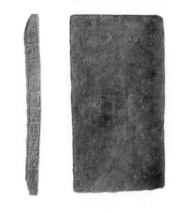

태왕릉에서 발견된, 글자가 새겨진 벽돌

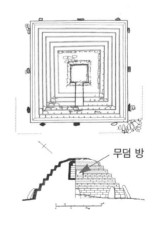

무덤 방

장군총 평면도

광개토왕이 정복한
거란과 숙신은 어디에서 와서 어디로 갔을까요?

광개토왕은 우리 조상의 여러 나라뿐 아니라 거란과 숙신도 정복했다고 했어요. 거란이나 숙신이 어디에서 어떻게 살았는지, 우리 조상과는 어떤 관계인지 궁금하지 않으세요?

거란

거란족(契丹族)은 랴오시 지방에서 청동기 문화를 일구었던 동호족(東胡族)의 후예로서 초원 지대에서 사냥과 목축을 하며 떠돌던 사람들입니다. 농경민인 우리 조상과는 생활 방식이 완전히 달랐군요.

거란족은 선비(鮮卑) 모용부(慕容部)의 침공을 받아 서쪽으로 도망쳤다가 점차 세력을 형성하여 시랴오허(시라무렌허) 일대에 자리 잡습니다. 광개토왕이 거란족을 토벌한 것은 바로 이 무렵이지요.

이 때부터 거란족은 복속과 이탈을 반복하며 고구려와 다양한 관계를 맺지요. 5세기 후반에는 고구려의 토벌을 받고 거란족 일부가 멀리 북위 방면으로 도망합니다. 6세기 중반에는 몽골 초원의 돌궐에 복속했다가, 6세기 말 이후 수와 당의 영향력 아래로 들어가게 되지요. 이 때도 고구려가

거란족 일부를 복속시켰지만, 거란족 대다수는 수·당의 고구려 원정에 적극 참여했답니다.

숙신

고구려는 거란족과 대체로 적대 관계였던 반면, 숙신과는 협조와 대립을 반복했습니다.

숙신(肅愼)은 동만주 일대의 산림 지대에 살던 족속입니다. 3세기 즈음에는 '읍루(挹婁)'라고 불렸는데, 숲 속의 움집에서 살았다고 합니다. 농사도 짓고 소나 말도 길렀지만, 주로 사냥이나 물고기 잡이를 했지요. 이들의 생활 방식도 우리 조상과 뚜렷이 구별되었군요. 언어도 완전히 다를 정도로 우리와는 계통이 다른 족속입니다.

숙신족은 시대마다 다른 이름으로 불리며 우리 조상과 다양한 관계를 맺었습니다. 가령 5세기 전반 고구려에 예속되었다가, 5세기 후반부터 물길(勿吉)로 불리며 쑹화 강 일대로 대거 진출합니다. 이 와중에 쑹화 강 하류에서 명맥만 유지하던 부여가 고구려에 투항하기도 하지요. 6세기 후반에는 말갈(靺鞨)로 불리는데, 다시 고구려에 복속합니다.

이 때 고구려는 수나 당에 맞서기 위해 말갈족을 대거 동원하지요.

이 시기만 놓고 본다면, 말갈족이 고구려의 가장 중요한 협력자였다면 거란족은 적대 세력이었군요. 이러한 양상은 고구려 멸망 뒤에도 한동안 이어집니다. 말갈족은 고구려 유민과 합세하여 발해를 건국한 반면, 거란족은 10세기 전반 중국 대륙의 혼란을 틈타 요(遼) 나라를 건국하고는 발해를 멸합니다(926년).

숙신족의 이름이 시대마다 달리 기록된 것은, 종족을 주도하는 집단이 바뀌면서 종족 전체의 이름도 따라서 바뀌었기 때문으로 보입니다.

동북아시아를 지배하던 세 민족

이후 동북아시아의 정세는 고려, 요나라, 말갈에서 명칭이 바뀐 여진족(女眞族), 이들 세 세력의 관계에 따라 전개되었습니다.

고려 초반기에는 요나라가 가장 강성했고, 여진족은 두 나라의 틈바구니에 끼어 여러 세력으로 갈가리 찢겨집니다. 고려 중반기에는 여진족이 힘을 결집하여 금(金)을 세운 다음, 요를 멸하고 고려까지 압박합니다. 요의 멸망에 따라 거란족은 동북아 역사 무대에서 영원히 사라지고 맙니다.

이제 우리 조상과 여진족만 남았군요. 금나라가 멸망한 뒤 여진족은 역사의 변방으로 밀려났다가 임진왜란을 틈타 청(淸)을 세우고 다시 우리 민족을 거세게 압박합니다. 그러나 20세기 들어 청이 멸망하자 여진족도 사실상 정체성을 상실한 채, 만주족이라는 이름으로 뿔뿔이 흩어져 중국의 한족(漢族)에 서서히 동화하고 있답니다.

우리 조상들은 오랜 세월 거란이나 숙신(읍루-물길-말갈-여진-만주족)과 이웃하며 다양한 관계를 맺어 왔군요. 우리 조상과 함께 이들 족속은 동북아 역사를 이끌어 온 주역입니다. 다만 우리 조상들이 온갖 시련을 이겨 내고 지금까지 정체성을 유지한 반면, 거란족이나 숙신족은 한때 북중국 일대를 호령했지만 결국 험난한 역사의 파고를 넘지 못하고 정체성을 잃었거나 서서히 잃어 가고 있군요.

한 가지 재미있는 사실은 우리 조상뿐 아니라 요나라, 금나라, 청나라도 고구려의 후예를 자처했다는 것입니다. 물론 고구려는 엄연히 우리 조상이 세운 나라이고, 우리 조상의 역사입니다. 그렇지만 고구려의 찬란한 문화나 역사가 우리 조상에게만 영향을 미친 것은 아니지요. 거란족이나 여진족이 고구려의 후예를 자처할 정도로 동북아 전체에 거대한 족적을 남겼습니다.

이러한 점에서 앞으로 동북아시아를 아우르는 거시적인 안목으로 고구려 역사를 바라볼 필요가 있겠지요.

5세기의 세계

중 국									
	412	439			479	491	502	519	

	동진	5호16국 시대	송	북 위			제	양	
고구려	광개토왕		장수왕		(문주왕)	(삼근왕)	문자왕		
백 제	전지왕	구이신왕	비유왕	개로왕		동성왕		무령왕	
신 라	실성	눌지		자비		소지	지증왕		

420 427 455 475 501

405년 백제, 일본에 한학 전달.
409년 후연을 대신해서 북연 등장.
427년 고구려의 평양 천도. 장수왕의 남하를 막고자 백제의 비유왕은 신라의 눌지왕에게 화친을 요청하다.
433년 고구려를 견제하기 위한 나제 동맹 성립.
435년 6월 고구려, 북위에 사신 파견. 북위도 고구려에 사신 파견.
436년 북위의 군대가 북연을 향해 진군하자 북연 왕 풍홍이 고구려에 구원 요청하다.
439년 송이 북위 공격에 필요한 말을 고구려에 요청하자 800필을 보냄. 중국 남북조 시대 성립.

462년 고구려, 서방 국경을 안정시키고 세력이 커진 신라·백제를 견제하기 위해 북위에 사신 파견. 외교가 단절된 지 23년 만의 일.
472년 백제, 북위에 국서를 보내 고구려 흠집 내다.
475년 고구려, 백제의 도성인 한성 함락.
476년 서로마 제국 멸망.
479년 고구려, 유연과 함께 따싱안링 일대의 지두우족을 분할 점령하며 서북방에 대한 영향력 강화.
481년 고구려, 신라 도성인 경주 북부까지 진격.
486년 프랑크 왕국 건국.
494년 부여가 물길에 밀려 고구려에 투항.
503년 신라, 국호와 왕호 정함.
504년 북위 황제 세종이 고구려 사신 예실불 접견.

7

몽골 초원과 양쯔 강을 연결한 외교망
5세기 고구려의 국제적 위상

평양을 새 수도로 삼다

고구려는 광개토왕의 정복 활동으로 서북방 초원에서 한반도 남단
까지 위력을 떨치게 되었습니다. 만주와 한반도 일대를 호령하는 대
제국으로 발돋움한 것이지요. 이에 고구려 사람들은 대왕의 위업을
기리는 거대한 기념비를 세워 고구려가 천하의 중심임을 만방에 알
렸습니다.

대왕의 3년상을 마친 다음, 장수왕이 부왕의 뜻을 받들어 나라를
더욱 융성케 하려고 보니 무언가 부족하다는 느낌을 지울 수 없었습
니다. 과연 무엇이 부족할까? 장수왕을 비롯한 여러 대신들은 사방
을 둘러보며 하나씩 꼼꼼히 따져 보기 시작했습니다.

그 때 광활한 고구려 판도에 비해 도성이 너무 비좁다는 생각이

들었습니다. 물론 국내성 일대는 압록강 중류 유역에서는 제법 넓은 들판이었습니다. 강물을 따라 압록강 중류 유역 어느 곳에나 가장 빨리 갈 수 있었고, 험준한 산맥으로 둘러싸여 적의 침공을 막기에도 유리했습니다.

이러한 자연 환경은 고구려가 대제국으로 발돋움하는 데 중요한 발판이 되었지요. 그렇지만 만주와 한반도 전체를 놓고 보면, 국내성 지역은 산간 지대로서 터가 비좁고 교통도 불편했습니다. 만주와 한반도 전체를 다스리는 도읍으로는 그리 적당하지 않았던 것이지요.

이에 장수왕과 대신들은 새로운 도읍 후보지를 물색하기 시작했습니다. 먼저 고구려 사람의 영원한 고향, 시조 추모왕이 태어난 쑹화 강 유역(부여 지역)을 떠올려 보았습니다. 이 곳은 들판이 아주 넓지만, 북쪽으로 치우쳤고 날씨도 춥습니다.

다음으로 랴오둥 지역을 놓고 갑론을박을 벌였습니다. 이 곳은 들판이 넓을 뿐 아니라 육지 길이나 바닷길 모든 면에서 동북아 전체의 중심지였습니다. 그렇지만 반론도 만만치 않았습니다. 무엇보다 산간 지대에서 성장한 고구려 사람들에게 광활한 대평원은 낯선 땅이었습니다.

더욱이 이 무렵엔 북위가 북중국 대륙을 석권하고 동방으로 진출할 기회만 노리고 있었습니다. 만약 북위와 본격 대결을 벌인다면 이 곳은 최전방 전선이 될 터였지요.

결국 고구려 사람의 체질이나 북위 관계를 고려한다면 랴오둥은 도읍지로서 그리 탐탁지 않았습니다.

장수왕과 대신들은 시선을 조금 더 남쪽으로 돌렸습니다. 대동강 유역의 평양이었습니다. 이 곳은 남쪽으로 약간 치우치기는 했지만 그래도 중심에 가까웠습니다. 서해 바다를 통해서는 동북아 곳곳과 쉽게 왕래할 수 있었고요. 대동강을 따라 넓은 들판과 산이 어우러졌기 때문에 산골 사람 고구려인에게 특별히 낯설지도 않았습니다.

　　게다가 고조선의 마지막 도성 왕검성이 있었고, 중국 왕조의 한반도 지배 거점인 낙랑군이 설치되었던 곳입니다. 그러니 오랜 세월 동안 선진 문화가 차곡차곡 쌓였겠지요. 또한 랴오둥 지역과 이 곳 사이에 가로놓인 톈산 산맥, 압록강, 강남 산맥, 청천강 등은 천혜의 방어벽이었습니다. 더 고민할 까닭이 없었지요. 장수왕과 대신들은 평양을 새 수도로 삼기로 결정했습니다.

　　평양 천도는 아주 순조롭게 진행되었습니다. 사실 고구려는 오래 전부터 이 지역에 대한 지배를 강화해 왔거든요. 4세기 중후반에는 중국 대륙의 유이민을 대거 이 곳에 정착케 해서 집중적으로 개발했지요. 광개토왕 때에는 사찰을 9개나 지어 수도에 버금 가는 거점으로 육성했습니다.

　　새 수도의 밑그림은 이미 다 그려 놓은 셈이군요. 장수왕은 밑그림 위에 도성을 건설하면 되었고요. 장수왕은 대성산 남쪽 기슭(지금의 평양 시가지에서 동북으로 7킬로미터)에 새로운 도성을 건설했습니다. 남쪽에는 대동강이 유유히 흐르고, 북쪽에는 대성산이 병풍처럼 둘러쳐진 것이 마치 국내성을 옮겨다 놓은 듯했습니다. 그리고 대성산에 거대한 산성을 쌓으니, 평지성과 산성이 짝을 이루는 국내성의 도성 방어 체계가 완벽하게 재현되었습니다.

소문봉

대　　　성

동천호

을지봉

형제못

장수봉

대성산성과 안학궁

현재의 평양 시가지 동북쪽 7킬로미터에 자리 잡고 있다.
평상시에는 대동강변 평지에 위치한 왕궁에서 거주하다가 적군이 침
공하면 산성(대성산성)으로 들어가 싸웠다고 한다(《주서》 고구려전).

안학궁

산   성

남문

주작봉

미천호

국사봉

남
북

몽골 초원과 양쯔 강을 연결하라

427년, 마침내 고구려의 새 수도 평양이 탄생했습니다. 그렇지만 새 수도를 건설했다는 기쁨도 잠시 잠깐, 서방 국경 지대에 전운이 감돌기 시작했습니다. 우려했던 대로 북위가 고구려 서방의 북연을 정벌하려고 갈림길에 서게 되었습니다(436년 3월).

고구려는 선택의 갈림길에 서게 되었습니다. 만약 북위가 북연을 정벌하는 것을 그대로 둔다면 그다음 공격 목표는 고구려가 될 것입니다. 그렇다고 북연을 돕다가 북위와 전면전을 벌인다면, 그 때도 생존을 장담할 수 없었지요.

평양 대성산성의 소문봉 장대

이에 고구려는 전면전을 피하며 북위의 진격을 저지하는 전략을 선택했습니다. 고구려는 북위군이 주춤하는 틈을 타서 북연의 왕궁을 기습 점령했습니다. 그러고는 북연 왕 풍홍을 비롯하여 왕족과 백성을 이끌고 되돌아왔습니다.

고구려는 전면전을 원하지 않았기 때문에 곧바로 물러난 것입니다. 북위도 고구려의 기세에 눌려 더 이상 진격하지 못했고요. 이로써 고구려는 북위와의 충돌을 피하며 서방 국경 지대를 안정시킬 수 있었습니다.

그렇지만 사태가 완전히 끝난 것은 아니었습니다. 북위가 북연 왕 풍홍을 보내라고 요구한 것입니다. 고구려는 당연히 거절했지요. 충돌을 원하지 않지만, 그렇다고 굴복하지도 않겠다는 뜻을 명확히 나타낸 것이지요.

북위는 내심 고구려를 정벌하고 싶었지만, 그럴 수도 없었지요. 당시 북위는 북방 초원에서 일어난 유연과 대치하고 있었습니다. 만약 북위가 고구려 정벌에 나선다면 유연이 북위를 대대적으로 침공하겠지요. 북위도 고구려 정벌에 쉽게 나설 수 있는 처지가 아니었네요.

그런데 사건은 엉뚱한 곳에서 일어났습니다. 북연 왕 풍홍이 고구려의 냉대에 앙심을 품고 남중국의 송 왕조와 연결을 시도한 것입니다. 송은 랴오둥에 새로운 거점을 확보할 속셈으로 대규모 군대를 파견했지요.

고구려는 그들의 결합을 그대로 둘 수 없었겠지요. 만약 풍홍과 송이 결합한다면 랴오둥 지역이 고구려의 손아귀에서 벗어날 수도 있었으니까요. 사태를 미리 막는 수밖에 없었지요. 이에 고구려는 풍홍을 죽였습니다. 그러고 나서 송나라 군대도 격파했지요(438년).

그런데 당시 고구려 최대의 적은 북위였습니다. 송의 최대 적도 북위였지요. 풍홍이 죽은 지금, 서로 싸울 이유가 없었지요. 이에 고구려와 송은 한 발씩 양보하며 북위를 견제하기 위한 교섭을 펼쳤습니다. 송이 북위 공격에 필요한 말을 요청하자, 고구려가 말 800필을 보냈습니다(439년).

송 왕조

420년 동진을 무너뜨리고 일어선 나라. 이로써 북중국에는 북위, 남중국에는 송이 들어서 서로 대치하는 남북조 시대가 시작된다. 그러다가 남조에서는 송-제-양-진으로 왕조가 바뀐다.

이 때부터 고구려는 북위를 견제하는 외교 정책을 추진했습니다. 바로 북위와 대결하던 여러 나라를 하나의 외교망으로 연결하는 것이었지요. 고구려는 남중국의 송과 더욱 밀접한 관계를 맺는 한편, 몽골 초원의 유연과도 긴밀히 결합했습니다.

그러고는 유연과 송의 관계를 중재하며 이들을 연결해 북위를 견제하는 포위망을 형성했습니다. 몽골 초원과 양쯔 강을 연결함으로써 북위를 철저히 봉쇄한 것입니다. 이로써 고구려는 439년 이후 20여 년 간 북위에 사신을 보내지 않고도 서방 국경 지대를 안정시킬 수 있었습니다.

북위도 용인한 백제 공략

5세기 중반에 접어들면서 고구려 주변의 상황이 바뀌기 시작했습니다. 특히 한반도 남부의 상황이 긴박하게 돌아갔습니다. 신라와 백제가 공동으로 고구려에 대항하기 시작한 것입니다.

신라는 광개토왕 때부터 고구려 예속국이었는데, 이 즈음부터 고구려로부터 벗어나기 위해 몸부림쳤습니다. 신라에 주둔하던 고구려 군대를 몰아내는 한편, 고구려 변경을 침공하기도 했습니다. 고구려가 백제를 공격하면 구원병을 보내기도 했지요. 여기에 가야도 힘을 보탰습니다.

고구려는 남쪽으로 온 힘을 집중할 필요가 있었습니다. 그러기 위해서는 서방 국경 지대를 더욱 안정시켜야 했지요. 그러나 북위와 대결하는 상황에서는 서방 국경이 근본적으로 안전할 수 없었어요. 북위에 대한 관계를 근본적으로 개선할, 특별한 대책이 필요했습니다.

462년 고구려 사신이 특별 임무를 띠고 북위를 방문했습니다. 439년 외교 관계가 단절된 지 23년 만의 일이었지요. 고구려 사절단을 맞이한 북위의 반응은 의외로 좋았습니다. 사실 북위도 고구려와 계속 대결할 상황은 아니었거든요.

462년 즈음 북위를 둘러싼 상황은 이전과 달라진 것이 거의 없었어요. 오히려 전반적인 상황은 북위에 불리했지요. 남과 북에는 송과 유연이 건재했고, 이들은 고구려나 토욕혼을 중재자로 삼아 북위를 협공하려고 했거든요. 북위는 주변국에 포위된 셈이었습니다.

북위도 포위망을 뚫을 방도를 찾아야 했습니다. 고구려와 북위의 이해 관계가 맞아떨어진 것입니다. 이에 두 나라는 465년부터 본격적으로 사신을 주고받았습니다. 이 해부터 고구려는 해마다 북위에 사신을 파견했습니다. 물론 북위의 답방도 이어졌지요.

북위의 위협이 줄어듦에 따라 고구려는 남쪽에 온 국력을 집중할 수 있었습니다. 백제나 신라가 위기를 느끼는 것은 당연했겠지요. 백제는 472년 북위에 기나긴 국서를 보냈습니다. "고구려가 겉으로만 복속하는 척하고, 실제로는 송이나 유연과 더불어 북위를 공격하려 하니 고구려를 정벌하라"고 말입니다.

그렇지만 북위에게는 백제보다 고구려가 더욱 중요한 외교 파트너였습니다. 백제는 바다 건너 먼 나라인 반면, 고구려는 자신을 둘러싼 포위망을 느슨하게 해 줄 새로운 친구였거든요. 이에 북위는 "고구려가 지난날 허물이 있었다고 하지만 지금은 잘못한 일이 없으

토욕혼

4세기 중엽 이후 몽골 계통 유목민인 선비족이 세운 나라. 현재 중국의 서부 지대인 칭하이 성(靑海省:청해성)과 간쑤 성(甘肅省:감숙성) 남부를 지배했다. 663년 티베트 계통인 토번에게 멸망당했다.

니 정벌할 수 없다"면서 백제의 요청을 거절했습니다.

북위는 고구려라는 새 친구를 잃지 않기 위해 백제의 매혹적인 유혹을 뿌리친 것입니다. 이로써 고구려는 북위의 묵인 아래 한반도 남부 깊숙이 진출할 수 있었습니다. 475년 백제의 도성인 한성을 함락한 다음, 481년에는 신라의 도성인 금성(오늘날의 경주) 북방까지 진격했지요.

이제 고구려는 동요하던 한반도 남부를 진압하고, 이전보다 더욱 다양한 외교 전략을 펼 수 있게 되었어요. 북위와 밀접한 관계를 유지하는 한편, 여전히 남중국 왕조나 몽골 초원의 유연과도 왕래하며 북위를 견제했습니다.

더욱이 479년에는 유연과 더불어 따싱안링 산맥 동남부 일대를 차지했던 지두우의 땅을 나누어 가지며 서북방에 대한 영향력을 강화하기도 했지요.

지두우(地豆于)

지두우는 선비(鮮卑) 우문부(宇文部)의 후예다. 우문부의 여러 부족은 344년 전연(선비 모용부가 세운 나라)과 싸워 패배한 뒤 세력이 약해져 뿔뿔이 흩어졌다가 4세기 말 즈음 모용부의 쇠망에 따라 다시 일어섰는데, 지두우도 그 가운데 하나다. 지두우는 동쪽으로 실위(室韋), 북쪽으로 오락후(烏洛侯), 서쪽으로 돌궐(突厥), 남쪽으로 시라무렌허와 접했다고 한다. 이로 보아 지두우는 따싱안링 산맥 동남부 일대에 거주하며 목축 생활을 했던 것으로 짐작된다.

동북아의 중심 국가, 고구려

고구려는 명실상부하게 동북아시아의 중심 국가로 떠올랐습니다. 그리하여 고구려는 북위의 외교 사절 접대 순위에서도 남중국의 남제에 이어 2위 대우를 받았습니다. 때로는 북위가 두 나라를 비슷하게 대우하다가 남제로부터 강력하게 항의를 받기도 했지요.

그렇지만 북위는 고구려의 막강한 국력을 무시할 수 없었고, 더욱이 남중국 왕조와 몽골 초원의 유연을 상대하기 위해서는 고구려의 도움이 반드시 필요했습니다.

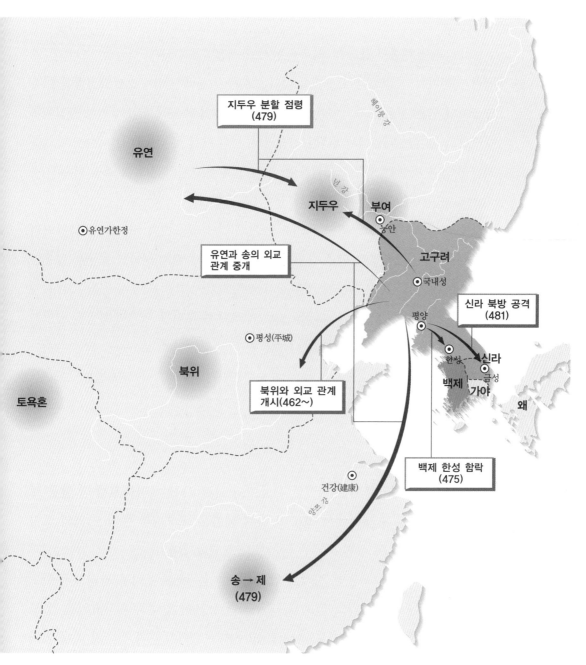

지두우 분할 점령
(479)

유연

지두우

부여

⊙ 유연가한정

⊙ 농안

고구려

유연과 송의 외교
관계 중개

⊙ 국내성

신라 북방 공격
(481)

평양
⊙

⊙ 평성(平城)

⊙ 한성

신라

북위

백제

⊙ 금성

가야

토욕혼

북위와 외교 관계
개시(462~)

왜

⊙ 건강(建康)

백제 한성 함락
(475)

송 → 제
(479)

5세기 중·후반의 동북아시아

5세기 고구려의 국제적 위상   153

504년 (북위) 세종이 동당에서 (고구려) 사신 예실불을 만났다. 예실불이 나아가 "고구려는 천자의 나라(북위)와 관계를 맺어 오랫동안 지극한 정성으로 토산물을 조공했습니다. 다만 황금은 부여에서 나고, 옥은 신라에서 나는데, 지금 부여는 물길에게 쫓겨나고 신라는 백제에게 병합되었습니다. 저희 나라 국왕은 망한 나라를 이어주어야 한다는 뜻에서 모두 고구려로 옮겨 와 살게 했습니다. 황금과 옥을 바치지 못하는 것은 두 적(물길과 백제) 때문입니다"라고 말했다.

세종이 이르기를 "고구려는 대대로 높은 지위에 있으면서 해외를 장악해 여러 오랑캐를 모두 정벌했다. 작은 술병이 빈 것은 큰 술독의 수치이니 누구의 잘못인가. 지난날 공물을 바치지 못한 책임은 고구려에 있다. 그대는 나의 뜻을 그대 왕에게 전해 위압하고 회유하는 방략을 모두 써서 나쁜 무리를 제거해 동방을 편안히 하도록 하고, 2읍(부여와 신라)으로 하여금 옛 터전을 회복해 토산품을 항상 바치도록 하라."

《위서(魏書)》 고려전

504년 북위의 황제인 세종이 고구려 사신 예실불에게 한 말을 보세요. 이 대화에서 보듯이 북위 세종은 고구려를 동방 지역의 오랑캐를 모두 정벌한 패권 국가로 인정했습니다.

그러므로 동방 지역의 안전을 해치는 나쁜 무리를 평정할 권한도 고구려에 있다고 했고요. 고구려가 동북아 일대의 최강자임을 잘 보여 주는 사례이지요. 이처럼 고구려는 광개토왕과 장수왕 때를 거치면서 동북아 일대의 중심 국가로 우뚝 섰습니다.

중원고구려비에 아로새겨진
고구려의 천하 질서

1979년 충청 북도 중원군 남한강변에서 비석이 하나 발견되었다.

　오랜 세월 비바람과 사람 손길에 시달린 탓에 글자가 많이 닳았지만, 언뜻언뜻 읽히는 글자를 통해 5세기 중후반 고구려가 세운 비석이라는 사실이 밝혀졌다. 그래서 '중원군에 있는 고구려 비석'이라는 뜻에서 '중원고구려비'라고 부르게 되었다. 남한에서 처음 발견된 고구려 비석인 만큼 곧바로 국보 205호로 지정되었다.

　비석은 높이 2미터 안팎인 네모 기둥으로, 광개토왕릉비를 1/3로 축소한 듯한 모양새다.

　이 비석에 새긴 비문을 해석하니 5세기 중후반 고구려와 신라의 관계를 구체적으로 알 수 있게 되었다. 비문에서는 고구려를 태왕(太王)의 나라로, 신라는 그에 복속된 동이(東夷:동쪽 오랑캐)로 지칭했다. 동이란 본디 중국의 황제국이 주변의 복속국을 가리킬 때 쓰던 말이다. 고구려 사람들이 중국 황제국의 용어를 빌려 독자적인 천하 질서를 표현한 것이다.

또한 비문에 따르면, 당시 고구려 군대가 신라 영토 안에 주둔했으며, 신라의 왕과 신하들을 고구려 땅으로 불러 고구려 관리의 옷, 곧 관복을 나누어 주었다. 고구려가 군사적으로나 정치적으로 신라를 강하게 지배했던 사실을 알 수 있다.

　이처럼 중원고구려비는 고구려가 5세기 중후반, 복속국을 거느리며 동북아시아 일대에 독자적인 천하 질서를 확립한 사실을 잘 보여 준다.

중원고구려비
충청 북도 충주시 가금면 용전리 입석 마을

고구려 국력의 원천, 우수한 제철 기술

5세기 동북아 일대를 호령한 고구려, 그 힘은 과연 어디에서 나왔을까요?

당시 고구려 사람들은 탁월한 국제 감각을 지녔다고 했지요. 그렇지만 그것만으로 동북아 중심 국가로 우뚝 설 수 있었을까요? 사실 국력이 뒷받침하지 않는 외교력이란 존재할 수 없답니다. 강한 국력이란 어느 시대를 막론하고 우수한 과학 기술에서 나오지요. 당시 가장 중요한 과학 기술은 제철 기술이었답니다. 철기는 갖가지 생산 도구와 무기를 만드는 가장 중요한 재료였거든요.

최근 서울시 동쪽의 아차산에서 산마루를 따라 늘어선 고구려의 보루(병사들이 보초를 서며 적을 경계하던 자그마한 요새)가 여럿 발견되었습니다. 이 곳에서는 철제 농공구와 무기가 많이 출토되었어요. 그런데 철기의 성분을 분석해 보니, 놀랍게도 그 강도가 오늘날 기계를 만드는 강철에 맞먹는 것으로 밝혀졌습니다. 녹을 깨끗이 닦아 내면 지금도 사용할 수 있을 정도라니, 절로 탄성이 나옵니다.

같은 시기 백제나 신라의 제철 기술은 상당히 뒤처졌습니다. 가령 고구려의 철제 유물은 겉만 녹슨 반면, 백제 것은 속까지 녹슬어 푸석푸석하거든요. 고구려는 이렇게 우수한 제철 기술을 바탕으로 농업 생산력을 높여 국가 경제력을 다지고, 날카로운 무기로 무장한 정예병을 양성했겠지

고구려 대장장이 신(지안 다섯 무덤 4호묘의 벽화)
쇠망치를 힘차게 내려치는 대장장이 신. 산산이 흩어지는 쇳가루가 고구려의 강한 힘을 웅변하는 듯하다.

요. 우수한 제철 기술, 바로 이것이 고구려가 동북아를 호령한 힘의 원천이었군요.

철제 농공구

고구려 사람들은 우수한 제철 기술을 바탕으로 농기구를 만들어 농사를 지었습니다. 앞서 고구려 사람들은 서기전 3~2세기부터 철제 농기구를 사용했다고 했지요. 다만 이 때는 철제 농기구의 종류가 단순했어요. 도끼나 낫 정도였으니까요. 그러나 이것도 당시로서는 엄청난 변화였지요.

그런데 서기 3세기를 지나면서 제철 기술의 수준이 훌쩍 뛰어올랐습니다. 이전에 비해 철기를 많은 양 생산할 수 있게 되었고, 철기에 함유된 탄소의 양을 조절해 강도를 달리하며 여러 농공구를 자유자재로 만들었답니다. 가령 도끼처럼 충격을 많이 받는 연장은 강도가 높은 강철로 만든 반면, 쟁기처럼 충격을 적게 받는 연장은 질긴 주철로 만드는 식으로 말입니다.

다음 사진을 하나씩 유심히 보세요. 아차산 일대의 고구려 보루에서 출토한 농공구랍니다. 그러니까 고구려가 한강 유역을 차지했던 5세기 후반~6세기 전반의 연장들이로군요. 쟁기날(보습), 삽, 괭이, 도끼, 낫, 쇠스랑, 살포, 정,

아차산 4보루에서 나온 고구려의 농공구

쇠삽날(높이 16센티미터)

보습(높이 44.4센티미터)

살포(왼쪽 높이 17.7센티미터)

낫(맨 위의 길이 31.6센티미터)

쇠스랑(맨 왼쪽 길이 15.8센티미터)

정과 끌(맨 왼쪽 길이 20.7센티미터)

끌 등등. 얼마 전까지 우리 할머니 할아버지들이 사용했던 농공구와 조금도 다를 바 없이 생겼지요. 쟁기의 날인 보습은 지금도 논밭을 갈 수 있을 정도로 본디 모습을 잘 간직하고 있군요.

살포는 삼국 시대에 등장한 농기구로, 다른 나라에서는 볼 수 없는, 우리 고유의 연장이랍니다. 어른 손바닥만한 살포 날에다 자루(손잡이)를 끼워 김을 매거나 논의 물꼬를 트는 데 썼지요.

정과 끌은 농사 도구가 아니라 공구입니다. 돌에 구멍을 내거나 쪼아서 다듬으려 할 때, 돌덩이에 정을 대고 망치로 두드립니다. 끌은 나무를 깎거나 홈을 낼 때 쓰고요.

탄화 쌀(위)과 탄화 조(아래)
연천 무등리 2보루 출토

고구려 사람들은 이러한 연장으로 논밭을 일구거나 생활 도구를 만들었답니다. 임진강변인 경기도 연천군 무등리의 고구려 보루 유적에서는, 고구려 사람들이 이런 연장으로 농사 지어서 수확했을 쌀과 좁쌀 더미가 탄화한 형태로 발견되었습니다.

보루에서 발견되었으니 군인들을 위한 군량미였겠지요. 군량미를 오래 보관하기 위해 백미와 현미를 적당한 비율로 섞었다니 고구려 사람들의 지혜가 놀랍지요?

철제 무기

무기는 크게 적을 공격하기 위한 무기와 자신을 지키기 위한 방어용 무기로 나뉘지요. 공격용 무기는 다시 멀리 있는 적을 공격하는 원거리 무기와 가까운 곳을 공격하는 근거리 무기로 나뉩니다.

화약이 발견되기 전에는 활이 대표적인 원거리 무기였답니다. 활은 시위를 당김으로써 인간의 근력을 위치 에너지라는, 다른 동력으로 바꾼다는 점에서 인간이 발명한 첫 번째 기계라 할 수 있지요. 활의 원리를 응용해서 쇠뇌와 투석기, 곧 멀리까지 바윗돌을 날려 보내는 기계도 만들었어요.

춤 무덤(무용총, 지안 지역) 벽화 중 사냥 그림
쇠뿔 다섯 개를 이어 만든 활의 모습이 선명하다. 무사들이 활에 메긴 화살촉의 모양도 특이하다. 명적(소리화살)이란 것인데, 구멍이 뚫린 둥근 기구를 화살촉 뒷부분에 매달아, 화살이 날아갈 때 공기가 울려 소리가 나도록 만든 것이다.

근거리 무기는 인간의 근력으로 상대방을 공격하는 무기입니다. 길이에 따라 창처럼 긴 장병기와 칼처럼 짧은 단병기로 나뉘지요. 몽둥이나 도끼처럼 내려치는 무기는 타병기라고 하고요.

옛날에도 무기 종류가 참 다양했군요. 그럼 고구려 사람들은 어떤 무기를 가장 많이 사용했을까요?

고구려 사람들이 쓴 무기로는 우선 활을 들 수 있습니다. 고구려 활은 길이가 짧은 단궁이었는데, 성능이 우수해 맥궁(貊弓)이라는 브랜드로 널리 알려졌답니다. 춤 무덤에 있는 사냥 그림의 기마 무사가 힘껏 잡아당긴 활이 바로 맥궁입니다. 쇠뿔 다섯 개를 이은 모양이 선명하지요. 활채를 한껏 당길 수 있도록 하여 탄력성을 최대한 높인 명품입니다.

활채와 활시위가 활의 성능을 결정 짓지만, 화살촉도 그에 못지않게 중요하지요. 그래서 고구려 사람들은 공격 대상에 따라 갖가지 화살촉을 만들어 사용했답니다. 가령 갑옷을 입은 적에게는 쇠를 뚫을 정도로 뾰족한 살밑을 사용한 반면, 무장하지 않은 적에게는 단번에 큰 상처를 줄 수 있는 넓적한 도끼날 모양 살밑을 사용했지요. 공격 개시 때와 같이 신호를 알리기 위해서는 날아가면서 소리를 내는 명적(鳴鏑)을 사용했

여러 가지 화살촉(서울 광진구 구의동의 고구려 보루 출토)
맨 왼쪽 길이 25센티미터. 화살촉이 25센티미터라면 화살의 전체 길이는
얼마나 길었을까?

고요.

　활은 주로 어느 정도 거리를 두고 적과 맞닥뜨렸을
경우에 사용합니다. 그러다가 거리가 좁혀지면 활은
이제 쓸 수 없게 되지요. 그러면 궁수 부대는 뒤로
물러나고, 창과 칼로 무장한 병사들이 본격적인 전
투를 벌이게 됩니다. 이 때 뒤로 빠진 궁수 부대는
지원 사격을 하거나, 창과 칼을 들고 직접 전투에 뛰
어들지요.

　활이 지원 무기라면, 창이나 칼은 주력 무기였군요.
그 중에서도 칼보다 길이가 긴 창이 훨씬 더 중요했습
니다. 무덤 벽화에 나오는 무사의 모습을 잘 보세요.
한결같이 손에 창을 들고 허리춤에 칼을 찼군요. 실제
전투 장면에서는 창으로 전투를 벌이다가, 적군을 벨
때 칼을 사용하는군요. 그러니까 창이 가장 중요한 무
기였고, 칼은 마지막 육박전을 위한 보조 무기였어요.

　그래서 고구려 사람들은 쓸모에 맞게 여러 가지 창
을 만들어 사용했답니다. 가령 기마 무사들은 말을 달
리며 적군을 공격해야 했기 때문에 기다란 창(삭:矟)
을 사용한 반면, 보병들은 보통 창(모:矛)이나 기마 무
사를 말에서 끌어내릴 수 있도록 갈고리 달린 창(극:
戟)을 사용했지요.

투겁창(구의동 보루)
오른쪽 길이 28.9센티미터.

칼(구의동 보루) 길이 67.3센티미터.
도끼와 그 옆모습(아차산 4보루) 왼쪽과 가운데 높이 14.5센티미터.
초승달 모양 도끼(아차산 4보루) 오른쪽 너비 18.4센티미터.

안악 3호 무덤(평양 지역) 벽화의 행렬도
공격 무기인 활·칼·창·도끼, 방어 무기인 방패와 갑옷, 그리고 보병과 기병 등
고구려 무기 체계와 군대의 구성이 한눈에 들어온다.

개마 무사가 나오는 성곽 전투 그림(세 칸 무덤, 지안 지역)

물론 고구려 사람들은 마지막 육박전을 위해 기다란 칼, 곧 장도도 날카롭게 만들었어요. 또한 적군을 강력하게 내려칠 수 있는 도끼도 여러 모양으로 만들었고요. 이처럼 고구려 사람들은 근거리 전투에서 놀라운 힘을 발휘하는 창을 중심으로 해서 활, 칼, 도끼 등 다양한 무기를 만들어 무장했답니다. 동북아의 최정예 무적 군대, 그 힘은 바로 우수한 제철 기술로 만든 각종 무기에 있었군요.

중장기병

고대의 전쟁에서는 근력이 남달리 세고 신속한 기동력을 자랑하는 말도 빼놓을 수 없는 존재였어요.

고구려 사람들은 일찍부터 유목민과 교류하면서 기마술을 익혔습니다. 더욱이 4세기 중반부터는 말 자체를 무기로 활용하기 시작했습니다. 무사뿐 아니라 말까지 갑옷으로 무장했어요. 무사와 말이 모두 갑옷으로 중무장한 기병,

지안 12호 무덤 벽화 중 포로의 목을 베는 그림

곧 '개마 무사(鎧馬武士)'라는 이름이 붙은 중무장 기병(줄여서 중장기병)이지요.

중장기병은 중국 대륙에서 서기 2세기 후반에 나타났다가 4세기에 들어와 널리 퍼졌습니다. 고구려 사람들은 4세기 전반 중국 대륙의 여러 나라와 긴밀히 교류하면서 중장기병이라는 최신 무장 방식을 도입했어요.

이로써 말이 탱크와 같은 거대한 무기로 변신했습니다. 개마 무사는 돌진하는 말의 힘을 최대

기병의 금동 신발 바닥과 복원한 금동 신발
기병들은 신발에도 날카로운 쇠못을 박아 적군이 접근하지 못하도록 방어하는 무기로 활용했다.

한 활용하기 위해 4미터가 넘는 긴 창으로 무장하여 근거리 전투의 새로운 주인공으로 등장했습니다. 광개토왕은 바로 이러한 중장기병을 이끌고 한반도와 만주 일대를 누볐습니다.

고구려 무덤 벽화에는 이러한 중장기병의 모습이 생생하게 담겨 있습니다. 덕흥리 벽화 무덤의 중장기병 행렬을 보노라면, 적진 한복판을 뚫고 들어가 순식간에 적군을 일망타진한 다음, 창을 높이 치켜들고 승리를 외치던 고구려 기병대를 만난 듯한 느낌이 듭니다.

투구(왼쪽, 아차산 4보루)
지름 16.2센티미터.

투구 조각(아차산 4보루)
쇠미늘을 이어 만든 투구
조각.

말의 갖춤새

쌍기둥 무덤(쌍영총, 평양 지역)의 말탄 무사

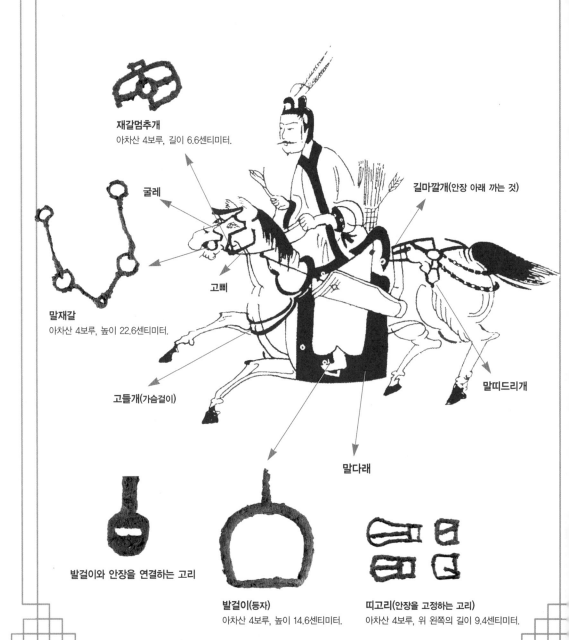

재갈멈추개
아차산 4보루, 길이 6.6센티미터.

굴레

길마깔개(안장 아래 까는 것)

고삐

말재갈
아차산 4보루, 높이 22.6센티미터.

고들개(가슴걸이)

말띠드리개

말다래

발걸이와 안장을 연결하는 고리

발걸이(등자)
아차산 4보루, 높이 14.6센티미터.

띠고리(안장을 고정하는 고리)
아차산 4보루, 위 왼쪽의 길이 9.4센티미터.

8

정치 권력과 경제력을 독차지한 귀족들

고구려 중기 정치 제도와 중앙 귀족의 삶

왕과 귀족이 독점한 정치

왕을 중심으로 서열화한 귀족들

자, 그럼 이렇게 광활한 대제국을 누가 어떻게 다스렸을까요?

고구려 사람이라면 누구나 대왕의 은택을 골고루 입으며 풍요롭게 살았을까요? 고구려 사람인 내가 바로 천하의 주인이라고 당당히 외치면서 말입니다.

하지만 고구려 사람 모두가 대왕의 은택을 골고루 입은 것은 아니랍니다. 나라의 진짜 주인은 여전히 왕족을 비롯한 귀족들이었습니다. 태학이라는 교육 기관이 설립되었지만, 아직 공평한 시험을 거쳐 관리를 뽑는 과거 제도는 마련되지 않았습니다. 당연히 높은 벼슬 자리는 귀족들이 대를 이어 독차지했지요. 태학에도 귀족의 자제만 입학할 수 있었고요.

그렇다고 변화가 전혀 없진 않았습니다. 여러 가지 면에서 새로운 변화가 일어났고, 백성의 삶도 이전에 비해 많이 나아졌답니다.

먼저 귀족의 성격이 근본적으로 바뀌었습니다. 초기에는 각 나부의 유력자들이 자치권을 가지고 저마다 백성을 다스렸다고 했지요. 그런데 국왕 중심의 정치 제도가 갖추어지면서 이들은 자치권을 잃게 됩니다. 그에 따라 나부라는 존재도 역사의 뒤안길로 사라지고요.

백성들은 국가로부터 직접 지배를 받게 되었습니다. 이전에는 나부 유력자의 마음먹기에 따라 혹독한 수탈을 당하기도 했는데, 국가의 보호를 받으면서 상대적으로 안정된 삶을 살게 된 것입니다. 아울러 나라에서 곡식을 꾸어 주는 진대법 같은 제도를 통해 최저 생계를 보장받기도 했지요.

한편 나부의 유력자들은 대부분 도성으로 거처를 옮겼습니다. 국왕의 은택을 입고 벼슬을 하는 중앙 귀족이 되었지요. 이로써 귀족의 지위는 국왕을 중심으로 서열이 매겨지고, 귀족의 서열을 매기는 방식인 벼슬 등급 제도도 바뀌었습니다.

초기에는 나부 유력자의 세력 기반을 기준으로 벼슬을 주었기 때문에 벼슬 이름도 여러 종류였지요. 그런데 왕을 중심으로 이들의 지위에 서열이 매겨지면서 다양한 벼슬 이름이 필요없게 되었습니다. 이제 지위를 쉽게 비교할 수 있는, 같은 종류의 벼슬 등급이 많이 필요했지요.

고구려 관등표	
1	대대로(大對盧)
2	태대형(太大兄)
3	주부(主簿)
4	태대사자(太大使者)
5	위두대형(位頭大兄)
6	대사자(大使者)
7	대형(大兄)
8	수위사자(收位使者) 발위사자(拔位使者)
9	상위사자(上位使者) 소사자(小使者)
10	소형(小兄)
11	제형(諸兄)
12	선인(先人)

이에 패자니 우태니 조의니 하는 다양한 벼슬 이름 대신 연장자를 뜻하는 '형(兄)'과 심부름꾼을 뜻하는 '사자(使者)'라는 명칭을 가지고 벼슬 등급을 여럿 만들었습니다. 그리고 귀족이나 관리의 수가 늘어나면, 그에 따라 벼슬 등급의 수를 더욱 늘렸지요.

'형'을 예로 들면, 처음에는 대소 2개 등급, 곧 대형과 소형을 만들었습니다. 그러다가 귀족의 수가 늘어나니까 대형을 다시 대·소로 나누었습니다. 태대형과 소대형으로요. '사자'의 경우도 마찬가지입니다. 이렇게 해서 6세기에는 대략 12개 등급이 만들어졌습니다.

대·소라는 꾸밈말로 벼슬 등급의 수를 늘렸으니 귀족의 지위를 비교하기도 쉬웠겠지요. 이제 귀족들은 본디 가졌던 세력 기반이 아니라 왕의 은택을 얼마나 받느냐에 따라 벼슬 등급이 정해지고, 누가 보아도 그 서열을 쉽게 비교할 수 있게 되었습니다.

귀족들이 독점한 지배 기구

각 나부의 유력자들은 말 그대로 왕의 은택을 입고 살아가는 중앙 귀족이 되었지요. 왕에게 충성을 맹세하는 귀족들, 그 대가로 대대로 벼슬을 하며 부귀와 영화를 누리는 모습을 쉽게 상상할 수 있겠지요.

앞서 이야기했던 모두루 집안이 바로 이러한 귀족입니다. 모두루의 할아버지인 염모는 고국원왕 때 사람입니다. 모두루 묘지에 따르면 그는 반란을 진압하고, '시조의 출생지인 북부여를 침공한' 전연군을 물리쳤습니다. 고구려 왕실을 위협한 안팎의 '나쁜' 무리를 모두 무찌른 것이지요.

이보다 더 큰 충성은 없겠지요. 이에 모두루 집안은 '대대로 왕의 은택을 입고 북부여 방면을 다스리게' 됩니다. 모두루 역시 광개토왕 때에 '북부여 방면을 다스리는 지방 장관'으로 파견되지요. 그리고 바로 그 곳에서 광개토왕의 사망 소식을 듣게 됩니다.

왕의 은택을 입었으니 당연히 도성으로 달려와 조문을 해야 하지만, 지방 장관의 임무를 수행하느라 갈 수도 없는 처지. 모두루의 슬픔은 이루 다 헤아릴 수 없을 정도였겠지요. 그래서 '대왕을 잃은 슬픔이 가슴 깊이 사무쳐 해와 달이 빛을 잃은 것처럼 애통했다'고 합니다.

그런데 모두루 집안의 이야기를 통해 재미있는 사실을 몇 가지 발견할 수 있습니다.

먼저 모두루 집안이 고구려 귀족 사회에서 차지한 등급입니다. 모두루의 할아버지인 염모나 아버지는 대형이라는 벼슬 등급을 지냈습니다. 모두루는 대사자를 지냈지요. 전체 관등에서 대략 중간 등급에 해당합니다. 모두루 집안은 중간급 귀족 가문이었군요.

더욱 재미있는 사실은 이러한 등급이 대대로 이어졌다는 것입니다. 모두루가 아무리 대왕에게 충성을 맹세하며 자신을 '노객(奴客)'이라 낮추어 불러도 본래의 신분 등급을 쉽게 뛰어넘을 수는 없었습니다. 모두루 집안이 대대로 북부여 방면을 다스린 것은 엄청난 특권이었지만, 최상층 귀족 가문과 비교한다면 더 오르기 힘든 한계이기도 했습니다.

최상층 귀족 가문은 모두루 집안보다 더 높은 관직을 독차지했습니다. 물론 이들도 대왕에게 충성을 맹세해야 했지요. 그러지 않으면 언제든지 집안이 아예 멸망당하는 화를 입을 수 있었거든요. 실제로 장수왕 때에 최상층 귀족과 대신 가운데 상당수가 숙청된 일이 있었습니다.

최상층 귀족 가문들은 대왕의 권위에 도전하지만 않는다면, 대대로 고위 관직을 독차지하며 온갖 부귀 영화를 누릴 수 있었어요. 조금 뒷시기의 이야기입니다만, 12개 벼슬 등급 가운데 1~5번째 등급을 차지한 사람들이 국가 중대사를 모두 관장했다고 합니다.

진골이나 대성 8족이 고위 관직을 독차지한 신라나 백제처럼, 고구려에서도 최상층 귀족 가문이 거의 모든 요직을 독차지했다고 볼 수 있겠군요. 특히 당시는 정복 전쟁이 활발해 장군 직이 중요했는데, 이것도 최상층 귀족 가문의 전유물이었답니다.

대성 8족
백제 후기의 최상층 귀족 가문으로 사(沙)씨, 연(燕)씨 등 8개 성씨가 있었다.

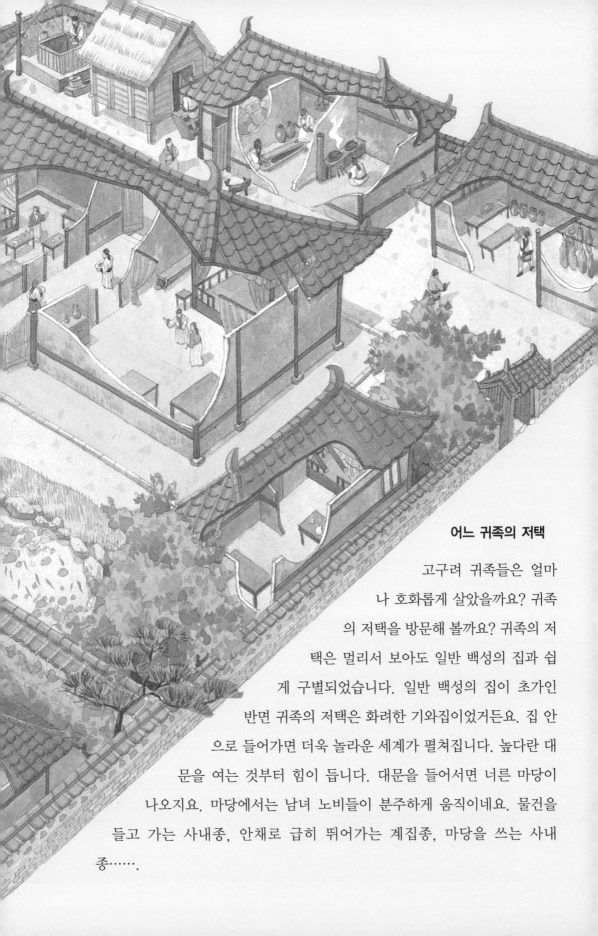

어느 귀족의 저택

고구려 귀족들은 얼마
나 호화롭게 살았을까요? 귀족
의 저택을 방문해 볼까요? 귀족의 저
택은 멀리서 보아도 일반 백성의 집과 쉽
게 구별되었습니다. 일반 백성의 집이 초가인
반면 귀족의 저택은 화려한 기와집이었거든요. 집 안
으로 들어가면 더욱 놀라운 세계가 펼쳐집니다. 높다란 대
문을 여는 것부터 힘이 듭니다. 대문을 들어서면 너른 마당이
나오지요. 마당에서는 남녀 노비들이 분주하게 움직이네요. 물건을
들고 가는 사내종, 안채로 급히 뛰어가는 계집종, 마당을 쓰는 사내
종……

귀족의 저택은 높은 권세를 한껏 뽐내느라 높다란 담장을 둘러쳤습니다.
겉모양부터 일반 백성의 초가집과 완전히 다른 별세계로군요.

안악 1호 무덤의 전각
황해 남도 안악군 대추리에 있는 안악 1호 무덤의 돌방 벽에 있는 그림. 우람한 기와지붕을 인 전각의 모습이다.
담장에도 기와를 얹었다.

대문 옆의 작은 건물을 자세히 들여다보니 수레가 두 대 있네요.
요즈음 말로 하자면 전용 주차장이군요.
한 대는 사방이 탁 트인 것을 보니
주인이신 귀족 나리의 전용 자가용이고,
다른 한 대는 차양을 친 것을 보니 귀부인의 전용 자가용이군요.

안악 3호 무덤의 차고 그림

주차장 옆에는 말과 소의 외양간이 있군요.
외양간 옆에서는 사내종 두 명이 여물을 써느라 땀을 뻘뻘 흘리네요.
말은 귀족 나리께서 사냥을 하거나 전쟁터로 출정할 때 탔답니다.
그리고 보니 우람한 체격이 예사롭지 않네요.
소는 주로 수레를 끄는 데 썼고요.
물론 시골이라면 논밭에서 쟁기를 끌기도 했겠지요.

안악 3호 무덤의 외양간

약수리 벽화 무덤의 외양간
남포시 강서 구역 약수리.
한켠에 여물을 써는 시종들이
보인다.

마당 왼편에는 노비나 집사가 거처하는 행랑채,
잡동사니를 보관하는 창고가 늘어섰군요.
마당 오른편에는 제법 커다란 건물이 있네요.
안으로 들어가니 걸상이 여러 개 있어요.
갖가지 서류도 널려 있고요.
귀족 나리가 업무를 보거나 손님을 맞이하던
사랑채였군요.

안으로 더 들어가 볼까요?
마당을 지나니 야트막한 담장이 가로놓였고, 문이 하나 있군요.
아, 하인들이 사는 공간과 집주인인 귀족의 가족이 사는 공간을
나누는 담장이로군요.
귀족들이 권위를 뽐내며 자신들만의 별세계를 만드는 버릇은
저택 안에서도 여전했군요.

작은 문을 열고 들어 가니 온갖 진귀한 꽃과 나무로 가득한 정원이 보이네요.
한쪽 귀퉁이에는 자그마한 연못도 있습니다. 연못에서는 연꽃이 화려한 자태를 뽐내고
물고기들도 보이네요.
극락왕생을 뜻하는 연꽃을 심은 것을 보니
이 저택의 귀족 부부는
불교를 믿나 봅니다.
정원 바로 뒤에는 안채가 있습니다.
규모도 가장 크거니와 곱게 구운 붉은색
기와로 지붕을 이어 화려하기 그지없네요.
용마루 좌우 끝에 높다란 망새를 올려
웅장하기도 하고요.
건물 안으로 들어가 볼까요?
요즘 우리네 전통 가옥과 많이 다르네요.

진파리 4호 무덤의 연못
평양 역포 구역 용산리.

쪽구들(서울 아차산 4보루)
아차산의 고구려 보루 유적에서 기다
란 쪽구들 2개가 나란히 발견되었다.

신을 벗지 않고 그냥 들어가는군요.
당시만 하더라도 대청마루를 두지 않았고,
방 전체에 구들을 깔지 않았거든요.
구들은 한쪽 벽에 붙여 좁다랗게 내었기에
쪽구들이라고 부른답니다.
방에는 평상이 여러 개 있네요.
손님을 접대하는 응접실,
아니면 식당을 겸한 거실인 셈이군요.
평상이 여러 개 있는 것을 보니
손님 상과 주인 상을 따로 마련했나 봅니다

춤 무덤의 응접실 그림(위)과 모사도(아래)
지린 성 지안

안악 3호 무덤의 남자 주인공
정사를 보는 남자 주인공과 신하들. 남자
주인공은 크게 그리고, 집사나 부하로
보이는 사람들은 작게 그렸다.

그럼 주인 부부만을 위한 방, 안방은 따로 있겠군요.
휘장을 걷고 나오니 건너편 방이 보입니다.
다시 휘장을 걷고 들어가니 아늑한 방이 나옵니다.
한쪽 벽을 따라 쪽구들이 놓였고, 안락 의자와 침상도 있군요.
이 저택에서 가장 아늑하면서도 은밀한 공간인 셈이로군요.

쌍기둥 무덤의 주인공 부부 남포시 용강군 용강읍.

안채 좌우로는 별채가 있군요.
귀족의 노부모나 아이들이 거처하는 공간인 모양입니다.
노부모의 기침 소리, 아이들이 재잘거리는 소리가 들리지 않나요?

음식은 어디에서 장만했을까요?
안채 뒤로 가니 작은 건물이 여러 채 늘어섰군요.
건물마다 종들이 분주하게 왔다갔다 하네요.

한 사내종이 높다란 다락 곳간으로 올라가네요.
'부경'이라는 고구려 전통 창고이지요.
땅에서 올라오는 찬 기운과 습기를 막을 수 있기 때문에
곡식 같은 것을 보관하기에는 그만이랍니다.
사내종이 다락 곳간에서 곡식을 꺼내서
어디론가 막 달려갑니다. 방앗간이로군요.
방앗간에서는 계집종들이 땀을 흘리며 디딜방아를 찧고 있습니다.

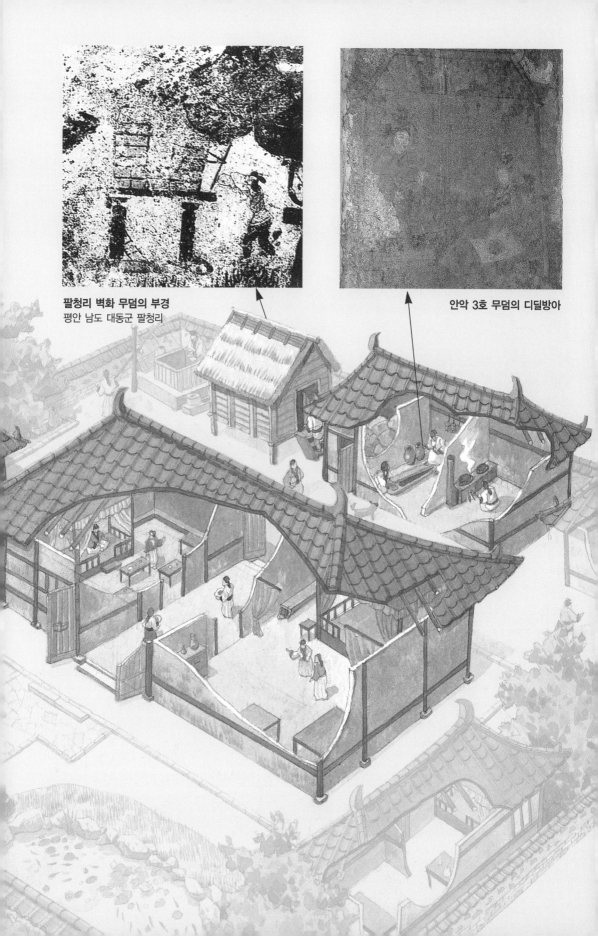

팔청리 벽화 무덤의 부경
평안 남도 대동군 팔청리

안악 3호 무덤의 디딜방아

이번에는 계집종이 막 찧은 노란 좁쌀을 들고 우물로 달려갑니다.
우물에서는 계집종들이 물을 긷고 있네요.
우물가에는 커다란 단지와 자그마한 항아리가 여러 개 있고요.
그래도 도르래에 두레박을 매달아서
물을 긷기 때문인지 그렇게 힘든 표정은 아니네요.

안악 3호 무덤의 우물

안악 3호 무덤의 부엌

좁쌀을 씻은 계집종은 이제 부엌으로 달려갑니다.
아궁이에서 장작불이 활활 타오르고, 시루와 솥에서는
김이 모락모락 나는 게 보기만 해도 군침이 도는군요.
단지와 항아리에도 갖가지 음식이 담겨 있네요.

고구려의 부뚜막 모형
평안 북도 운산군 용호리 출토. 길이 66.7센티미터.

큰 단지에는 메주로 담근 간장,
또 다른 단지에는 간장에 절인 멧돼지 장조림,
술독에는 차좁쌀로 빚은 맑은 술…….
개들도 배가 고픈지 침을 흘리네요.
이 때 집사가 달려와 이릅니다.
오늘 저녁상에는
주인 나리께서 사냥하신 노루를 올리라고.
부엌 앞에 서 있던 사내종이
부리나케 푸줏간으로 달려갑니다.
저택 안에 전용 정육점이 있었군요.
멧돼지, 노루, 사슴 따위가 통째로 걸려 있네요.
사내종은 선홍빛 피가 뚝뚝 떨어지는
노루 뒷다리를 잘라서 부엌으로 달려갑니다.
오늘 저녁에는 노루 고기 잔치가 열리려나 봅니다.

안악 3호 무덤의 푸줏간 (저택 안 전용 정육점)

자, 귀족의 저택을 한 바퀴 돌고 나니 기분이 어떻습니까? 생각보다는 검소한 편이라고요. 그럴지도 모르겠군요. 당시 귀족들은 넓은 땅을 가지고 많은 노비를 부리며 일반 백성보다 호화롭게 살았지만, 사치품을 많이 사용한 편은 아니거든요. 끊이지 않은 전쟁에 많은 물자와 노동력을 쏟아 부었기 때문에, 지나치게 화려한 사치품을 만들거나 사들일 여력이 적었어요.

어느 귀족의 하루

어느 나라든 최고 지배층이라고 사치와 향락만으로 세월을 보내지는 않는답니다. 만약 그런다면 그 나라는 그 순간 망할 것입니다. 고구려 때에도 귀족들이 온갖 특권을 누리고 호화로운 생활을 한 것은 틀림없지만, 또한 나라를 다스릴 만한 능력과 도덕성도 갖추어야 했습니다.

더욱이 동북아 대제국의 위상을 굳건히 지키고, 나라들 사이의 치열한 각축전에서 살아남기 위해서는 최상층 귀족들이 탁월한 지도력을 발휘해야 했지요. 그러니까 당시 귀족들은 나라를 다스리거나 운영할 능력을 닦으면서 틈틈이 사치와 향락을 즐겼겠군요.

그럼 6세기 전반 문자명왕 시대, '을해'라는 가상 인물을 통해 귀족의 아침과 오후 생활을 한번 엿볼까요?

을해는 최상층 귀족으로서 대모달이라는 장군 직을 맡았습니다.
오늘은 저택 안채의 침실에서 두 번째 부인과 단잠을 자고는 동틀 무렵 일어났습니다.
이제는 날씨가 많이 풀려 아침 공기도 제법 포근합니다.
을해가 기지개를 켜며 침실을 나서자 계집종이 세숫물을 챙겨 옵니다.
을해는 세수를 한 다음 정원을 거닐며 오늘 할 일을 하나씩 생각해 봅니다.
그러고 보니 지난 겨울 동안 미루어 둔 일이 너무 많습니다.
발걸음을 별채로 옮겨 노부모께 인사를 드리고 늦잠을 자는 아들을 깨웁니다.
사내아이가 씩씩하고 건장했으나 그렇게 총명하지는 않았습니다.
태학에 다닌 지 여러 해가 지났는데도 아직 경서를 제대로 읽지 못하거든요.

을해 가족은 거실 평상에 옹기종기 모여 앉아 계집종의 시중을 받으며 아침을 먹습니다.
시루에 찐 노란 좁쌀밥에 구수한 된장국, 하얀 백김치, 간장에 절인 노루 장조림.
모두들 맛있게 음식을 먹습니다.
을해는 밀린 일 때문에 걱정이 태산인데, 부인들은 오후 나들이 생각에 자못 흥분한 눈치입니다.
을해의 아들도 태학 공부가 걱정되기는 하지만 역시 다소 들뜬 표정입니다.

대모달
가장 높은 군사 지휘관으로
5등 위두대형 이상인 사람
만이 맡을 수 있었다.

씨름 무덤(각저총, 지린 성 지안)의 안채 그림
집주인과 두 부인이 계집종의 시중을 받으며 식사를 한다.

을해는 소가 끄는 수레를 타고 갈까 하다가 급한 마음에 말을 타고 군부로 출근합니다.
집무실로 들어서자 참모가 남쪽 국경의 움직임이 심상치 않다고 보고합니다.
수십 년 전에 백제 도성을 함락하고 신라 도성의 문턱까지 진격했건만,
최근 백제와 신라가 연합해 자주 침공했거든요.
을해는 바다 건너 왜와 새롭게 국교를 맺고 남중국의 양나라와 관계를 돈독히 해
백제와 신라를 견제해야겠다고 마음먹습니다.
방어 시설도 보강해 이들의 북상에 대비해야겠다고 생각합니다.

그렇지만 을해의 구상이 얼마나 실현될지는
알 수 없었습니다.
나라의 중대사는 국왕이나 대대로가 주재하는
최상층 귀족 회의를 통과해야 결정되는데,
대외 확장이 주춤한 사이
귀족들 간의 대립이 심해졌거든요(11장 참조).

소가 끄는 수레(덕흥리 벽화 무덤)

이에 을해는 오래 전부터 군부 관료와 병사의 사기라도 높여야겠다고 마음먹었습니다.
그래서 오늘 오후 군부의 앞뜰에서 대규모 곡예를 벌이기로 했습니다.
아침에 을해의 부인이나 자식이 들뜬 것은
바로 여기에 초대받았기 때문이지요.
을해는 여러 가지 고민을 뒤로 한 채 참모진과 함께 전용 식당으로 가서 점심을 먹고는,
따스한 봄볕을 쬐며 군부의 앞뜰로 갔습니다.
뜰에는 벌써 많은 곡예단이 도착했습니다.
마지막 동장군을 쫓아 보내려는 듯
곡예단의 악기 소리도 하늘을 찌를 듯이 높습니다.
을해는 공식 의례 없이 곡예단마다 재주를 마음껏 뽐내도록 했습니다.
관리나 병사들은 이곳 저곳 돌아다니며 흥을 즐기도록 했고요.

백희 기악도(장천 1호 무덤)
지린 성 지안. '백희 기악(百戱伎樂)'은 '온갖 놀음놀이'라는 뜻이다. 가면놀이, 씨름,
사냥놀이 같은 여러 가지 놀음놀이를 표현한 그림이라 이런 제목이 붙었다.

세 칸 무덤(삼실총)에 있는 나들이 장면

을해도 두 부인과 자식을 데리고 뜰 곳곳을 둘러보았습니다.
부인들이 여러 시녀를 거느리고 와서 기다란 행렬을 이루었습니다.
어떤 병사들은 을해 부인들의 화려한 비단 주름치마와
시녀들의 가냘픈 몸매에 마음이 끌리는지 흘낏거리기도 합니다.

을해 가족은 먼저 원숭이 가면놀이장으로 발걸음을 옮겼습니다.
커다란 나무 위에서 흰 가면을 쓴 원숭이가 아래쪽으로 쏜살같이 내려오고,
나무 아래에서는 흰 곰 가면을 쓴 원숭이가 관객을 향해 넙죽 절을 하네요.
익살스러운 몸짓에 관객의 웃음 소리가 그치지 않습니다.

백희 기악도(장천 1호 무덤)의 원숭이 가면놀이

옆에서는 아슬아슬한 막대 묘기가 한창 벌어집니다.
곡예사가 고개를 뒤로 젖힌 채 공을 높이 던져
기다란 막대 끝의 평판에 받는 묘기입니다.
벌써 커다란 평판 위에 공, 공 위에 작은 평판, 그 위에 또 공과 평판이 쌓여 있건만,
곡예사는 또다시 공을 던지려는 자세입니다.
관객들은 잔뜩 긴장한 눈초리로 아슬아슬한 곡예를 바라봅니다.
바로 옆에는 마술사도 있군요.
탁자에 둥근 바퀴를 놓고 한 손으로 작은 곤봉을 휘두르는 것이
예비 동작을 하는 것 같습니다.

그 때 곡예장에서 작은 소란이 일어났습니다.
막대 묘기와 마술을 번갈아 보던 한 노인이
뒤에서 달려오는 말들을 보지 못하고 놀라서 엉덩방아를 찧은 것입니다.
그러자 이번에는 말들이 놀랍니다.
흰 말의 마부는 고삐를 바짝 당겨 날뛰지 못하도록 하는데,
누런 말의 마부는 일부러 말고삐를 흔들어 더욱 세차게 달리도록 합니다.
그러자 이번에는 옆에 있던 강아지가 덩달아 달립니다.
곡예장은 순식간에 아수라장이 됩니다.

을해 가족은 사람들 틈을 비집고 나와
씨름장으로 걸음을 옮겼습니다.
을해의 첫째 부인은 처음부터 이 곳으로 오고 싶었는데
남편의 눈치를 보느라 가만히 있었답니다.
한쪽 모래판에서는 웃통을 벗어젖힌
장사 두 명이 허리춤을 맞잡고 힘을 겨룹니다.
다른 모래판에서는 웃통을 벗어젖힌 장사 두 명이
팔을 길게 내뻗으며 수박희라는
힘겨루기를 하는군요.

씨름 무덤의 씨름 그림

을해의 첫째 부인은 장사들이 건장한 체격을 자랑하며 힘을 쓸 때마다 탄성을 지릅니다.
특히 코가 높고 눈이 부리부리한 이국인에게 호감이 가는 모양입니다.
당시 평양은 국제 도시라는 명성에 걸맞게 외국에서 온 곡예사와 장사가 많았거든요.
반면 둘째 부인은 남편 앞이라 부끄러운지 똑바로 보지 못하고
얼굴을 약간 돌린 채 곁눈질로 봅니다.

수박희(안악 3호 무덤) 수박희(手搏戲)는 손으로 쳐서 상대방을 넘어뜨리는 무술이다.

시간이 조금 지나자 을해의 아들이 다른 곳으로 가자고 조릅니다.
묘기가 보고 싶은가 봅니다.
곡예단이 있는 곳으로 가자 곡예사가 막대기 세 개와 공 다섯 개를
번갈아 던졌다가 받는 묘기를 선보이고 있습니다.
그 옆에서는 또 다른 곡예사가 커다란 바퀴를 계속 튀겨 올리고,
키가 훤칠한 곡예사는 높은 나무다리 위에 올라가 비파 연주에 맞춰 겅중겅중 걷습니다.
아들은 신나는 모양이지만 을해는 무척 많이 본 터라 별로 흥이 나지 않았습니다.

교예(수산리 벽화 무덤) 남포시 강서 구역 수산리.

마사희(덕흥리 벽화 무덤)

이번에는 을해가 일행을 재촉해 말을 타고 활 쏘는 재주를 뽐내는
마사희장으로 옮겼습니다.
벌써 마사희를 시작했는지 응원하는 고함 소리가 크게 들립니다.
가까이 가니 병사들이 말을 탄 채 순서를 기다립니다.
가장 앞쪽의 병사가 "이럇" 하고 고함을 지르며 채찍으로 말을 힘껏 때려
쏜살같이 달려 나가다가, 윗몸을 완전히 뒤로 돌려 과녁을 향해 화살을 쏘았습니다.
시위를 떠난 화살이 휘잉 하는 소리와 함께 과녁을 뚫고 지나가자
병사들이 우레와 같은 박수를 칩니다.
을해는 아주 만족스러웠습니다.
가족의 반응도 반응이려니와 병사들의 힘찬 함성과 빼어난 기마 궁술을 보니
힘이 불끈 솟았습니다.
백제와 신라의 움직임이 심상치 않다는 보고 때문에
답답했던 가슴이 확 뚫리는 느낌이었습니다.

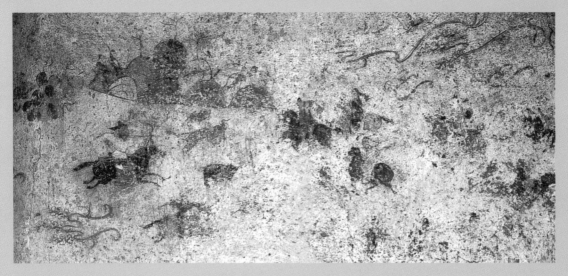

사냥 대회(약수리 벽화 무덤)

열흘쯤 있다가는 야외로 나가 사냥 대회를 열어야겠다고 다짐합니다.
겨울 동안 움츠렸던 병사들의 몸을 푸는 데는 사냥만한 놀이가 없거든요.
인근 마을의 백성을 최대한 많이 몰이꾼으로 동원하고,
짐승을 가장 많이 잡은 병사에게는 상금으로 좁쌀 한 가마니를 주어야겠다고 생각하며
집으로 발걸음을 재촉합니다.

둘째 부인은 집으로 돌아오면서 연신 방긋방긋 웃습니다.
아마도 웃통을 벗어젖히고 힘을 겨루던 이국인 장사의 건장한 체격이 떠올랐나 봅니다.
반면 첫째 부인은 다소 아쉬운 표정입니다.
작년 봄 저택 뜰에서 열렸던 곡예보다 어수선했기 때문이겠지요.
작년 봄에는 시녀들이 받쳐 주는 양산을 쓰고 가족끼리만 우아하게 곡예를 즐겼는데,
천하다고 여기는 병사나 백성 틈에 끼어서 보았으니
귀부인의 우아한 품격이 훼손되었다고 생각했겠지요.

**수산리 벽화 무덤의 여자
주인공과 시녀들**
남포시 강서 구역 수산리.

고구려 건축술의 꽃,
곱디고운 붉은색 기와집

고구려는 건축술도 백제나 신라보다 한 발 앞섰습니다. 늦어도 4세기부터는 기와집을 지은 것으로 짐작되거든요. 기와집은 초가집에서 단순히 지붕 재료만 바뀐 집이 아닙니다. 흙을 구워 만든 무거운 기와로 지붕을 이기 위해서는 초가에 비해 집 전체를 튼튼하게 지어야 하지요.

주춧돌

집을 튼튼하게 지으려면 어떻게 하냐고요? 먼저 집터를 잘 고르고 기초를 단단하게 다져야겠지요. 그런 다음 잘 다듬은 주춧돌을 일정한 간격으로 가지런히 놓아야 합니다. 전에 없던 '주춧돌'이라는 건축 요소가 등장해요.

집터의 기반이 고르지 않다면, 또 기둥을 받치는 주춧돌이 없다면 어떻게 될까요? 기와의 무게를 이기지 못한 기둥들이 점점 땅속으로 가라앉을 텐데, 흙이 무른 부분은 더 깊이, 땅이 단단한 부분은 얕게 박히겠지요. 그러면 가지런히 지붕을 받쳐야 할 기둥의 높이가 들쭉날쭉해질 테고, 결국 지붕은 균형이 깨져 무너지고 말겠지요.

중국 지안 시 박물관에서는 앞뜰에 고구려 시기의 거대한 주춧돌을 모아 놓았습니다. 붉은빛 도는 화강암을 둥근 모양이나 여덟모꼴로 다듬었는데, 석공의 솜씨가 얼마나 뛰어난지 조각 공원에 온 듯한 착각이 들 정도랍니다.

기둥과 대들보

이제 기초는 마련된 셈이군요. 그런데 건축가의 솜씨가 발휘되는 것은 바로 이 때부터입니다. 주춧돌을 놓았으면 그 위에 기둥을 세워야 하는데, 아무렇게나 세워서는 안 되지요. 어떻게 지붕틀을 짤지 생각하며 세워야 하거든요. 지붕틀에 맞게 기둥의 높낮이를 조정해야 하는데, 고도로 숙련된 건축가라야만 한 치도 오차 없이 높낮이를 조정할 수 있지요.

이렇게 높낮이를 조정하며 기둥을 세웠으면 본격적으로 지붕틀을 짜야 합니다. 지붕틀은 기둥을 가로지르는 보, 보 위에 직각으로 놓이는 도리, 다시 도리 위에 비스듬하게 걸치는 서까래 등으로 이루어집니다. 이 중에서도 흔히 '대들보'라고 하는 아래쪽 보가 가장 중요하지요. 지붕 무게를 떠받들며 건물 전체의 균형을 잡는 구실을 하거든요.

그러니까 대들보를 잘 올려야 튼튼하고 균형 잡힌 집을 지을 수 있겠군요. 그리하여 고구려에서는 일찍부터 기둥 위에 대들보를 받치는 두공 양식이 다양하게 발달했답니다. 우리는 지금도 무덤 벽화의 목조 건물 그림을 통해 고구려 시기에 유행한 여러 가지 두공 형식을 만날 수 있지요.

지안 박물관 앞뜰의 기둥 주춧돌들

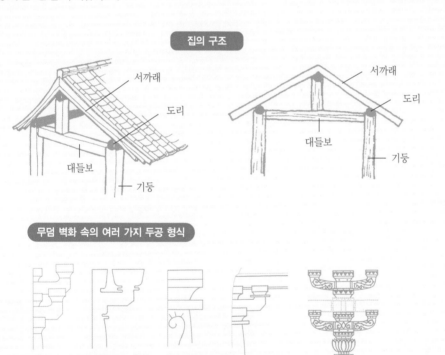

집의 구조

서까래
도리
대들보
기둥

서까래
도리
대들보
기둥

무덤 벽화 속의 여러 가지 두공 형식

① ② ③ ④ ⑤

⑥ ⑦ ⑧

① 감신 무덤
② 씨름 무덤
③ 덕흥리 벽화 무덤
④ 거북 잔등 무늬 무덤
⑤ 수산리 벽화 무덤
⑥ 안악 1호 무덤
⑦ 안악 2호 무덤
⑧ 안악 3호 무덤

기와집은 터 다지기에서 지붕틀 짜기에 이르는 여러 건축술을 갖추어야 비로소 지을 수 있었군요. 그런 점에서 기와집의 등장은 건축술의 획기적 발전을 의미한다고 할 수 있겠네요. 그런데 수준 높은 건축술을 갖추었다고 해서 누구나 기와집을 지을 수는 없었답니다. 기와집을 짓기 위해서는 막대한 경제력이 필요했거든요.

실제로 고구려의 웬만한 건물은 띠풀로 지붕을 이었고, 궁궐, 관청, 사찰, 사당 등만 기와집이었다고 합니다. 기와는 주로 지엄한 권위를 뽐내거나 성스럽게 꾸며야 하는 건물에 사용했군요. 아울러 왕릉이나 귀족 무덤에서 붉은색 기와가 발견되는 것을 보면, 무덤 윗부분도 기와집으로 꾸민 것 같습니다. 그러니 귀족의 대저택도 기와집으로 지었겠지요.

이처럼 지엄하고 성스러운 건물만 기와집으로 지었으니, 고구려 사람들은 온 정성을 기울여 아주 고운 진흙으로 붉은색 기와를 구워 냈답니다. 도성뿐 아니라 곳곳의 고구려 성곽 유적에서는 지금도 붉은색 기와가 많이 발견되지요. 그런데 고구려 사람들이 기와를 붉은색으로 구운 이유가 궁금하다고요?

기와를 구울 때 공기에 노출되면 흙 속의 철 성분이 산화되어 붉은빛을 띠게 됩니다. 밀폐된 가마를 만들지 못했던 신석기 시대나 청동기 시대 토기의 색깔이 붉은색인 것은 이 때문이지요. 그렇지만 고구려 사람들이 기술이 부족해 밀폐된 가마를 만들지 못했던 것은 아닙니다.

밀폐된 가마에서 회청색 기와를 구워 낼 수도 있었지요. 실제로 고구려 사람들이 만든 회청색 기와도 발견되었어요. 그렇지만 고구려 사람들은 대부분 가마에 일부러 공기를 불어넣어 기와를 붉은색으로 구웠어요.

붉디붉은 기와로 지붕을 인 건물을 상상해 보세요. 화려하면서도 장엄한 자태가 보

암키와 조각(연천 호로고루 출토)
바깥 면에는 기와 표면을 두드려 찍은 갖가지 무늬, 안쪽 면에는 기와를 구울 때 깔았던 삼베 자국이 선명하게 남아 있다.
맨 오른쪽 조각의 길이 23.3센티미터.

이나요? 고구려 사람들은 붉은색의 느낌을 활용해 건물을 화려하고 장엄하게 보이게 하려고 기와를 붉은색으로 구웠군요. 그리고 보니 평양성을 온통 붉게 물들이며 즐비하게 늘어선 궁궐, 관청, 사찰, 사당이 눈앞에 선하네요.

기와의 결합 방식

암키와는 평퍼짐한 모양으로 아래쪽에 놓이고, 수키와는 동그란 모양으로 암키와 가장자리를 감싸면서 위쪽에 놓인다. 그리고 처마 끝은 동그란 막새기와로 마감을 한다.

암키와(장군총 출토)
현재 너비 17.8센티미터, 높이 2센티미터.

수키와(연천 호로고루 출토)
본디 수키와 바깥 면에도 여러 가지 무늬가 찍혀 있었지만, 수키와의 바깥 면은 지붕 윗면으로 드러나기 때문에 빗물이 잘 흘러내리라고 평판으로 두드리거나 문질러 무늬를 지웠다. 길이 36센티미터.

막새기와(평양 출토)
처마 끝을 마감하는 막새기와는 기와지붕에서 눈에 가장 잘 띈다. 이에 고구려 사람들은 둥근 수막새 안에 화려한 연꽃을 수놓아 불심(불교를 믿는 마음)을 담거나 험상궂은 도깨비를 새겨 악귀를 쫓아내려고 했다. 윗줄 가운데 막새의 지름 21.5센티미터.

우리 곁의 기와지붕

기와집의 지붕 모양에는 맞배지붕, 우진각지붕, 팔작지붕과 그것을 응용한 다양한 모양이 있다. 앞으로 동네나 고궁, 유적지에서 기와지붕을 보면 종류를 구별해 보자.

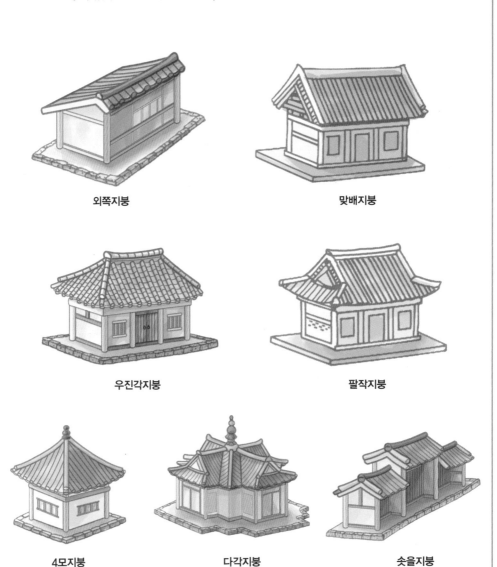

외쪽지붕

맞배지붕

우진각지붕

팔작지붕

4모지붕

다각지붕

솟을지붕

9

성의 나라가 되기까지

성곽으로 본 중·후기 지방 제도와 군사 제도

쌓고 또 쌓은 성들

여러분은 '고구려!' 하면 가장 먼저 무엇이 떠오릅니까? 광활한 영토가 떠오른다고요? 말 타고 달리는 씩씩한 무사의 모습도 떠오르고요?

저는 고구려 땅 곳곳에 즐비하게 늘어선 거대한 성곽들이 떠오른답니다. 그 때마다 성벽 위 초소를 지키던 늠름한 병사의 모습과 더불어, 성벽을 쌓느라 손발이 다 부르튼 상처투성이 아저씨의 야윈 얼굴도 떠오르지요. 바로 이 성곽에서 우리는 고구려라는 나라를 온전히 볼 수 있습니다.

고구려를 흔히 '성의 나라'라고 하지요. 지금도 그 옛날 고구려 땅이었던 중국의 랴오닝 성이나 지린 성 일대를 여행하다 보면 곳곳에서 고구려 성들을 만나게 됩니다. 이제는 여러분의 귀에도 상당히

철옹성(평안 북도 영변)
'철옹성처럼 튼튼하다'는 말을 들어 본 적이 있을 것이다.
철옹성은 '쇠독처럼 튼튼하다'는 뜻에서 이름 붙은, 실제 고구려의 성이다.

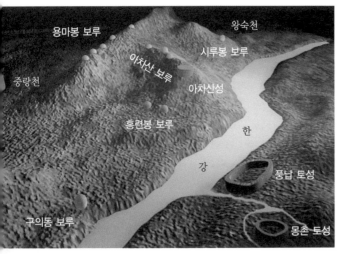

용마봉 보루
왕숙천
시루봉 보루
아차산 보루
중랑천
아차산성
홍련봉 보루
한
강
풍납 토성
구의동 보루
몽촌 토성

한강 유역의 고구려 보루

익숙해졌을 오녀산성(五女山城), 환도산성, 국내성, 백암성, 안시성, 천리장성 등등. 중국 학자들이 조사한 바에 따르면, 만주에만 200여 개에 이르는 고구려 성이 남아 있습니다.

북한에도 고구려 성이 많이 남아 있지요. 평양성, 대성산성, 황룡산성, 철옹성······.

최근에는 남한에서도 고구려 성이 속속 발견되고 있습니다. 한탄강가에는 아주 오랜 옛날에 용암이

구의동 보루 성벽
서울 광진구 구의동에서 발
굴된 보루는 475년부터 551
년까지 한강 유역을 점령했
던 고구려군의 초소다.

흘러내리면서 생긴 절벽을 따라 소규모 성곽이 늘어서 있고, 서울
동쪽 아차산에는 산마루를 따라 보루들이 촘촘히 서 있었지요. 남쪽
으로 한참 내려와 대전 근처의 금강변에서도 상당히 큰 고구려 산성
이 발견되었답니다.

 고구려 사람의 발길이 닿은 곳이라면 어디나 성이 버티고 서 있군
요. 이렇게 많은 성이 지켜 주었으니 왕족이나 귀족 같은 고구려의
지배층은 늘 마음이 든든했겠지요. 엄청난 대군이 아니라면 이렇게
많은 성을 뛰어넘어 도성까지 침공할 수는 없었을 테니까요.

 반면 내 나라 내 목숨을 지키는 일이긴 하지만, 무수한 젊은이들
이 성을 쌓느라 또 초소를 지키느라 얼마나 많은 피땀을 흘렸을까
요. 게다가 집에 두고 온 처자식 걱정에, 올해도 제때 씨를 뿌리지
못한 농사 걱정에 얼굴은 더욱 야윌 수밖에 없었겠지요.

▲ 고구려 산성

돌로 쌓을까? 흙으로 쌓을까?

고구려 성곽을 제대로 이해하기 위해서는 성벽을 어떻게 쌓았는지
부터 알아야 합니다.

성곽은 쌓은 재료에 따라 돌로 쌓은 석성(石城), 흙으로 쌓은 토성
(土城), 흙과 돌을 섞어서 쌓은 토석혼축성(土石混築城), 나무로 울타
리를 둘러친 목책성(木柵城) 등으로 나뉩니다. 고구려 사람들은 이
가운데 어떠한 성곽을 가장 즐겨 쌓았을까요?

정답은 없습니다. 그때 그때 형편에 맞게 재료를 구해 성벽을 쌓았
거든요. 가령 고구려가 태어난 압록강 중류 일대에는 험준한 바위산
이 많았습니다. 이 경우 가장 쉽게 구할 수 있는 재료는 당연히 돌이
었겠지요. 그래서 압록강 중류 일대에 가면 돌로 쌓은 석성을 많이
볼 수 있답니다.

석성은 오랫동안 산간 지대에서 생활하며 터득한 지
혜의 산물입니다. '고구려 문화의 원류는 돌로 쌓은 돌
무지 무덤'이라고 한 이야기가 생각납니까? 고구려
사람들은 일찍부터 돌을 가지고 저승 세계를 꾸몄
다고 했지요. 바로 돌무지 무덤을 쌓던 기술을 활
용해 석성을 축조한 것입니다. 그러니까 석성은
수입품이 아니라 고구려의 고유 브랜드로군요.
'메이드 인 고구려' 말입니다.

고구려는 일찍부터 토성도 쌓았습니다. 토성 축
조술은 본디 황허 유역의 황토 평원에서 생활하던
중국 사람들이 발명했답니다. 양쪽에 널빤지를 고정

토성을 쌓는 판축 공법
긴네모꼴 틀 안에 진흙 층
과 모래흙 층을 번갈아 쌓
으면서 그림에 보이는 나무
공이로 단단히 다졌다.

하고 그 사이에 진흙 층과 모래흙 층을 번갈아 가면서 다져 쌓는 판축 기법은 아주 뛰어난 축성법이지요. 지금도 높이가 수십 미터에 이르는 고구려 성의 거대한 토벽이 본디 모습을 간직하고 있을 정도이니까요.

토성을 쌓는 기술은 한 군현이 설치되면서 우리 나라에 들어왔답니다. 고구려 지역에서도 현도군이 설치되면서 토성이 축조되었는데, 이 때 토성 축조술을 익혔지요. 특히 고구려 사람들은 쑹화 강 유역이나 랴오둥 평원으로 진출하면서 토성을 많이 쌓았습니다. 이 곳에서는 돌보다 흙을 구하기가 훨씬 쉬웠거든요.

토석혼축성은 쌓는 방식이 여러 가지랍니다. 흙과 돌을 섞어서 쌓

기, 맨 아랫단 한가운데에 돌을 한 줄로 쌓고 흙을 덮기, 아래쪽에는
돌벽을 쌓고 위쪽에 흙벽을 쌓는 방식 등등. 토석혼축성은 순수한
석성이나 토성보다 쌓기 쉽고 공력도 적게 들기 때문에 가장 많이
만들어졌지요.

　　그렇지만 고구려 사람들은 같은 성에도 여러 축성법을 동시에 활용
한 경우가 많습니다. 랴오둥에 있는 가이저우(蓋州:개주) 고려성산성
을 예로 들면, 돌산인 남쪽 구간에는 돌벽을 많이 쌓은 반면 토산인 북
벽 구간에는 흙벽이 많고, 서쪽 골짜기 어귀에는 너비 60~100미터,
높이 20미터짜리 거대한 흙벽을 쌓았지요. 주변에서 구하기 쉬운 재
료를 사용해 저비용 고효율인 축성 시스템을 창출했군요.

성곽은 위치한 지형에 따라서도 여러 종류로 나뉩니다.

평지에 쌓았으면 평지성, 산에 축조했으면 산성, 양자를 결합했으면 평산성(평지성+산성), 좁은 골짜기에 난 길을 가로막고 쌓으면 차단성(관애), 국경 지대에 일렬로 기다랗게 쌓았으면 장성…….

이 가운데 평지성과 산성을 가장 흔히 볼 수 있지요. 평지성은 거주 공간이 넓고 물을 구하거나 물자를 보급하기 쉽지만, 외적을 방어하기는 힘들지요. 반면 산성은 방어에는 유리하지만, 물을 구하거나 물자를 보급하기에는 불리합니다.

각기 장단점이 있군요. 이에 고구려 사람들은 둘의 장단점을 잘 고려해 선택했답니다. 가령 평상시에 많은 사람이 거주하는 도성으로는 평지성이 적합했지요. 그렇지만 외적이 침입하면 이러한 평지성은 함락되기 쉽겠지요.

이에 일찍부터 도성에는 평지성과 산성을 모두 쌓았답니다. 평상시에 평지성에서 생활하다가 비상시에는 산성으로 들어가 외적을 방어한 것이지요. 중국 땅 지안의 국내성과 환도산성, 북한 땅 평양의 안학궁과 대성산성이 바로 그러한 산성입니다. 평지성과 산성을 짝으로 하는 도성 방어 체계를 구축한 셈이군요.

그렇지만 도성을 제외하면 대체로 산성을 훨씬 더 애용했답니다. 항상 주변의 여러 세력과 대결해야 했으니 방어를 먼저 생각할 수밖에 없었겠지요. 게다가 고구려의 발상지가 산간 지대였으니 산지가 훨씬 더 친숙했을 테고요.

그래서 랴오둥 지역을 가 보더라도, 고구려 성은 광활한 대평원이

산정식

오녀산성〔랴오닝 성 환런(桓仁 : 환인)〕

포곡식

변우산성〔랴오닝 성 번시(本溪 : 본계)〕

산복식

백암성〔랴오닝 성 덩따(燈塔 : 등탑)〕

마안봉식

태자성〔랴오닝 성 신빈(新賓)〕

아니라 산간 지대와 평지의 접경 지점, 안쪽 산에 위치한 것을 볼 수 있습니다.

　산성은 다시 산 정상에 있는 산정식, 골짜기를 감싼 포곡식, 산허리에 쌓은 산복식, 말의 안장처럼 생긴 마안봉식 등으로 나뉘지요. 이 가운데 산정식 산성은 산 위에 있어 방어에는 유리하지만 물을 구하거나 물자를 보급하기가 어렵습니다. 반면 포곡식 산성은 골짜기를 감싸고 있어 물이 풍부하고 다니기 쉽지요. 골짜기가 넓다면 많은 사람이 거주할 수도 있고요.

　이에 고구려 사람들은 용도나 시기에 따라 각기 다른 산성을 쌓았습니다. 가령 초기에는 압록강변의 마을에 거주하다가 외적이 침공하면 험준한 곳으로 피난해야 했습니다. 그래서 이 때에는 오녀산성과 같은 산정식 산성을 많이 축조했지요. 초기 산성은 주로 피난용이었던 셈입니다.

　그런데 각지로 진출해 지방 제도를 갖추면서 산성의 쓰임새도 바뀌게 됩니다. 방어뿐 아니라 각 지방을 다스리는 행정 중심지 기능도 수행해야 했거든요. 이제 산성에 지방관이나 관리들이 거주할 수 있어야 하고, 각지에서 거두어들인 물자도 보관해야 했습니다.

　이에 고구려 사람들은 군사 방어와 지역 거점 기능을 동시에 수행할 수 있는 지형을 찾아 나섰습니다. 바로 넓은 골짜기를 감싸면서 하천변의 평지를 끼고 있는 산 말입니다. 특히 산줄기에서 평지 방면으로 툭 튀어나온 지형을 선호했지요. 이런 곳은 들머리를 제외하면 3면이 가파른 산비탈이므로 방어에 유리하고, 들머리를 통해서는 평지로 쉽게 나갈 수 있거든요. 강이 가까우면 각지에서 배로 실어

**랴오닝 성 카이위안(開原)
의 고성자산성**
산 안의 골짜기에서 산 밖
으로 나오면 너른 들판이
펼쳐진다.

온 물자를 가져다 보관하기도 좋지요. 더욱이 골짜기가 넓거나 평탄
하다면 금상첨화이고요. 주변 여러 지역을 거느리는 핵심 거점으로
활용할 수 있으니까요.

　여러분이 많이 들어 보았을 안시성과 건안성, 신성 들은 바로 이
러한 지형에 자리 잡은 천혜의 요새지랍니다. 이러한 천혜의 요새지
에 자리 잡았으니, 수나라나 당나라의 수십만 대군이 몇 달을 공격
해도 꿋꿋하게 버틸 수 있었던 것입니다.

성으로 이루어진 방어 체계

고구려 성은 단순한 방어 시설이 아니라 각 지역을 다스리는 거점이
기도 했군요. 그러면 고구려가 어떻게 성을 거점으로 외적을 방어하

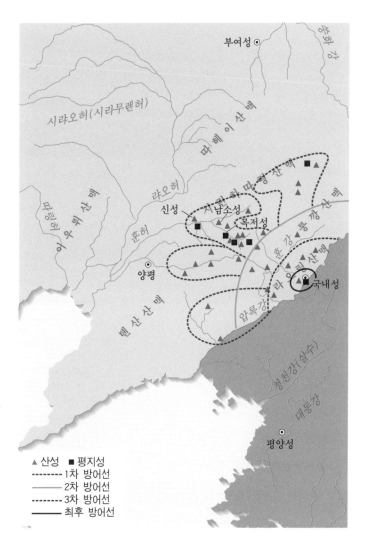

부여성 ⊙

시랴오허(시라무렌허)

라오허

신성

남소성

목저성

양평 ⊙

훈허

국내성

압록강

청천강(살수)

대동강

평양성 ⊙

▲ 산성 ■ 평지성
------- 1차 방어선
──── 2차 방어선
------- 3차 방어선
──── 최후 방어선

국내성 시기 방어 체계

고 넓은 영토를 다스렸는지 볼까요?

고구려가 일찍부터 평지성, 산성의 도성 방어 체계를 구축한 사실은 앞에서 이야기했지요. 나라를 세우면서 곧바로 성곽을 나라의 중심지로, 또 외적을 막는 방어 시설로 활용했지요. 국내성 주변의 성곽을 살펴보면 방어 체계의 짜임새에 다시 한 번 놀라게 됩니다.

국내성이 도성이었을 때, 가장 중요한 방어선은 물론 랴오둥 지역에서 국내성으로 진입하는 길목이었겠지요. 이에 국내성 외곽 라오링 산맥의 협곡로마다 차단성을 설치하고, 더 바깥으로 흐르는 훈 강 지류를 따라서도 방어성을 촘촘히 쌓았답니다. 국내성을 중심으로 동심원 모양 방어선을 겹겹이 구축한 것이지요.

훈허(渾河:혼하) 방면으로 진출한 뒤에는 하천 연안로를 따라 방어성을 축조했습니다. 이제 적군이 국내성까지 진입하려면 여러 방

어선을 통과해야 했군요. 혹시
돌파하더라도 독 안에 든 쥐 신
세가 될 수도 있었고요. 342년
전연군이 국내성을 함락하고도
황급히 퇴각한 것은 이 때문이었
지요.

평양으로 천도한 뒤에도 비슷
한 방어 체계를 구축했습니다.
랴오둥에서 평양성에 이르기까
지 방어선을 겹겹이 구축했지요.
다만 다른 점이라면, 서북방 국
경선이 랴오둥 평원을 따라 남북
으로 기다랗게 이루어졌다는 사
실입니다. 이전과 다른 방어 체
계가 필요한 부분이지요.

그래서 고구려는 대평원에서
랴오허의 지류들로 진입하는 모
든 길목에 성곽을 쌓았습니다.
그리고 이들을 서로 연결해 최전

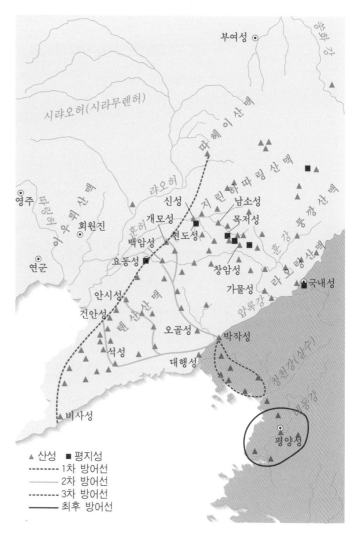

평양 천도 후 방어 체계

방 방어선을 구축했습니다. 그러고는 랴오허의 지류, 특히 톈산 산
맥을 거쳐 압록강에 이르는 구간에 성을 촘촘히 배치해 물샐틈없는
방어벽을 구축했지요.

이처럼 수많은 산성을 연결해 물샐틈없는 방어망을 구축했으니

10만, 아니 100만 대군도 겁나지 않았겠지요. 그리하여 고구려 침공을 논의하던 당나라 관리들도 "고구려는 산에 의지해 성을 잘 쌓았기 때문에 쉽게 함락할 수 없다"고 입을 모을 수밖에 없었답니다.

성에도 등급과 위상이 있다

이러한 고구려 성은 군사 방어성인 동시에 지방 행정의 중심지였다고 했지요. 성주들은 장군인 동시에 지방관이었습니다. 그래서 각 성에는 군대를 지휘하는 장대나 초소도 있었지만, 지방을 다스리기 위한 관아, 휘하의 여러 지방에서 거두어 들인 물자를 보관하는 창고도 있었답니다.

그래서 각 성은 전략적 중요도와 다스리는 지역 범위에 따라 등급이 매겨졌지요. 전략적 중요도도 높고 넓은 지역을 다스리면 최고위 지방관인 욕살이 다스리는 성, 그 다음으로 중요하면 처려근지가 다스리는 중간 등급의 성, 그리고 가장 말단은 누초라는 하급 지방관이 다스리는 성……. 대성(大城), 성(城), 소성(小城)은 각 성의 이러한 등급을 나타낸 명칭인 셈이지요.

욕살이 파견된 대표적인 대성에는 오골성이 있습니다. 현재 중국 랴오닝 성 펑청 현(鳳城縣:봉성현)에 있는 봉황산성이 이 곳인 듯한데, 성의 둘레만 16킬로미터에 달합니다. 사방이 깎아지른 바위산으로 둘러싸였고, 내부에는 평탄한 대지가 펼쳐지지요. 지금도 웬만한 중소 도시가 들어갈 정도이니 '대성', 곧 '큰 성'의 규모를 상상할 수 있겠지요?

고구려 성은 그냥 수만 많았던 것이 아니라 고구려를 지탱한 기둥이었군요. 고구려를 '성의 나라'라고 하는 까닭은 바로 이 때문입니다. 이에 고구려 사람들은 멸망하는 그 날까지 온 국력을 기울여 성을 쌓고 또 쌓았답니다. 성돌 하나하나에 생존을 향한 강렬한 열망을 담고서.

오골성
들머리를 제외한 3면이 깎아지른 바위산으로 둘러싸여 있다. 둘레만 16킬로미터로, 성 안에는 자그마한 도시가 자리 잡을 정도로 넓고 평탄한 땅이 펼쳐진다. 개울 오른쪽의 흙무지가 골짜기 들머리를 가로질러 쌓은 남쪽 성벽의 일부이다.

백성의 고단한 삶

고구려를 지탱하던 기둥인 성곽의 수가 많았던 만큼, 그것을 쌓느라

높다란 산마루의 비탈을 따라 석성이 우뚝 서 있다.

또 지키느라 무수한 젊은이들이 피땀을 흘렸겠지요. 때로는 아까운 목숨을 잃기도 했을 테고요. 지금 우리로서는 쉽게 상상할 수 없을 정도로 고달프고 힘든 삶이 고구려 백성 앞에 있었을 것입니다.

봉상왕은 15세 이상인 남녀를 동원해 궁궐을 고쳤다고 합니다. 백제나 신라의 예로 보아 고구려 백성도 15~16세가 되면 공사에 동원되었던 것 같습니다. 무려 60세가 되어야 동원되지 않았지요. 물론 이러한 부역은 백성의 의무였기 때문에 오늘날과 달리 일한 대가로 받는 임금 같은 건 없었어요. 오히려 일하면서 먹을 양식도 각자 준비해야 했답니다. 또한 성인 남자는 직접 전쟁터에 나가 목숨을 걸고 싸워야 했습니다.

고구려 초기에는 전쟁 참가가 전리품을 얻는 특권이었다고 이야기한 것이 생각납니까? 전쟁의 성격이 약탈전이었을 때는 그러했지요. 그래서 일반 백성은 식량만 날랐고, 무기를 스스로 마련할 수 있을 정도로 부유한 자들만 전사가 되었지요.

그런데 4세기를 전후해 국가 체제와 전쟁의 성격이 바뀌었습니다. 지방 제도가 정비됨에 따라 전쟁의 성격도 영토를 넓히는 정복 전쟁으로 바뀌었거든요. 이에 따라 새로운 영토를 개척하고, 또 주변국과의 치열한 전쟁에서 살아남기 위해 노비를 제외한 모든 성인 남자를 병사로 징발했답니다. 한 번 군대에 가면 대략 3년을 복무했는데, 전쟁이라도 일어나면 제대가 연기되기 일쑤였지요.

백성의 의무는 여기에서 그치지 않았습니다. 갖가지 세금을 내야 했거든요. 오늘날에는 소득이나 재산, 그리고 상품에 세금을 매깁니다. 그런데 고구려 시대에는 사람 그 자체에 세금을 매겼습니다. 흔히 '사람 머리 수'에 따라 세금을 냈다고 해 '인두세(人頭稅)'라고 하지요.

중국의 역사책 《수서》를 보면, 고구려 백성들은 성인 한 사람마다 1년에 삼베 5필과 곡식 5석을 세금으로 냈다고 합니다. 여기에다 추가로 빈부 차이를 고려해 잘사는 집은 곡식 1석, 그 다음 집은 곡식 7두, 가난한 집은 곡식 5두를 매겼지요. 그러니까 빈부 차이를 고려해 집집마다 매긴 세금보다 사람의 머리 수를 기준으로 부과한 인두세의 비중이 훨씬 높았군요.

세금을 이렇게 부과한 것은 농사 짓는 기술이 낮아 논밭에서 거두는 곡식의 양이 일정하지 않았기 때문이지요. 소득이나 재산보다 사람에게 세금을 부과하는 것이 가장 확실했거든요. 다만 빈부 차이가 점차 벌어지자, 경제력을 고려해 세금을 매기는 방식도 약간 도입한 것입니다.

필(匹)
일정한 길이로 짠 옷감 등의 단위.

석(石)
곡식을 가늠하는 단위.

두(斗)
곡식이나 액체의 분량을 가늠하는 단위.

그러니 못사는 사람일수록 상대적으로 훨씬 더 무거운 짐을 지고 살았겠군요. 게다가 특산물까지 바쳐야 했으니 마음껏 허리 펼 날도 거의 없었을 것입니다. 거대한 제국의 영광 뒤에는 무수한 백성의 고단한 삶의 그림자가 짙게 드리워 있었던 것입니다.

그 웅장하다는 평양성의 성돌에서 발견된 글귀는, 한평생 이리저리 끌려다니다가 끝내 나라에 볼모로 붙잡힌 고구려 백성의 고단한 삶을 떠올리게 합니다.

569년 5월 28일 처음 공사를 시작했는데, 서쪽으로 11리 구간은 소형(小兄) 상부약모리(相夫若牟利)가 쌓는다.

상부약모리란 사람의 감독을 받으며 성벽을 쌓았을 백성들의 상처투성이 얼굴이 떠오르지 않나요? 만약 성벽이 무너지기라도 하면 지친 몸을 이끌고 다시 성벽을 복구하고, 그것도 모자라 벌을 받아야 했지요. 성의 나라로 불리기까지 얼마나 많은 백성이 고통스런 피땀을 흘렸는지 알겠지요.

우리가 진정으로 고구려 역사를 이해하려면 성돌 하나 하나에 스민 거대한 제국의 생명력과 함께, 이것을 쌓다가 상처를 입거나 죽어 간 백성의 고통도 가슴 깊이 새겨야 할 것입니다. 고구려 역사를 발전시킨 진정한 원동력은 바로 이름 없는 수많은 백성의 피땀이기 때문입니다.

현장 방문 - 돌로 튼튼한 성벽 쌓기

그림 고구려 사람들이 돌을 가지고 성벽을 쌓는 현장을 방문해 볼까요? 고구려 특유의 뛰어난 축성술을 느껴 보세요.

돌 캐기

돌로 성벽을 쌓기 위해서는 먼저 바윗돌을 깨뜨려야겠지요. 이 때 고구려 사람들은 아주 과학적인 방법을 사용했답니다. 물과 나무의 원리이지요. 바위의 결을 따라 구멍을 죽 뚫고 그 구멍에 나무 막대를 박은 다음 물을 부으면, 나무 막대가 물을 빨아들여 부풀어오르면서 바위에 금이 생겨 갈라지는 원리 말입니다.

성돌 다듬기

이렇게 깨뜨린 바윗돌을 쓰임새에 따라 다양한 모양으로 다듬었습니다. 가장 아랫부분에 놓는 성돌은 거대한 크기로, 모양은 긴네모꼴로 다듬었지요. 성벽의 육중한 무게를 지탱하려면 웬만한 크기로는 안 되었겠지요.

성벽 바깥 면에 쌓을 성돌(面石 : 면석)은 길쭉하면서 앞쪽은 넓고 뒤쪽은 뾰족한 쐐기형으

북꼴 성돌   쐐기형 성돌

오녀산성 동쪽 벽
쐐기형 성돌이 떨어져 나가 안쪽의 북꼴 성돌이 드러나 보인다.

백암성 북쪽 벽의 치 모서리
랴오닝 성 등탑현(燈塔縣)

로 다듬었어요. 그 바로 안쪽에 끼우는 성돌은 양 끝이 뾰족한 북꼴
(베틀의 북과 같은 모양)로 다듬었고요. 쐐기형 성돌과 북꼴 성돌을 맞
추면 톱니바퀴처럼 꽉 맞물려 아주 견고한 성벽이 만들어지도록 말
입니다.

성벽이나 치의 모서리에 사용할 성돌이라면 바깥 면을 둥그스름
하게 다듬었지요. 그래서 성벽이나 치성 모서리는 보통 아주 예리한
각도로 꺾이게 마련인데, 고구려 성벽의 모서리는 항상 아름다운 곡

치(雉)

성벽에서 직각으로 튀어나
온 벽을 일컫는다.

선을 그린답니다.

　성돌을 다듬다 보면 크고 작은 돌덩이나 부스러기가 많이 나오는데, 이런 것도 버리지 않고 성벽 안을 채우는 속채움돌로 활용했답니다.

성돌 운반

이제 공사장으로 성돌을 날라야겠군요. 겨울이라면 미끄러운 빙판이나 눈길에 돌을 미끄러뜨려 조금 손쉽게 날랐을 텐데, 다른 계절에는 할 수 없이 수레로 날라야 했겠군요. 가파른 산비탈이라면 성돌을 한 개씩 짊어지거나 메어서 날라야 했고요. 이 때 성돌이 굴러떨어지기라도 한다면? 생각만 해도 끔찍하지요. 얼마나 많은 사람이 목숨을 잃을지 모르는 일이에요.

　그러고 보니 성돌을 운반하는 일이 가장 힘들었겠군요. 위험하기도 하고요. 그래서 되도록이면 성 가까운 곳에서 돌을 캘 곳(채석장)을 찾았답니다. 경우에 따라서는 성벽 바로 옆에서 돌을 캐기도 했고요. 지금도 백암성에 가 보면 성벽 바로 옆에 성돌을 캔 흔적이 남아 있답니다.

성벽 쌓기

그럼 이제 성벽을 쌓아 볼까요? 먼저 땅을 깊이 파고 자갈이나 잔돌을 채워서 성벽 기초를 튼튼하게 다져야겠지요. 그리고 가장 아래쪽

외면 쌓기(왼쪽)와 양면 쌓기

에 거대한 긴네모꼴 성돌을 2~3단 쌓아 기단부를 만든 다음, 그 위로 성벽을 한 층씩 차곡차곡 쌓아올립니다. 바깥 면에 쐐기형 성돌을 가지런히 쌓고, 쐐기형 성돌 사이의 홈에 길쭉한 북꼴 돌을 끼웁니다. 그리고 틈새마다 크고 작은 돌덩이와 잔돌을 끼워 넣으니, 조금씩 튼튼한 성벽의 형태가 드러나기 시작하네요.

이 때 경사가 급한 산비탈이라면 바깥쪽에만 성벽을 쌓고 안쪽에는 돌덩이나 흙을 채워 넣으면 되지요(외면 쌓기=내탁식). 평평한 곳이라면 안팎 양면에 모두 성벽을 쌓고 그 사이에 돌덩이나 흙을 채워 넣어야 하고요(양면 쌓기=협축식).

이렇게 지형에 따라 성벽 쌓는 방식도 달랐군요.

노동자 수십 명이 젖 먹던 힘까지 다해 성돌을 들어 올리고, 차곡차곡 쌓기를 한참 하니 성벽이 제법 높아졌네요. 그런데 성벽을 가만히 들여다보니 재미있는 사실이 몇 가지 눈에 띄는군요. 먼저 성돌 크기를 보니 아래에서 위로 올라갈수록 조금씩 작아졌어요.

  또한 위로 올라갈수록 성벽을 조금씩 안쪽으로 들여 쌓았네요. '퇴물림 쌓기'라는 것인데, 고구려 성벽의 중요한 특징 가운데 하나 이지요. 성벽을 맨 아랫단에서 맨 윗단까지 똑바로 쌓는다면, 맨 아 랫단이 위의 돌 무게를 모두 받쳐야 하니 압력이 엄청나겠지요? 압 력이 더해지다 보면 성벽이 무너질 수도 있어요. 퇴물림 쌓기는 압 력을 많이 받는 아랫단을 넓게 쌓고, 또 위로 갈수록 조금씩 안쪽으 로 들여 쌓아, 아래로 가해지는 압력을 분산하여 성벽을 견고하게 하는 기술이랍니다. 바깥쪽 성돌을 쐐기형으로 다듬는 것도 압력을

퇴물림 쌓기로 쌓은 백암성 북벽과 치
12단 정도까지는 마치 계단 처럼 층층이 들여 쌓다가, 그 위로는 조금씩 들여 쌓되 이 음새를 매끈하게 했다. 적병 이 성벽을 타고 올라오지 못 하도록.

그렝이 공법을 이용하여 쌓은 성자산산성 북쪽 성벽
라오닝 성 시펑(西豐 : 서풍).
성벽을 쌓다가 거대한 바위가 나타나면 그대로 천연 성벽으로 활용했다.

분산하기 위해서이지요. 퇴물림 쌓기는 장군총과 같은 거대한 돌무지 무덤에서도 볼 수 있답니다.

또 성을 쌓을 곳에 커다란 바위가 나타나도 이것을 없애지 않고 성벽의 일부로 활용했군요. 이 때 바위 모양에 맞게 성돌을 다듬어 자연 암반과 인공 성벽을 하나로 결합했는데, 이러한 기술을 '그렝이질'이라고 하지요. 만약 깎아지른 절벽이 나타나면 그대로 천연 성벽으로 활용했습니다. 손가락 하나 까딱하

석대자산성 동쪽 성벽
랴오닝 성 선양(瀋陽:심양).
기울어진 암반 위에 쌓은 성
벽이 수평으로 가지런하다.

지 않고 거대한 성벽을 축조한 셈이니, 가장 뛰어난 축성술이라고
할 수 있겠네요.

그러면서 고구려 사람들은 성벽을 수평으로 쌓았습니다. 아무리
경사가 기울어진 암반이라도 심혈을 기울여 성돌을 수평으로 가지
런하게 쌓았지요. 고구려 성벽이 천 수백 년의 세월을 뛰어넘어 오
늘날까지 그 웅장한 자태를 자랑하는 까닭은 바로 이렇게 뛰어난 축
성술 덕분이랍니다.

고구려 산성

저수지
성 안에서 오래 버티려면 식량과 함께 물이 가장 중요하다. 이에 산성은 물이 흐르는 골짜기를 끼고 있거나 성 안에 샘이 있어야 한다.

망루
성벽 모서리나 툭 튀어나온 곳에 있는 감시 초소.

성 내부에는 지방 관아, 사찰, 시조를 모신 사당, 병사들의 막사, 민가 들이 자리 잡고 있다.

성가퀴
아군이 성벽 위에서 몸을 숨기고 적을 공격하기 위한 시설.

치(雉)
성벽에서 직각으로 튀어나온 벽. 성벽까지 다가온 적을 옆면에서 공격할 수 있다. 평지성이나 굴곡이 없는 산성에 구축한다.

동단산성 동벽 바깥의 참호
지린 성 지린 시. 양켠 둑 사이로 움푹 팬 곳이 참호이다.

성자산산성 서벽 바깥의 참호
랴오닝 성 랴오위안(遼源 : 요원).

성문

성 안팎으로 드나드는 문. 성의 얼굴이기 때문에 기와를 올린 화려한 문루를 짓는다. 문이 뚫리면 곧바로 성이 함락될 수 있기에, 문 앞까지 진격한 적을 옆에서 공격할 수 있도록 옹성을 설치한다. 골짜기를 둘러싼 산성일 경우에는 골짜기 어귀 안쪽에 성문을 내어, 성문 양편의 산등성이를 천연 옹성으로 삼기도 한다.

최진보산성 남문 부근

랴오닝 성 티에링(鐵嶺 : 철령). 남쪽 성벽을 골짜기 안쪽에 들여 쌓아 남문 양편의 산등성이를 천연 옹성으로 삼았다.

옹성

장대
성 안팎을 모두 바라볼 수 있는 곳에 있는 지휘관의 지휘소.

해자

성벽 바깥에 도랑을 파고 물을 채워 넣은 방어 시설. 평지성(국내성·요동성 등)에만 있다. 산성에는 대신 참호를 만들었다. 강을 끼고 있는 도성인 경우, 강이 천연 해자 노릇을 하기도 한다. 평양성을 둘러싼 대동강이 바로 그렇다.

국내성 북벽 바깥의 해자 터

고구려에 목책성은 없었나?

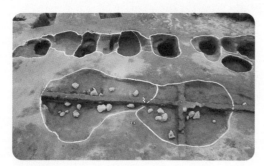

청원 남성골 유적
줄지어 뚫린 구멍이 바로 목책이 있었던 흔적이다.

《삼국사기》〈고구려본기〉를 보면, 두만강 하류 지역에 '책성(柵城)'이 있었다고 한다. 나무 울타리를 뜻하는 '책(柵)'이라는 글자가 들어간 것으로 보아 목책성이었다고 여겨진다. 또한 최근에는 금강 유역의 청원 남성골에서 거대한 고구려 목책성 유적이 발견되기도 했다. 고구려 사람들은 석성이나 토성을 즐겨 쌓으면서도 때로는 목책성도 쌓았던 것이다.

삼국 가운데 목책성을 가장 즐겨 쌓은 나라는 백제다. 《삼국사기》〈백제본기〉에는 목책(木柵)을 쌓았다는 기록이 자주 나온다. 서울시 송파구에 있는 백제 유적 몽촌 토성에서도 목책의 흔적이 발견되었다.

사실 이러한 목책성은 청동기 시대부터 즐겨 쌓던 방어 시설이다. 목책은 석성이나 토성에 비하면 낡은 축성 방식인 셈. 달리 표현하면 고구려가 일찍부터 석성이나 토성 같은 최신 축성술을 익혔다는 말이 된다.

이러한 최신 축성술은 고구려가 동북아의 중심 국가로 발돋움하는 밑거름이 되었을 터. 그리고 백제나 신라도 점차 고구려의 축성술을 받아들여 견고한 석성을 쌓기 시작했다.

몽촌 토성의 목책성을 오늘날 되살려 놓았다.

고구려에는 3경(京)이 있었다는데?

고구려는 평양성뿐 아니라 옛 도성인 국내성, 그리고 한성(漢城)도 도성처럼 꾸몄다. 국내성이나 한성은 평양성처럼 번화했을 뿐 아니라 행정 구역도 도성을 본떠 구성했다. 그래서 평양성, 국내성, 한성을 합쳐 3경(京)이라 했다.

고구려가 멸망할 때까지 국내성이 번성했던 사실은 지안 분지에 귀족들의 벽화무덤이 몰려 있는 점을 봐도 잘 알 수 있다.

또한 황해도 신원에서는 한성으로 여겨지는 대규모 도시 유적이 발견되었다. 그런데 신원에도 평양성처럼 평지에 도시를 건설하고, 뒤쪽 장수산에 산성을 쌓은 점이 재미있다. 방어 체계도 도성을 본떠 구축한 것. 그러니 또 다른 서울이라는 뜻에서 평양성과 더불어 '3경'이라 한 것도 당연하다 하겠다.

'한성', '후부'란 글자가 새겨진 평양성 성돌
'한성하후부(漢城下後部)'라는 글자가 있어 평양성의 행정 구역을 본떠 한성에도 '후부(後部)'를 설치했음을 보여 준다.

10

고분 벽화에 담긴 고구려 사람의 삶과 생각

벽화로 본 고구려 중·후기의 문화

고분 벽화, 고구려 문화를 읽는 열쇠

앞의 8장에서 고구려 옛 무덤의 벽화(고분 벽화)를 보았지요? 하지만 8장에 나온 게 다가 아니랍니다. 여러분 중에는 이미 다른 고분 벽화를 본 친구도 있을 것입니다.

춤 무덤(무용총)의 춤추는 아가씨와 합창단, 씨름 무덤(각저총)의 씨름하는 장사들, 쌍기둥 무덤(쌍영총, 남포시 용강군 용강읍에 있음)의 늠름한 기마 무사, 그리고 마치 살아서 꿈틀거리는 듯한 강서 큰무덤(강서대묘, 남포시 강서 구역 삼묘리에 있음)의 청룡·백호·주작·현무……

교과서나 역사책에 자주 나오는 장면들입니다. 게다가 중국과 국교를 맺고, 북한과 교류가 활발해지면서 중국 땅이나 북한 땅에 있는 고분 벽화를 찍은 사진 전시회도 자주 열립니다. 그러다 보니 신문이나 텔레비전을 통해서 고구려 고분 벽화를 볼 기회도 많아졌고요.

성곽이 고구려를 지탱한 기둥이었다면, 고분 벽화는 고구려 문화를 이해하는 열쇠라 할 수 있습니다. 그만큼 고분 벽화에는 고구려 사람들이 생활하거나 여가를 즐기던 모습, 그들의 세계관과 우주관, 이승 다음에 펼쳐질 저승 세계에 대한 생각 등이 오롯이 담겨 있답니다.

이승에서 함께 살던 가족을 저승으로 떠나 보내는 것만큼 가슴 저미는 일도 없을 것입니다. 그래서 고대 사람들은 죽은 이를 저승 세계로 보낼 때, 이승에서 못 다 누린 삶에 대한 아쉬움, 그리고 저승에 가서 영생을 누리기를 바라는 마음을 다양한 형태로 표현하곤 했지요.

그러니까 무덤 속 벽화에는 고구려 사람들의 실제 생활 모습과 상상의 세계가 모두 담겼겠군요. 현실 세계와 관념 세계의 복잡한 어우러짐, 고분 벽화는 이 복잡함 때문에 더욱 주목을 받는답니다. 문화란 바로 현실 세계와 관념 세계를 아우른 총체이거든요.

벽화에 담는 세계는 끊임없이 바뀌고

지금까지 벽화가 있는 것으로 조사된 고구려 무덤은 100기 가까이 됩니다. 가장 많은 곳은 마지막 수도였던 평양과 그 남쪽의 안악 부근으로 현재 70여 기 이상을 확인했습니다. 다음으로는 두 번째 수도였던 지안 일대에서 30여 기가 확인되었고, 최근에는 첫 번째 수도였던 환런에서도 1기가 발견되었습니다.

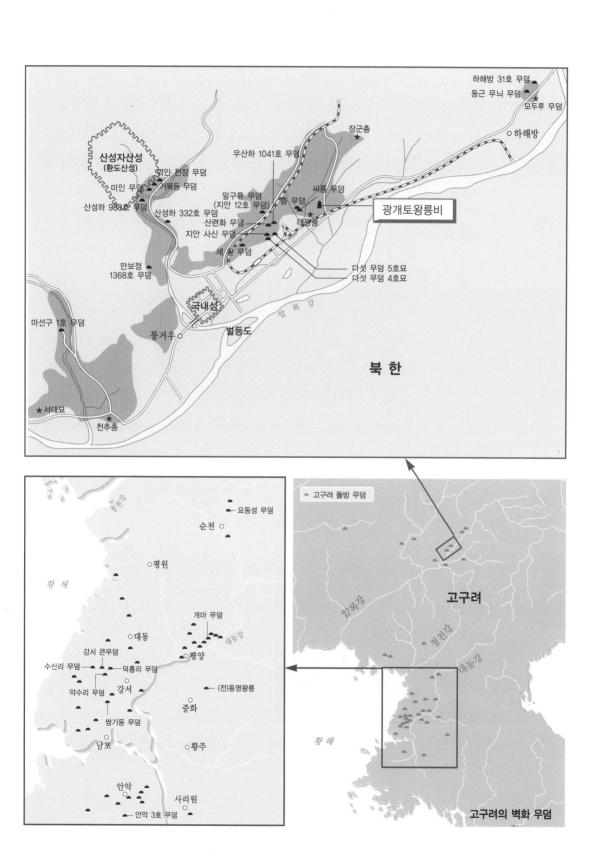

하해방 31호 무덤
둥근 무늬 무덤
모두루 무덤
하해방
장군총
우산하 1041호 무덤
산성자산성
(환도산성)
꺾인 천장 무덤
미인 무덤
거북등 무덤
말구유 무덤
(지안 12호 무덤)
씨름 무덤
춤 무덤
산성하 983호 무덤
산성하 332호 무덤
산련화 무덤
지안 사신 무덤
태왕릉
광개토왕릉비
세칸 무덤
만보정
1368호 무덤
다섯 무덤 5호묘
다섯 무덤 4호묘
국내성
압록강
마선구 1호 무덤
퉁거우
벌등도
북 한
서대묘
천추총

청천강
요동성 무덤
순천
평원
황 해
개마 무덤
대동
대동강
강서 큰무덤
평양
수산리 무덤
덕흥리 무덤
약수리 무덤
강서
(전)동명왕릉
쌍기둥 무덤
중화
남포
황주
안악
사리원
안악 3호 무덤

고구려 돌방 무덤
압록강
고구려
청천강
대동강
황 해
고구려의 벽화 무덤

고분 벽화들은 다 같은 시대에 만들어진 게 아닌 만큼 그 내용도 한결같지 않습니다. 세월이 흐르면서 사람들의 생활 환경이나 생각도 바뀌었을 테고, 그에 따라 그들이 벽화에 담는 세계도 바뀌었을 것입니다. 그리하여 우리는 타임머신을 타고 시대를 여행하는 것처럼, 무덤 속 벽화를 통해 여러 시기에 걸친 고구려 사람들, 그리고 그들의 생활상과 생각을 만날 수 있답니다.

무덤 속 벽화를 통해 만나는 고구려 사람들의 세계는 대략 세 시기로 나눌 수 있습니다.

1기─생전 모습 그대로 영생을 누리소서

첫 번째는 4세기에서 5세기 전반에 걸친 시기입니다. 무덤 속에 벽화를 처음 그리던 시기이지요. 고구려가 국가 체제를 정비하고 영토를 본격적으로 넓히던 시기이기도 하고, 또 돌방 흙무덤이라는 새로운 무덤을 본격적으로 만든 시기이기도 합니다.

춤 무덤 안칸
사냥하는 그림을 그린 벽 앞에 시신을 안치했던 돌널이 보인다.

고구려 사람들은 돌무지 무덤을 쌓아 저승 세계를 만들었다고 했지요. 돌무지 무덤이 거대해지면서 태왕릉이나 장군총 같은 왕릉급 대형 돌무지 무덤이 나타났고요. 그렇지만 돌로 거대한 무덤을 만드는 것은 굉장히 어려운 일입니다. 특히 죽은 이의 저승 세계를 잘 꾸미기 위해서는 시신을 놓을 널방을 크게 만들어야 하는데, 무거운 돌을 덮으면 무덤이 무너져 내리기 일쑤였지요.

그래서 돌로 무덤 방을 쌓고 흙으로 덮는 돌방 흙무덤을 만들기 시작했지요. 그리고는 죽은 이가 영생을 누릴 무덤 방에 생전에 살던 모습을 그대로 되살려 보였답니다. 저택의 구조를 본떠 무덤 칸을 여러 개 만들고, 모서리와 벽면에 기둥과 들보를 그려 무덤 안 전체를 목조 가옥처럼 꾸몄습니다.

그런 다음 무덤 안에서 영생을 누릴 주인공을 그렸지요. 혼자 앉아 있는 모습, 여러 부인과 나란히 앉아 있거나 식사를 하는 모습, 손님과 담소를 나누는 모습……. 초상화의 모습도 여러 가지군요. 때로는 부인의 자리가 빈 경우도 있는데, 부인이 죽은 다음 그리려다가 사정이 생겨 못 그렸나 봅니다.

안악 1호 무덤 벽화의 기둥과 들보(왼쪽)
마치 나무로 지은 건물인 양 모서리와 벽면에 기둥과 두공, 그리고 들보를 그렸다.

덕흥리 벽화 무덤의 안칸 북쪽 벽에 있는 그림(오른쪽)
주인공의 옆자리가 비어 있다.

사냥 무덤(수렵총)의 안칸 북쪽 벽에 있는 그림
아래 그림은 위 그림의 선을 따서 베낀 것이다.
무덤의 주인공이 세 부인과 나란히 앉아 있다.

주인공과 그가 누렸던, 또 누리기를 바라는 삶의 모습을 그렸으니, 이제 죽은 이가 새로운 삶을 살아가는 데 필요한 것을 그려야겠군요. 수레, 소나 말, 곳간, 부엌, 우물, 고깃간, 방앗간……. 물론 일할 사내종이나 계집종, 시중을 들 시종들도 그려야지요.

살림살이를 갖추었으니 부귀 영화를 누리는 모습도 그려야겠군요. 위세를 한껏 뽐내며 대규모

232 고구려

행렬에 둘러싸여 어딘가로 가는 장면, 남녀 시종의 시중을 받으며
놀이나 춤을 즐기는 장면, 연못가에서 칠보 공양(금, 은, 유리 등 일곱
가지 보물을 바치며 불공을 드리는 불교 의례)을 드리는 장면, 들판을 달
리며 사냥하는 장면…….

첫 번째 시기에는 주인공이 생활하던 모습을 주로 그렸군요. 그래
서 흔히 생활 풍속계 고분 벽화라고 하지요. 357년에 만들어진 안악
3호 무덤, 408년에 만들어진 덕흥리 벽화 무덤이 대표적인 사례랍
니다. 씨름 무덤, 춤 무덤도 여기에 속하고요.

**덕흥리 벽화 무덤의
칠보 공양 장면**

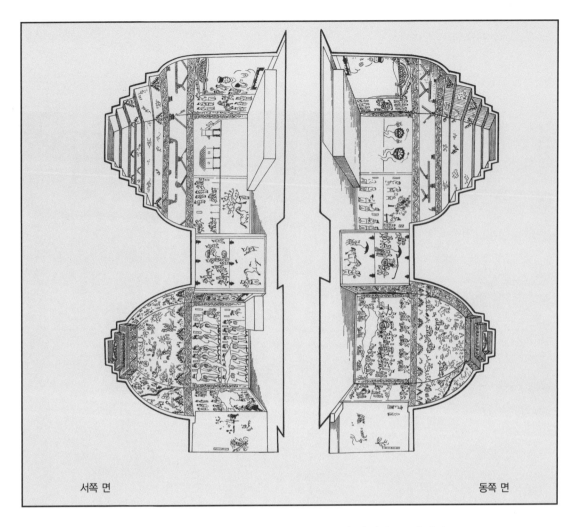

서쪽 면   동쪽 면

**덕흥리 벽화 무덤을
투시한 그림**

이렇게 생전의 모습을 많이 그린 까닭은 무엇일까요?

고대 사람들은 현재의 삶이 저승에서도 영원히 이어진다고 믿었
답니다. 그래서 부여에서는 왕이나 귀족이 죽으면 노비를 순장했지
요. 저승에서도 노비의 시중을 받으며 부귀 영화를 누리라고 말입니
다. 신라 사람들이 경주의 무덤에 그토록 화려한 물건을 많이 껴묻
은 것도 이러한 생각 때문이지요.

그러다가 사람들은 이승의 사람이나 물건이 저승에서는 별 쓸모
가 없다는 것을 깨닫게 됩니다. 이에 값비싼 실제 물건 대신 작게 만
든 모형을 껴묻거나 그림으로 표현하기 시작했습니다. 고분 벽화에

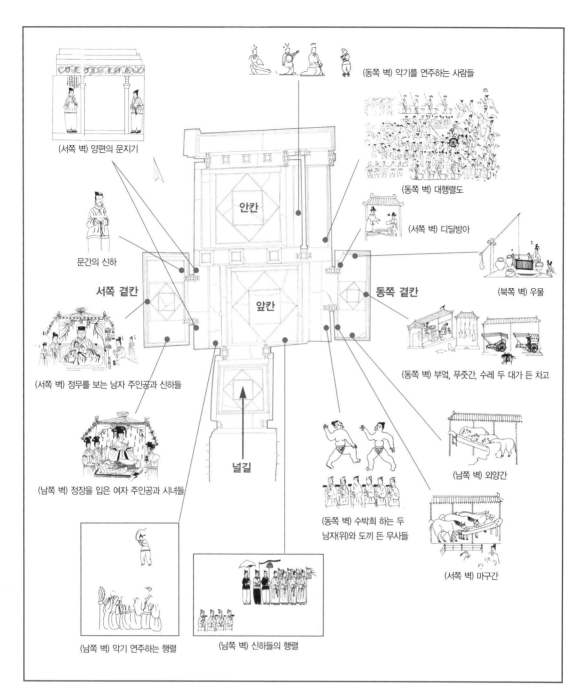

(동쪽 벽) 악기를 연주하는 사람들

(동쪽 벽) 대행렬도

(서쪽 벽) 양편의 문지기

(서쪽 벽) 디딜방아

안칸

문간의 신하

(북쪽 벽) 우물

서쪽 곁칸

앞칸

동쪽 곁칸

(서쪽 벽) 정무를 보는 남자 주인공과 신하들

(동쪽 벽) 부엌, 푸줏간, 수레 두 대가 든 차고

널길

(남쪽 벽) 외양간

(남쪽 벽) 정장을 입은 여자 주인공과 시녀들

(동쪽 벽) 수박희 하는 두 남자(위)와 도끼 든 무사들

(서쪽 벽) 마구간

(남쪽 벽) 악기 연주하는 행렬

(남쪽 벽) 신하들의 행렬

생전의 모습을 그토록 열심히 그린 까닭은 바로 이 때문입니다. 현
생의 부귀 영화를 저승에서도 계속 누리기를 바라는 간절한 소망을
무덤 속 벽화에 담은 것이지요.

안학3호 무덤의 구조

2기 – 정토왕생의 간절한 소망을 연꽃 무늬에 담아

두 번째는 5세기 후반에서 6세기 초반에 걸친 시기입니다. 이 때는 생활 풍속계 벽화를 계속 그리는 가운데 장식 무늬나 사신도라는 새로운 소재가 등장하게 됩니다. 특히 생활 풍속계 벽화가 서서히 물러나고 그 자리를 장식 무늬가 메워 간 것이 눈에 띕니다.

가령 모서리나 벽면에 기둥과 들보를 그려 여전히 무덤 안을 목조 가옥처럼 꾸몄지만, 생활 풍속 그림의 비중은 현저히 줄어들고 장식 무늬의 비중이 늘었습니다. 두 칸 무덤인 경우 앞방은 생활 풍속 공간으로 남겨 두지만, 시신을 놓은 널방은 장식 무늬만으로 수놓은 경우가 많습니다.

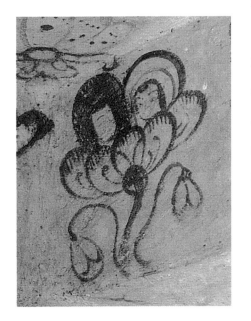

연화화생도
장천 1호 무덤 앞칸 천장, 지린 성 지안에 있다.

동심원 무늬, '왕(王)' 자 무늬, 연꽃 무늬, 구름 무늬, 용 무늬, 잎을 부채꼴로 펼친 인동 덩굴 무늬 들이 이 때 그려진 장식 무늬입니다. 이 가운데 연꽃 무늬를 주제로 한 경우가 특히 많습니다. 5세기에 이르러 불교가 널리 퍼진 결과이지요. 불교에서 연꽃이란 극락 정토에서 새롭게 태어나는 것을 상징하거든요.

어린 남녀 아이가 연꽃에서 태어나는 모습을 그린 연화화생도는 주인공 부부가 극락에서 다시 태어나 같이 잘 살기를 바라는 소망을 담았지요.

동심원 무늬

왕(王) 자 무늬

연꽃 무늬

구름 무늬

안악 2호 무덤의 안칸 서북벽 모서리와 벽면
대들보와 기둥은 화려한 구름 무늬로 장식하고 그 위 벽면에는 연꽃 무늬를 그렸다. 황해 남도 안악군 대추리에 있다.

고구려 벽화의 장식 무늬

물결 모양 구름 무늬

연꽃 무늬를 둘러싼 구름 무늬

용 무늬

인동 무늬

오체투지로 예불하는 그림
장천 1호 무덤 앞칸 천장

그 소망이 얼마나 간절했으면 머리와 팔다리를 모두 땅에 붙인 오체투지 자세로 부처님께 예불을 드렸을까요?

이제 고구려 사람들은 더 차원 높은 내세를 생각하기 시작한 것입니다. 단순히 현세의 삶이 그대로 저승 세계로 이어지는 것이 아니라, 극락 정토라는 새로운 세계가 열린다고 말입니다.

이러한 내세관의 변화는 거꾸로 현세를 바라보는 눈도 바꾸어 놓았습니다. 흔히 고구려 고분 벽화의 특징으로 신분에 따라 사람의 크기를 다르게 그린 사실을 들 수 있습니다. 초창기 고분 벽화를 보면 주인공에 비해 시종의 크기를 1/16로 그린 경우도 있답니다. 현세의 엄격한 신분 차이를 무덤 속 벽화에서는 인물의 크기로 나타낸 것이지요.

그런데 이 시기에 들어오면 벽화 속 인물의 크기 차이가 줄어들거나 아예 사라집니다. 더불어 무덤의 주인 부부만 화려한 차림으로 그린 초상화도 사라지지요. 극락 왕생이라는 불교식 내세관이 널리 퍼짐에 따라, 적어도 무덤 안에서는 신분 사이의 엄격한 경계선이 조금 느슨해진 셈입니다.

수산리 벽화 무덤의 나들이 장면
5세기 후반의 무덤인 수산리 벽화 무덤을 보면 무덤의 주인 부부에 비해 시종이나 놀이꾼들을 매우 작게 그렸다.

춤 무덤(4세기 말~5세기 초) 안칸 천장의 하늘 세계
둥근 무늬들이 별이다. 오른쪽 사진의 가운데 동그라미 안에 다리 셋 달린 까마귀 그림은 '해'를 상징한다. 해 옆에 주작이 있고, 해를 마주 보는 지점에 '달'을 상징하는 두꺼비 그림(위 사진)이 있다. 뽈나팔을 부는 천인, 곧 하늘 나라 사람도 보인다.

세 칸 무덤(오른쪽 아래, 4세기 말~5세기 초)
둘째 칸 오른쪽 벽 하늘을 떠받친 장사 위로 현무를 그렸다.

3기 ─ 사신의 가호를 받으며 편안히 쉬소서

세 번째는 6세기 중반에서 7세기 중반에 걸친 시기입니다. 이 시기의 가장 큰 특징은 청룡, 백호, 주작, 현무라는 네 신(사신:四神)이 무덤 안 벽면을 가득 채웠다는 것이지요. 그래서 흔히 이 시기의 고분 벽화를 사신 계통이라고 합니다.

사신은 본디 28개 별자리 가운데 동서남북 방위별로 별자리 7개씩을 상징화한 것입니다. 그러니까 사신은 하늘 세계의 방위 신이군요. 그래서 처음에는 해, 달, 별과 함께 하늘 세계를 이루는 구성원의 하나로 그려졌지요. 위치도 벽면이 아니라 하늘을 상징하는 천장에 자리 잡았고요.

그러다가 시간이 지나면서 점차 지상으로 내려왔습니다. 천장에서 벽면 윗부분으로, 벽면 윗부분에서 벽면 전체로 말입니다. 이로써 사신은 죽은 이가 안치된 널방을 지키는 존재로 바뀌었습니다. 죽은 이가 영생을 누릴 삶터를 지키는 수호신이 된 것이지요.

사방의 수호신이 모두 완성되는 순간, 널방에 묻힌 이는 사신으로 둘러싸인 새로운 세계의 중심으로 다시 태어나게 됩니다. 이제 죽은 이는 사신의 가호를 받는 우주의 중심에서 편안한 영생을 누릴 것입니다. 이에 고구려 사람들은 천장 한복판에 중앙을 상징하는 황룡을 그려 우주의 중심에서 영생을 누리는, 죽은 이를 표현하기도 했답니다.

극락 왕생하기를 소망하던 불교적 내세관하고는 또 다른 세계를 담았군요. 천장에 온갖 신이 등장하는 것도 이 때문이지요. 학을 타고 날아다니는 신이나 용을 타고 악기를 연주하는 신이 나오고, 연꽃에서도 소년 소녀가 아니라 신선이 피어납니다. 그래서 이 시기의 고구려 사람들이 불교와 신선 사상을 혼합해 이상적인 저승 세계를 꿈꾸었다고도 합니다. 사신이 가호하는 우주의 중심에서 극락 왕생과 장생 불사를 모두 누리는 저승 세계 말입니다.

다섯 무덤의 벽면에 그려진

사신도

현무(북벽 : 5호묘)

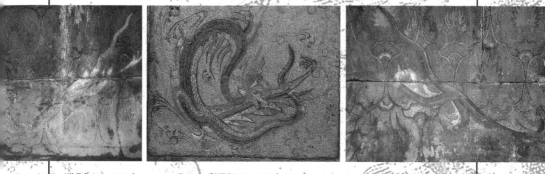

백호(서벽 : 5호묘) 황룡(천장 : 4호묘) 청룡(동벽 : 5호묘)

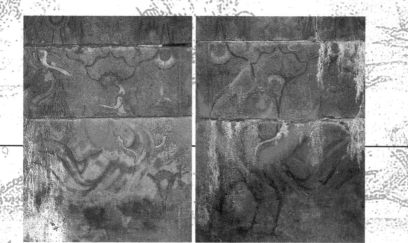

주작(남벽 : 5호묘)
문이 나 있는 남벽에는 문 양쪽에 각각 주작을 하나씩 그렸다.

벽화에서 만나는 고구려 사람들

경쾌한 음악에 날렵한 몸매를 실어

고구려 고분 벽화에는 굉장히 다양한 사람들이 등장합니다. 이들을 가만히 보노라면 그 옛날 고구려 사람들이 살던 모습이 저절로 떠오르지요.

춤 무덤의 사냥 그림은 고구려 사람의 웅혼한 기상을 한눈에 보여 줍니다. 말 타고 질주하면서 정면을 향해, 또는 몸을 돌려 활시위를 잔뜩 당긴 기마 무사, 깜짝 놀라 뒷다리를 번쩍 치켜 들고 달아나는 호랑이와 사슴, 그리고 사냥터의 배경을 이루는 묵직한 산줄기와 큼직한 나무들……

춤 무덤 안칸 왼벽의 사냥 그림

　　비록 산과
사람과 짐승
사이의 원근 비
례도 크기 비례도 전혀 맞지 않지만, 쫓고 쫓기는 사냥터의 급박한
흐름은 날카로운 필치를 타고 아주 잘 묘사했지요. 지금이라도 기마
무사가 그림 속에서 튀어 나와 산야를 질주할 듯합니다.

　　사냥 그림이 웅혼한 기상을 잘 보여 준다면, 벽화 속 여자들은 또
다른 분위기를 연출합니다. 춤 무덤의 춤 장면은 고구려 여성의 우

**춤 무덤 안칸 오른벽의
춤 장면**

아한 자태를 보여 주는 대표작이라 할 수 있지요.

휜칠한 키에 갸름한 얼굴, 여기에 몸을 타고 흘러내리는 듯한 무용복을 허리에서 질끈 동여매니 몸매는 한층 날렵해 보이고 옷맵시는 더욱 산뜻해 보입니다. 그리고 짙은 눈썹과 약간 길쭉한 눈, 오똑하면서도 둥그스름한 코, 통통하게 살이 오른 볼과 붉은 입술, 귀밑으로 흘러내린 머리카락 한 가닥이 조화를 이루며 미인의 아름다운 자태를 한껏 자랑합니다.

5인조 무용단의 옷차림도 저마다 다르네요. 언뜻 보면 점박이 무늬라 모두 같아 보이지만, 바지를 입은 세 사람은 저고리와 바지 색깔이 서로 엇갈리고, 긴 두루마기를 입은 두 사람의 두루마기 색깔도 서로 다르군요. 춤추는 동작도 다르네요. 두 명은 수평으로, 세 명은 비스듬하게 서서 춤을 추네요. 게다가 기다란 소매가 날렵한 몸동작을 만들어 내고요. 정적인 듯하면서도 생동감 넘치는 춤사위를 보여 주려는 화법이지요.

무용단 아래에서는 7인조 합창단이 노래를
부릅니다. 뒤를 돌아보며 딴청을 피우는 듯한
세 번째 단원 때문에 정말로 노래 소
리가 들리는 듯하네요. 그러고
보니 무용단은 합창단의 노래에
맞춰 춤추는 거로군요. 그 앞에서
주인공이 말을 탄 채 노래와 춤을
감상하고. 주인공 뒤의 남자 시종과 그 앞의 개도 노래와 춤에 흠뻑
빠진 듯하네요.

| 현악기 |

완함(세 칸 무덤)

거문고(춤무덤)

본디 고구려 사람들은 경쾌한 음악에 맞춰 춤
추는 것을 좋아했답니다. 왕산
악은 지금까지도 그 이름이 전
해지는 고구려의 대표 음악가이
지요. 왕산악의 솜씨가 얼마나 뛰
어났던지, 그가 거문고를 만들어
연주하니 검은 학이 날아와 춤을
추었다고 합니다.

무덤 속 벽화에는 21종에 달하는 악기가 등
장합니다. 역사책에 이름만 나오는 악기도 15
종이나 되고요. 모두 모으면 무려 36종, 대규모
관현악단을 차릴 정도로군요. 실제 무덤 속의
연주 장면을 보노라면 관현악단의 연주를 듣는
듯한 환상에 빠지게 되지요.

말 타고 북을 치는 사람, 구름 위를 날아가
며 손바닥으로 가볍게 장고를 치는 선인, 나무
아래에서 거문고를 타는 목이 긴 여자, 비파
를 닮은 선율 애잔한 완함을 치는 여자,
기다란 뿔나팔을 힘껏 부는 천인, 봉황
을 타고 기다란 젓대를 부는 천인, 용을
타고 통소를 부는 천인……

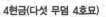
4현금(다섯 무덤 4호묘)

타악기, 현악기, 관악기가 모두 모여 경쾌하면서도 웅장한 화음을 내는군요.

이러한 악기들이 모두 고구려 전통 악기는 아니랍니다. 사실 왕산악이 만들었다는 거문고도 중국 칠현금의 현을 여섯 줄로 바꾼 것이지요. 젓대나 퉁소도 중앙아시아에서 온 악기이고요. 고구려 사람들은 배타적으로 자기 문화만 고집하지 않고 선진 문화를 받아들여 끊임없이 새로운 문화를 창조했군요. 탁월한 국제 감각과 고감도 문화 능력은 지금도 본받을 만합니다.

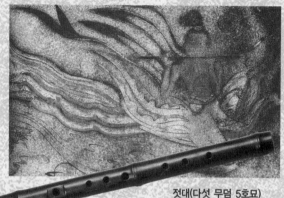

젓대(다섯 무덤 5호묘)

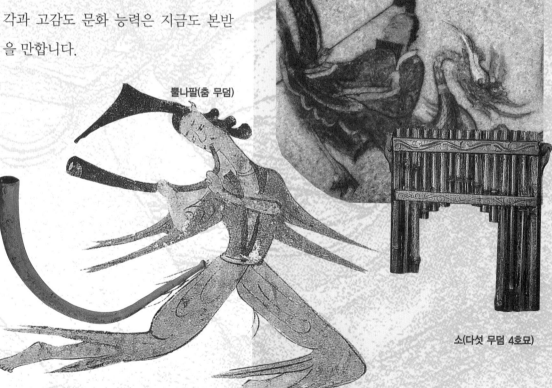

뿔나팔(춤 무덤)

소(다섯 무덤 4호묘)

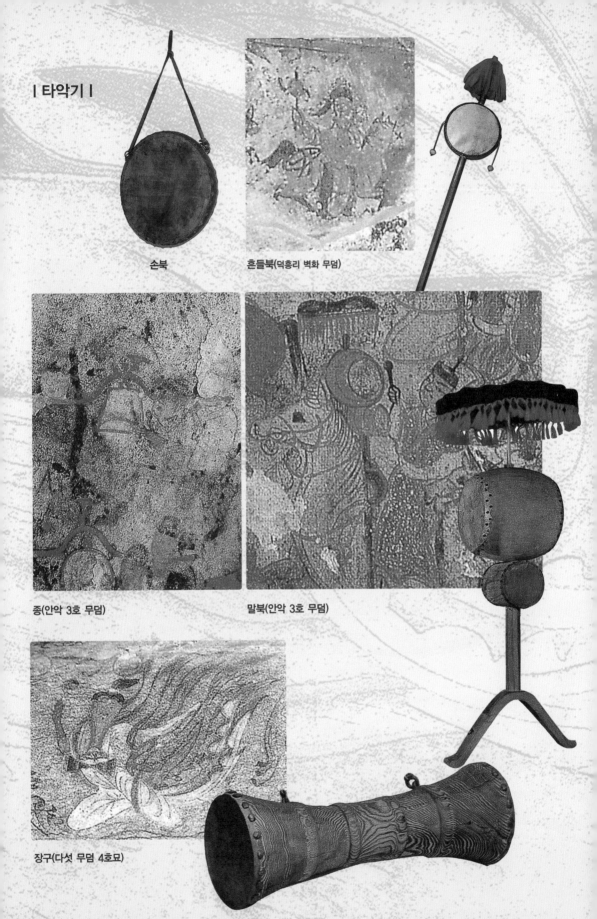

| 타악기 |

손북

흔들북(덕흥리 벽화 무덤)

종(안악 3호 무덤)

말북(안악 3호 무덤)

장구(다섯 무덤 4호묘)

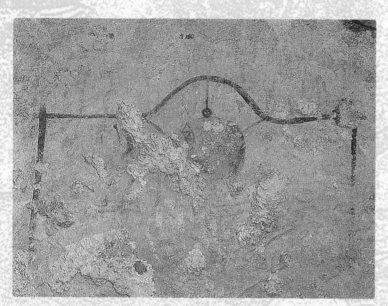

세운북(안악 1호 무덤)

메는북(수산리 벽화 무덤)

서역
중국 대륙의 서쪽 땅이라는 말. 지금의 티베트, 중앙아시아나 서아시아, 인도 등을 가리킨다.

벽화 속의 이방인들 – 다양한 국제 문화

무덤 속 벽화에서는 또 다른 사람도 만날 수 있습니다. 머나먼 이역 땅에서 고구려까지 흘러온 이방인들 말입니다.

이방인이 가장 많이 등장하는 곳은 '우람한 체격과 역동적인 힘'을 표현한 장면들입니다.

씨름 무덤의 씨름 장면이나 안악 3호 무덤의 수박희 그림을 유심히 살펴보세요(188쪽). 힘을 겨루는 두 사람의 얼굴 생김새가 조금 다르지 않나요? 한 사람은 둥글넓적한 우리네 얼굴인데, 다른 사람은 코가 높고 수염이 아주 짙군요. 바로 머나먼 이역 땅 서역에서 고구려까지 흘러온 이방인이랍니다.

체격이 건장한 역사들은 천장 밑에도 많이 그려졌습니다. 벽면 전체를 가득 메운 모습도 있고요. 이들 역사는 한결같이 크고 둥근 눈, 숱이 많은 머리털, 짙은 콧수염과 뾰족한 턱수염이 있지요. 때로는 얼굴 전체가 붉거나 푸른 색조를 띠기도 합니다.

이러한 역사들은 대개 윗몸을 벗고 아래에는 짧은 잠방이만 걸쳤습니다. 그리고 두 다리를 벌리고

장천 1호 무덤 앞칸 천장 모서리

세 칸 무덤 셋째 널방의 역
사(왼쪽), 장천1호 무덤의
자주색 나무(오른쪽)

엉덩이가 땅에 닿을 정도로 무릎을 굽힌 자세로, 두 팔을 올려 힘껏
천장을 떠받치지요. 인도, 중국에서 유행한 '땅과 하늘을 떠받치는
역사'의 모습입니다(참, 그리스 로마 신화에도 하늘을 받치는 거인이 나
오지요). 그럼 이들 역사는 무덤 속에서 죽은 이의 저승 세계를 떠받
치는 존재겠군요. 불교와 함께 전래된 서역계 문화 요소랍니다.

그러고 보니 외국에서 온 문화 요소가 상당히 많군요. 사실은 앞에
서 이야기한 원숭이 가면놀이나 연화화생도도 서역계 문화이지요.

둥글둥글한 열매가 달린 장천 1호 무덤의 자주색 나무도 서역계
생명의 나무이고요. 서역계 문화는 대체로 불교와 함께 들어왔을 것
입니다. 고구려 사람들이 몽골 초원을 지나 중앙아시아 여러 나라와
직접 교류하면서 받아들인 것도 있을 테고요.

이방인들은 또 전혀 다른 모습으로 그려지기도 합니다. 특히 장천
1호 무덤에 이러한 인물이 많이 나옵니다. 곡예와 마술을 보다가 갑

생명의 나무

거대한 나무를 하늘과 땅을
잇는 우주목이나 생명의 근
원인 생명수(生命樹)로 받드
는 신앙은 세계 도처에 있다.
고구려 고분 벽화 속의 나무
도 이러한 신앙의 산물이다.
특히 장천 1호 무덤의 자주색
나무에 달린 열매는 인도·
서아시아 생명수의 꽃과 열
매를 닮았다.

백희 기악도(장천 1호 무덤)에서

자기 엉덩방아를 찧는 늙은 마부, 귀부인이 탄 수레를 끌거나 시중을 드는 여자들, 집짐승을 훔쳐서 달아나는 아저씨, 무언가에 놀라서 날뛰는 말을 다루는 마부, 말채찍을 든 남자와 그에게 손짓하는 여자……

한결같이 코가 높고, 남자는 수염이 짙은 생김새입니다. 바로 서역계 인물들이지요. 이들이 하는 일을 자세히 관찰해 보세요. 말을 잡은 마부나 수레를 끄는 시녀가 가장 많네요. 물건을 훔친 듯한 도둑도 있고요. 모두 신분이 낮은 사람들뿐이라고요? 예, 그렇습니다. 고구려 사람들은 북중국이나 초원 지대에서 밀려온 이국인들을 받아들여 힘들고 천한 일을 시켰던 것입니다.

고구려에서는 외래 문화나 외국 사람들을 다양한 형태로 받아들였군요. 때로는 고구려 사회를 이끄는 새로운 정신적 지주로, 아니면 죽은 이의 저승 세계를 떠받쳐 줄 우람한 기둥으로. 그리고 경우에 따라서는 힘들고 천한 일을 도맡아 하는 최하층 집단으로 말입니다.

고구려의 하늘 세계

별이 빛나는 밤에

고구려 사람들이 무덤 속에 심혈을 기울여 재현하
려고 했던 또 다른 세계는 바로 하늘입니다. 하늘
에는 죽은 이의 영생을 바라는 간절한 소망, 이를
테면 극락 왕생을 뜻하는 연꽃이나 학을 타고 비상
하는 천인도 담았지만, 과학적인 지식을 담기 위해
서도 온 정성을 다했답니다.

덕분에 우리는 지금도 그 옛날 고구려 하늘에서
빛났을 무수한 별을 볼 수 있습니다. 별자리에 대한
지식은 인간이 살아가는 데 아주 중요했지요. 농사
를 짓고 고기잡이를 하는 데 필요한 달력은 별자리
의 움직임을 관찰해야만 얻을 수 있었고, 망망 대해
를 헤쳐 나가거나 지평선만 보이는 초원을 건널 때
에도 방향을 잘 잡으려면 별자리를 알아야 했지요.

또한 고대 사람들은 별자리의 변화가 인간의 삶
과 직접 연관된다고 믿기도 했습니다. 갑작스레 별
자리가 달라 보이거나 혜성이 나타나면, 위대한 인
물의 죽음이나 정치적인 사건을 알려 주는 징조로
생각했지요. 그래서 일찍부터 천문 현상을 관측하
는 벼슬 자리를 두고 관측 기록을 남겼답니다.

서

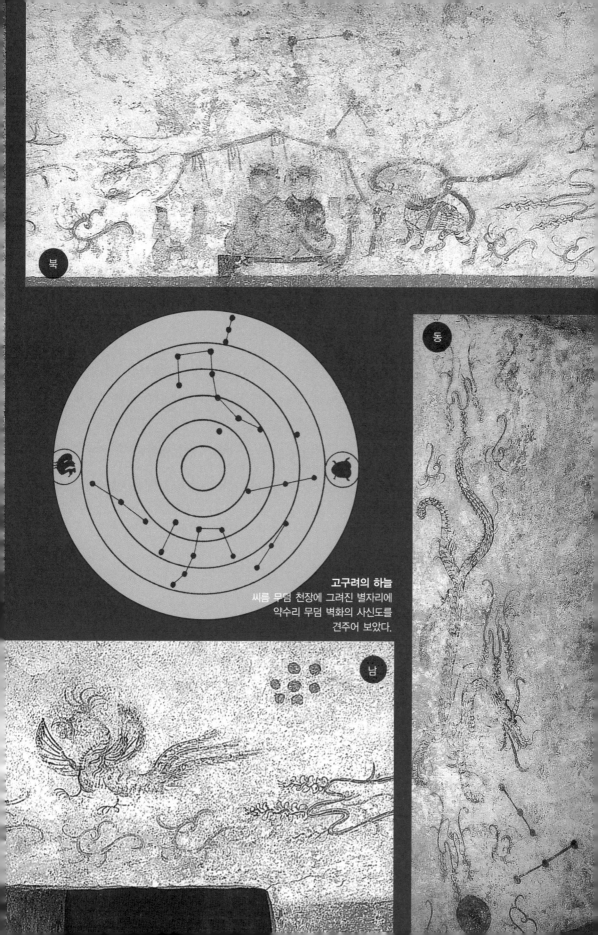

북

동

고구려의 하늘
씨름 무덤 천장에 그려진 별자리에
약수리 무덤 벽화의 사신도를
견주어 보았다.

남

해 뚫음무늬 금동 장식품 (진파리 7호 출토)
중앙에 구슬을 박은 두 겹 테 속에 태양을 상징하는 세 발 까마귀를 표현했고, 그 둘레에는 불꽃 비슷한 구름 무늬를 빚었다.

벽화에서 확인된 별자리 그림은 무려 750개에 이른답니다. 이들 그림은 대체로 특정한 시점의 별자리를 그대로 옮겨 놓은 경우가 많습니다. 씨름 무덤 천장에는 7월 중순 밤 9시 무렵의 별자리를 그대로 옮겨 놓았지요. 북두칠성(큰곰자리)은 물론이고 작은곰자리, 전갈자리, 궁수자리……

이렇게 많은 별자리를 하나 하나 찾으려면 어떻게 해야 할까요? 먼저 기준을 정해야겠지요. 항해사들이 북극성을 기준점으로 삼아 항해를 하듯이 말입니다. 그래서 고구려 사람들은 동서남북 방위마다 대표 별자리를 정했답니다.

북쪽, 당연히 북두칠성이지요. 남쪽, 북두칠성에 대응해 남두육성을 설정했습니다. 서양 별자리의 궁수자리에 해당하는데, 별 6개가 북두칠성처럼 국자 모양으로 누워 있답니다.

동쪽, 심방육성이라는 좀 독특한 별자리를 설정했지요. 심수(心宿) 3개와 방수(房宿) 3개로 이루어진 쌍삼별인데, 전갈자리에 해당하지요. 서쪽에도 삼벌육성이라는 쌍삼별을 설정했지요. 삼수(參宿) 3개와 벌수(伐宿) 3개로 이루어지는데, 오리온 자리에 해당합니다.

오리온 자리가 서쪽으로 질 무렵 동쪽 하늘을 보세요. 전갈자리가 막 떠오르는 것을 볼 수 있을 것입니다. 그러니까 고구려 사람들은 천문 관측을 통해 동쪽과 서쪽에 모두 쌍삼별이 떠 있는 순간을 포착해 두 방위의 대표 별자리를 정했군요.

그런데 더욱 재미있는 것은 각 방위별 대표 별자리가 사방을 수호하는 사신과 연계된다는 점입니다. 청룡은 동쪽의 심방육성, 백호는 서쪽의 삼벌육성, 주작은 남쪽의 남두육성, 현무는 북쪽의 북두칠성과 각기 짝을 이룬답니다.

하늘의 별자리도 단순히 과학적 지식만 담은 것이 아니라, 사신처럼 죽은 이의 저승 세계를 수호하는 수호 별자리인 셈이군요. 여기에 해와 달을 추가하면 어떻게 될까요. 그야말로 하늘에서 빛을 발하는 모든 존재가 죽은 이의 저승 세계를 지켜 주는 셈이 되겠지요?

별자리가 그려진 천장
(덕화리 1호 무덤)

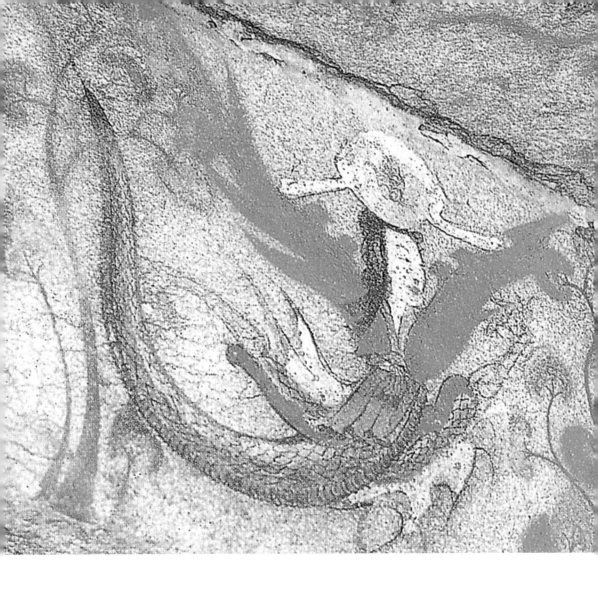

여와신

여와신도 천지를 창조한 신
이다. 중국 신화에 따르면,
여와는 황토를 빚어 사람을
만들었다. 복희신이 남성으
로 표현된다면, 여와신은 여
성이다. 고대의 자료를 보면
둘 다 상반신은 사람, 하반신
은 뱀 모양으로 그렸다.

고구려 사람들은 이러한 염원을 담아 천장 동쪽에는 해, 서쪽에는
달을 그렸답니다. 해는 흔히 세 발 까마귀를 품은 형태로 그렸지요.
천지를 창조한 신인 '복희신'이 해를 머리에 인 모양으로 그리기도
했고요. 달은 흔히 '불사(不死)의 화신'인 두꺼비를 품은 모습으로
그렸어요. 때로는 달 안에 불사약을 찧는 옥토끼나 계수나무를 담기
도 하고, 여와신(인류의 어머니 신)이 머리에 인 모습으로도 그렸어요.

이렇게 고구려 사람들은 땅과 하늘에 있는 모든 존재, 현실과 상

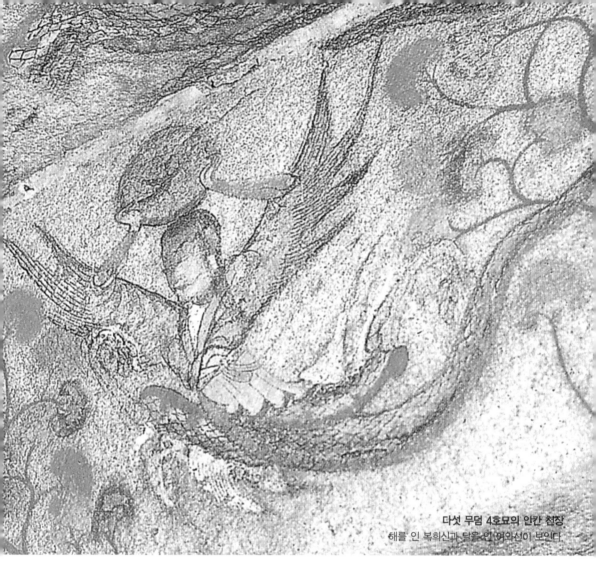

다섯 무덤 4호묘의 안칸 천장.
해를 인 복희신과 달을 인 여와신이 보인다.

상 속의 모든 존재를 동원해 죽은 이가 영생을 누릴 저승
세계를 꾸몄답니다. 무덤 속 벽화는 고구려 사람들의 간
절한 소망에 현실 세계와 관념 세계를 모두 담아 고구려
문화를 영원토록 전하는 전령사로군요.

개마 무덤(평양시 삼석 구역 노산리) 안칸 천장 고임돌에 있는 달 그림 모사도
두꺼비 옆에 약을 찧는 토끼가 있다.

고구려의 불교 문화

고구려는 소수림왕 때 국가 체제를 정비하면서 불교를 받아들였다(372년). 고구려는 곧바로 도성인 국내성에 성문사와 이불란사라는 절을 짓고(375년), 평양 지방에는 9개나 되는 사찰을 짓는(392년) 등 불교를 널리 보급하기 위해 많은 노력을 기울였다.

그리하여 고구려 사람들은 점차 불교를 깊이 믿기 시작했다. 고분 벽화의 연꽃 그림은 이를 상징적으로 보여 준다. 장천 1호 무덤의 예불 그림은 부처님 앞에 온 정성을 다하는 고구려 사람의 모습을 보여 주고, '묘지'를 통해 덕흥리 무덤의 주인공인 진(鎭)은 저승에 가서도 자신이 독실한 불교 신자임을 밝혔다. 다만 고분 벽화를 제외한다면 고구려의 불교 문화를 오늘날에 전해 주는 자료는 그리 많지 않다.

절터

평양 일대에서는 금강사 터, 정릉사 터, 상오리 절터 등 절터가 여러 곳 발견되었다. 한결같이 목탑 하나에 금당(金堂 : 불상을 모신 건물) 3개를 배열한 형태이다. 이러한 가람 배치를 1탑 3금당식이라고 하는데, 일본 아스카 문화도 고구려의 이런 방식에 영향을 받는다(백제는 1탑 1금당식, 신라는 1탑 1금당식에서 쌍탑 1금당식으로 변화한다). 목탑 자리는 네모꼴인 신라나 백제와 달리 대부분 여덟모꼴인데, 금강사 터 목탑의 높이는 신라 황룡사 터 9층 목탑보다도 높은 90여 미터로 추정된다.

불상

작은 불상도 여러 개 발견되었다. 고구려

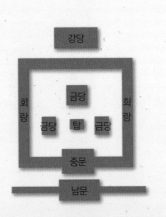

일본 아스카 사(飛鳥寺)의 가람 배치도

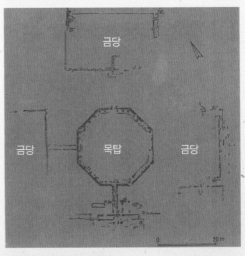

금강사 터의 가람 배치도

사람들은 이러한 불상에 글자를 새겨 간절한 소망을 담기도 했다. 돌아가신 스승이나 부모님이 서방 극락 정토에 왕생하기를 바라는 소망, 돌아가신 어머님이 미륵 부처님의 설법을 듣고 해탈하기를 바라는 소망, 불상을 1000개 만들어 온 세상이 부처님 나라가 되기를 바라는 소망……

로 올라가 미륵과 선대 왕들을 만나기를 바란다고 새겨져 있다. 도솔천은 바로 칠보 궁전이 있는 불교의 하늘로, 석가모니 부처님도 이 곳에서 흰 코끼리를 타고 마야 부인의 몸 속으로 잉태되었다고 한다. 그러니까 '고구려 왕은 하늘의 자손'이라는 전통적 관념이 불교적으로 변형된 것이다.

전통 신앙

불심이 깊어짐에 따라 전통 신앙이 불교적으로 바뀌기도 했다. 가령 함경 남도 신포시 오매리 절골터에서 발견된 금동 판에는, 고구려 왕의 영혼이 도솔천으

오매리 절골터 출토 금동 판
길이 41.5센티미터. '태화 3년(太和三年:서기 546년)'에 만들었다고 새겨져 있다. 뒷면에 못이 붙어 있는 것으로 보아 탑이나 어느 건물에 붙였던 것으로 추정된다.

금강사 터 목탑 복원 모형

연가 7년명 금동 일광 삼존상
높이 32센티미터. 뒷면에 '연가 7년(延嘉七年)'이라고 이 불상을 만든 해가 새겨져 있어 '연가 7년명', 구리에 금을 도금해 '금동', 부처님의 빛을 상징하는 광배 하나에 세 부처가 같이 있다 해서 '일광 삼존'이다.

고구려 사람의 매무새

남자

머리꾸밈새

나관(羅冠)
왕이나 대신이 쓰던 모자. 왕은 흰색, 대신은 청색, 일반 신하는 붉은색 비단 나관을 썼다. 나관은 책처럼 생긴 내관과 성긴 비단으로 만든 외관(덧관)으로 이루어진다.

책(幘)
문무 관리들이 쓰던 모자. 문관의 책(맨 오른쪽)은 뒷부분이 두 가닥으로 갈라진 반면, 무관의 책(왼쪽)은 뒷부분이 뾰족하게 솟았다. 무관의 책이 문관의 책에 비해 활동하기에 편리하다.

절풍(折風)
고구려 사람들이 가장 즐겨 쓰던 고깔 모자. 절풍에 새 깃을 꽂아 장식한 조우관(鳥羽冠)을 많이 썼다. 새 깃의 수나 만든 재료에 따라 신분의 귀천을 구분했다.

상투
고분 벽화에서 씨름꾼이나 문지기들은 방망이 모양 상투를 튼 모습으로 그려졌다.

건(巾)
고분 벽화에서 일하는 사람들은 대부분 머리를 수건으로 싸고 뒤에서 동여매었다.

고구려 사람들은 남자나 여자 모두 바지에 저고리 차림을 즐겨 입었습니다. 겉치레보다 실용성을 중시해 활동하기에 편한 복장을 좋아했음을 알 수 있습니다. 다만 옷차림의 구체적인 모양새는 신분의 높낮이에 따라 달랐습니다. 그뿐 아니라 남자라면 머리에 쓰는 모자, 여자라면 머리를 꾸민 모양도 신분에 따라 달랐습니다.

바지에 저고리 차림이 기본. 저고리의 킷을 여미는 방향이 일정하지는 않았지만, 활을 쏠 때는 옷을 여민 끈이나 띠의 매듭이 왼쪽에 있어야 오른손이 활시위를 당기기에 좋았을 것이다. 이러한 여밈을 좌임(左衽)이라고 한다. 통일신라 때부터는 오른쪽으로만 옷깃을 여미게 되었다.
저고리 소매의 너비는 신분에 따라 달라 귀족의 것이 평민보다 넓었다.
바지도 귀족들이 통 넓은 바지를 입은 반면(大口袴:대구고), 평민은 통 좁은 바지를 입었다(窮袴:궁고). 대님을 맨 듯 바지의 발목 부분이 안으로 둥글게 오므라졌다.

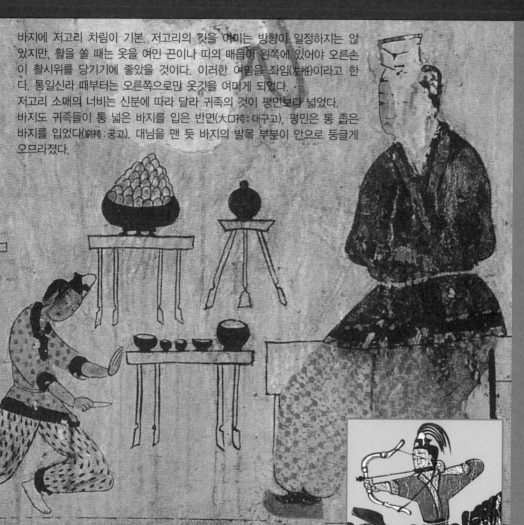

옷

노란 가죽신을 즐겨 신었다. 목 달린 신발과 목 없는 신발 두 종류로 나뉜다. 모두 코가 도드라진 점이 특징(쌍기둥 무덤, 춤 무덤 등). 기마 무사는 바닥에 못을 박은 못신을 신기도 했다.

신
발

얹은 머리
머리를 뒷머리에서 앞머리로 돌
려 끝을 앞머리 가운데에 감아
꽂은 모양. 신분과 지위에 관계
없이 결혼한 여자들이 흔히 한
모양.

푼기명 머리
머리카락의 일부를 좌우 뺨 곁으로 늘어뜨린 모양.

채머리
머리를 뒤로 내린 모양. 신분과 지위에 관계 없이
결혼하지 않은 여자들이 흔히 한 모양.

고리 튼 머리
머리를 고리 모양으로 위로 틀어 올린 모양. 지안 지역의 벽
화에서는 발견되지 않고, 평양 지역 무덤의 여주인공이나 시
녀 중에서 보인다.

여자들도 저고리에 바지 차림을 많이 입었지만, 치마도 즐겨 입었다.
특히 한껏 멋을 부린 주름치마나 색동치마는 고구려 여인의 맵시를 더욱 아름답게 했다.
여자 옷의 모양새도 신분에 따라 달랐다.
귀부인들이 통이 넓고 화려한 옷을 입은 반면,
평민들은 통이 좁고 활동하기 편한 옷을 입었다.
또한 다양한 무늬로 장식하기도 했는데,
점박이 무늬는 고구려 여자 옷의 대표적인 무늬이다.

남자들처럼 가죽신을 즐겨 신었다.
종류도 목 있는 것과 목 없는 것으로 나뉘며,
코가 도드라진 것이 특징이다.

벽화로

고구려의 신화

여러분은 '우리 나라의 신화' 하면 단군 신화나 신라를 세웠다는 박혁거세 이야기가 떠오를 것이다. 아, 가야의 수로왕 이야기도 있다. 그럼 고구려에는 신화가 없었을까?

중국 역사책《삼국지》에 따르면, 3세기 무렵 고구려 사람들은 귀신, 영성(靈星), 사직(社稷)을 믿었다. 영성은 농사를 주관하는 별자리이고, 사직은 사람들이 사는 고장을 수호하는 신(社)과 곡식의 신(稷)을 합친 말이다. 고구려 사람들은 농경민답게 농사와 관련된 신이나 지역 공동체를 수호하는 신을 섬겼던 것이다.

고구려 건국 설화의 유화나 주몽도 농경과 밀접한 관련이 있다. 유화는 농사에 필요한 물의 신, 주몽은 태양과 물의 권능을 한몸에 이어받은 존재이다. 그래서 고구려 사람들은 유화와 주몽을 단순한 건국 영웅이 아니라, 점차 부여신(扶餘神)과 등고신(登高神)으로 모시게 된다. 고구려는 곳곳에 이들을 모시는 사당을 짓고 범국가적인 차원에서 떠받들었다.

고구려 사람들은 다른 신도 많이 섬겼다. 역시 중국 역사책《구당서》에 따르면, 일신(日神), 가한신(可汗神), 기자신(箕子神) 등을 모셨다. 일신은 태양신일 것이다. 가한은 북방 족속 사이에서 '우두머리'라는 뜻이고, 기자는 은나라 말기에 활동했던 인물로서 모두 역사 속의 영웅을 신격화한 것이다 (오늘날도 고려 시대의 최영 장군을 신으로 모시는 무당이 있듯이).

수레바퀴 신(왼쪽)과 대장장이 신(오른쪽) 다섯 무덤 5호묘

고구려 사람들은 선진 문화를 수용하면서 문명의 신도 많이 받아들였다. 지안에 있는 다섯 무덤 중 4호묘에서는 곡식 이삭을 쥔 농업신(신농:神農)과 불씨를 쥔 불의 신(수신:燧神), 쇠를 부리는 대장장이 신, 숫돌을 가는 신이 하늘(천장)에서 인간을 지켜 준다. 다섯 무덤 5호묘에는 수레바퀴를 만드는 신도 나온다.

이러한 문명의 신들은 농사나 수공업 등 현실의 삶과 깊이 관련된 존재들이다. 고구려 사람들이 현실의 삶을 얼마나 소중하게 여겼는지를 신들을 통해서도 엿볼 수 있다. 특히 수공업과 관련된 신들은 고구려의 산업 발달을 상징적으로 보여 준다.

이처럼 고구려 사람들은 현실의 삶과 밀접히 연관된 신들을 믿었다. 그러므로 저승 세계를 지켜 주는 여러 신들, 가령 청룡·백호·주작·현무도 죽은 이의 또 다른 현실, 곧 저승의 삶을 지켜 주는 신들로 이해할 필요가 있겠다. 무덤 속 하늘(천장)에 떠 있는 해와 달, 무수한 별자리도 마찬가지이고.

뭐, 이 정도로는 성에 차지 않아 더 자세히 이야기해 주길 바라는 친구가 있을지도 모르겠다. 그런데 안타깝게도 연구된 바가 적어서 더 구체적으로 이야기해 주기는 어렵다. 여러분 중에서 고구려의 신화를 명쾌하게 밝혀 낼 학자가 나오기를 기대한다.

신농신(왼쪽)과 수신(오른쪽) 다섯 무덤 4호묘

대장장이 신 다섯 무덤 4호묘

숫돌을 가는 신 다섯 무덤 4호묘

고구려 고분 벽화,
그 색깔의 신비

고구려 옛 무덤 속의 벽화들을 보다 보면, 천 년하고도 몇 백 년이 넘도록 그 아름다운 색깔을 잃지 않은 데 놀라게 됩니다. 그림 자체는 많이 훼손되었지만 말이죠.

고구려의 무덤 속 벽화는 어떻게 그 오랜 세월 동안 색깔을 유지할 수 있었을까요?

고구려 사람들이 벽화를 그린 방법에는 두 가지가 있었습니다.

첫째, 습지 벽화법(프레스코 법)이라는 것입니다. 벽면에 회칠을 한 다음 회가 마르기 전에 그리는 방법이지요. 회가 마르기 전, 아주 짧은 시간에 밑그림도 그리고 색칠도 해야 했으므로 고도로 숙련된 솜씨가 필요했겠지요. 6세기 초기까지는 이러한 방법으로 벽화를 그렸답니다.

둘째, 무덤 칸의 돌판에 직접 그리는 방법입니다. 돌에다 그림을 그린다, 언뜻 생각하면 쉬운 것 같지만 사실은 매우 수준 높은 기술이 필요한 일입니다.

먼저 돌판을 매끈하게 다듬어야 하겠지요. 매끈하게 다듬었다 하더라도 웬만한 물감으로는 색칠을 할 수 없지요. 금방 지워지거든요. 고구려 사람들은 이러한 기술적인 어려움을 극복하고 6세기 중반부터 돌에 직접 벽화를 그렸습니다.

고구려 사람들이 벽화를 그린 물감은 여러분이 보통 미술 시간에 쓰는 크레용이나 수성 물감과는 전혀 다른 것이랍니다. 진사, 자토, 황토, 납, 망간, 비소 같은 광물질 가루를 사용했습니다. 이런 것들을 섞어서 여러 가지 색깔을 냈지요. 웬만한 습기에도 지워지지 않는 광물질 안료를 사용했기 때문에, 천 수백 년 동안 선명한 색깔을 유지할 수 있었던 것입니다.

11

시대 변화를 읽지 못한 가혹한 대가

6세기 중반의 정세 변화와 귀족 연립 체제

고구려 사신과 북위 세종의 대화

504년 (북위) 세종이 동당에서 (고구려) 사신 예실불을 만났다. 예실불이 나아가 "고구려는 천자의 나라(북위)와 관계를 맺어 오랫동안 지극한 정성으로 토산물을 조공했습니다. 다만 황금은 부여에서 나고, 옥은 신라에서 나는데, 지금 부여는 물길에게 쫓겨나고 신라는 백제에게 병합되었습니다. 저희 나라 국왕은 망한 나라를 이어 주어야 한다는 뜻에서 모두 고구려로 옮아 와 살게 했습니다. 황금과 옥을 바치지 못하는 것은 두 적(물길과 백제) 때문입니다"고 말했다.

《위서》〈고려전〉

504년 고구려 사신 예실불과 북위 세종이 나눈 대화입니다. 이 책 7장에서도 인용한 글이지요. 그 때는 고구려가 동북아 일대에 대제국을 건설한 웅장한 위용을 강조했지요.

그런데 위의 대화에는 고구려의 위용이 약해지는 모습도 담겨 있답니다. 예실불의 말을 다시 한 번 읽어 보세요. 예전에는 고구려가 부여의 황금과 신라의 옥을 거두어 북위에 바쳤는데, 이제는 물길에게 쫓겨나거나 백제에 병합되어 바칠 수 없다는 것이지요.

동북아의 대제국 고구려의 위상이 조금씩 약해지는 것이 느껴지지 않습니까? 그러면 당시 위와 같은 사건이 실제로 일어났을까요? 혹시 고구려가 부여의 황금과 신라의 옥을 바치기 싫어 꾸며 낸 이야기는 아닐까요?

물길은 만주 동부 산림 지대에서 물고기잡이나 사냥을 하면서 살던 족속입니다. 그 전에는 숙신이나 읍루로 불렸고, 나중에는 말갈이나 여진으로 불리지요. 지금 만주족의 조상이랍니다.

물길은 470년대부터 만주 중부로 진출해 고구려를 침공했습니다. 이 무렵 눙안(農安 : 농안) 일대에서 명맥만 유지하던 부여가 물길에게 밀려나 고구려에 투항하게 되지요(494년). '부여가 물길에게 쫓겨났다'는 이야기는 이러한 정세 변화를 말하는군요. 그러니까 고구려가 부여 지역에 대한 영향력을 잃었다는 것도 사실이겠군요.

그러면 남쪽 상황은 어떻게 되었을까요? 5세기 후반 고구려가 남진 정책을 적극 추진하자, 백제와 신라도 가만히 있지 않았습니다. 두 나라는 결혼 동맹을 맺어 군사 협력을 더욱 강화했습니다(493년). 이에 따라 고구려의 남진도 주춤해질 수밖에 없었지요.

결혼 동맹
493년 백제의 동성왕이 신라의 왕족 여성과 혼인함으로써 동맹 관계를 더욱 굳건히 한 일을 말한다.

'신라가 백제에게 병합되었다'는 이야기는 이러한 상황을 말하는 군요. 신라가 백제에게 멸망한 것은 아니지만, 고구려의 예속에서 벗어나 백제와 동맹을 맺은 것은 확실하군요. 어쨌든 고구려는 신라에 대한 영향력을 잃었을 것이고, 당연히 신라산 옥도 거둘 수 없었겠지요.

그러고 보니 6세기 초반 고구려 판도가 근본적으로 흔들린 것은 아니지만 남과 북에서 새로운 변화의 조짐이 일어난 셈이군요.

권력 다툼에 흠뻑 빠진 귀족들

고구려 지배층이 각오를 새롭게 다지지 않으면 안 되었군요. 이에 고구려는 새로운 도전을 막아 내기 위해 다양한 대책을 마련했습니다. 대외적으로는 북위나 양나라와 밀접한 관계를 갖는 한편, 바다 건너 왜와 새롭게 외교 관계를 맺었습니다. 그리고 백제나 신라를 거세게 압박했지요. 물길도 520년 즈음부터 세력이 점차 약해졌고요.

겉보기에는 점차 안정을 찾아가는 것 같군요. 그런데 속을 들여다 보면 전혀 다른 양상이 벌어지고 있었습니다. 5세기에는 고구려의 국력이 계속 커졌기 때문에 귀족들끼리 싸울 이유가 거의 없었지요. 새롭게 넓힌 영토와 백성을 다스리는 데도 힘이 모자랄 정도였으니까요.

그런데 대외 확장이 주춤하게 되자, 고구려 귀족들은 누가 더 큰 권력을, 또 더 많은 경제력을 차지하느냐를 놓고 다투기 시작했습니다. 531년 안장왕이 누군가에 의해 피살된 것을 보면, 이 때부터 벌써 귀족들의 다툼이 시작된 것 같습니다.

더욱 끔찍한 사건은 544년 추운 겨울에 일어납니다. 당시 고구려 왕은 안원왕이었는데, 세 명의 왕비가 있었습니다. 첫째 왕비는 아이가 없었고, 둘째와 셋째 왕비가 왕자를 낳았지요. 그런데 544년 겨울 안원왕이 위독한 병에 걸렸습니다.

그러자 둘째와 셋째 왕비 쪽이 왕 자리를 놓고 다투었고, 급기야 무력 대결을 벌였지요. 이 대결에서 '추무리'라는 둘째 왕비 쪽이 승리했습니다. 패배한 셋째 왕비(세무리) 쪽은 무려 2000명이나 죽었고요.

죽은 사람의 수로 보아 거의 모든 귀족이 가담한 것 같습니다. 설상가상으로 557년에는 두 번째 수도였던 국내성에서 간주리가 반란을 일으켰습니다. 이에 551년 혜량 스님이 "고구려는 지금 정치가 어지러워 멸망할 날이 얼마 남지 않았다"라면서 신라로 망명했다고 합니다.

남과 북에서 동시에 몰려온 위기

고구려 귀족들이 권력 다툼에 빠진 사이, 밖에서는 엄청난 변화가 일어났습니다. 중국 대륙의 지도부터 바뀌었습니다.

100여 년 간 북중국을 석권했던 북위가 내란에 빠졌지요. 황제가 피살되고, 북위는 동서 두 나라로 갈라졌습니다(534~535년). 고구려로서는 좋은 기회를 만난 셈이지요. 재빠르게 대응하기만 한다면 얼마든지 세력을 넓힐 수도 있었지요.

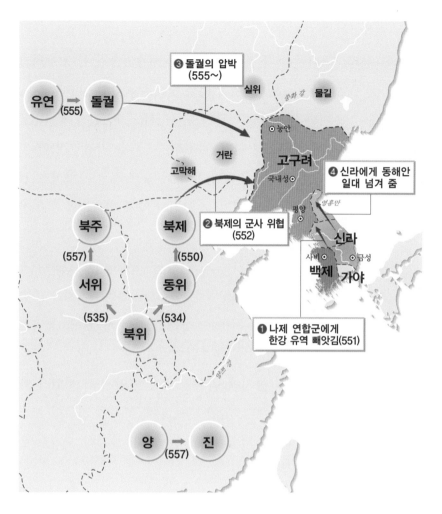

그렇지만 고구려 귀족들은 대외 정세에는 아랑곳하지 않고 권력 다툼에만 몰두했습니다. 피비린내 나는 왕위 쟁탈전이 벌어지는 사이, 나라 밖 사정은 더욱 급박하게 돌아갔습니다. 동위를 멸망시킨 북제 문선제가 고막해를 정벌한 다음, 랴오시 지역까지 진격한 것입니다(552년 1월).

그러고는 고구려에 사신을 파견해 북위 왕조 말기에 붙잡아 간 포

고막해(庫莫奚)

고막해는 사막이라는 뜻이다. 선비 우문부의 한 지파로서 거란과 더불어 우문부에 예속되어 있다가 344년 우문부가 전연에게 멸망하자 시라무렌허 상류 일대로 거주지를 옮겼다. 5세기 이후 점차 일어서 5개 부족을 이루었으며 유목과 수렵으로 생활을 영위했다.

로를 송환하라고 으름장을 놓았습니다. 고구려는 북제의 요청을 받아들여 무려 5000여 호나 되는 포로를 돌려주었습니다. 고구려가 북제의 요구에 순응한 것은 단순히 내분 탓만은 아니었습니다.

남쪽에서 또 다른 위기가 몰려왔기 때문이지요. 바로 전 해인 551년, 백제와 신라가 북상하여 한강 하류와 중상류를 각각 점령한 것입니다. 고구려가 한반도의 허리를 통째로 잃고 정신도 차리기 전에, 북제의 압박이 가해진 것이지요. 그러니 북제의 요청을 무조건 들어 줄 수밖에요.

엎친 데 덮친 격이라고, 위기는 또 다른 곳에서도 몰려왔습니다. 몽골 초원의 유연이 돌궐에게 멸망당했습니다(552년). 돌궐은 북방 초원을 석권한 다음(555년), 따싱안링 산맥을 넘어 거란족을 공략했지요. 그러고는 고구려 국경선을 넘보았습니다.

고구려는 남과 북에서 동시에 위기를 맞은 셈이지요. 무언가 특별한 대책을 세워야 했습니다. 급한 대로 남쪽과 북쪽 가운데 어느 한쪽이라도 불을 꺼야 했습니다. 고구려는 남쪽 불부터 끄기로 했습니다.

고구려는 신라에 밀사를 파견해 이렇게 제의했습니다. 신라가 백제를 기습 공격해 한강 하류까지 장악해도 가만히 있겠다고. 게다가 동해안 일대도 내 주겠으니, 다만 더 북상하지만 말아 달라고. 말하자면 휴전을 제의했지요.

신라야 대환영이었지요. 신라는 553년 백제를 급습해 한강 유역을 모두 차지하고, 동해안으로는 영흥만까지 진출했습니다. 고구려는 엄청난 영토를 양보한 대가로 남쪽 국경을 안정시킬 수 있었지요. 권력 다툼에 빠져 시대 변화를 읽지 못한 탓에 아주 가혹한 대가를 치른 셈입니다.

모두 죽을 수는 없다, 공생의 길을 찾아서

고구려 귀족들은 시간이 흐를수록 절박한 위기감에 사로잡혔습니다. 초원의 신흥 강국 돌궐의 기세는 더욱 거세지고, 신라와 휴전을 맺었다고 하지만 언제 바뀔지 모르는 상황이었지요.

이에 고구려 귀족들은 우선 도성을 더욱 튼튼한 요새지로 옮기기로 결정했습니다(552년). 대성산 아래의 넓은 들판에서 현재의 평양 시가지로 말입니다. 동, 남, 서 3면이 대동강과 보통강으로 둘러싸이고, 북쪽은 험준한 모란봉이 가로놓여 있으니 그야말로 천혜의 요새이지요.

552년부터 30여 년 간 공사한 끝에 586년 현재의 평양 시가지로 도성을 옮겼습니다. 그렇지만 이것도 미봉책에 지나지 않았습니다. 귀족들이 권력 다툼에서 벗어나지 못하는 한, 밖에서 밀려오는 위기를 수습하기란 사실 불가능했지요. 이러다가는 결국 모두 죽게 되는데……

모두 죽을 수 없다면 어떻게 해야 하나요? 절대 강자가 없는 상황에서는 공생의 길을 찾아야겠지요. 이에 귀족들은 무한 경쟁으로 인한 공멸을 막기 위해 '게임의 법칙'을 만들었습니다. 권력 다툼을 하기는 하되 규칙에 따라 한계를 정해 두고 하자는 것이지요.

일단 실권자인 대대로를 3년마다 선출한다는 원칙을 세웠습니다. 이 때 모든 귀족이 인정하는 최강자가 있으면 그 사람을 대대로

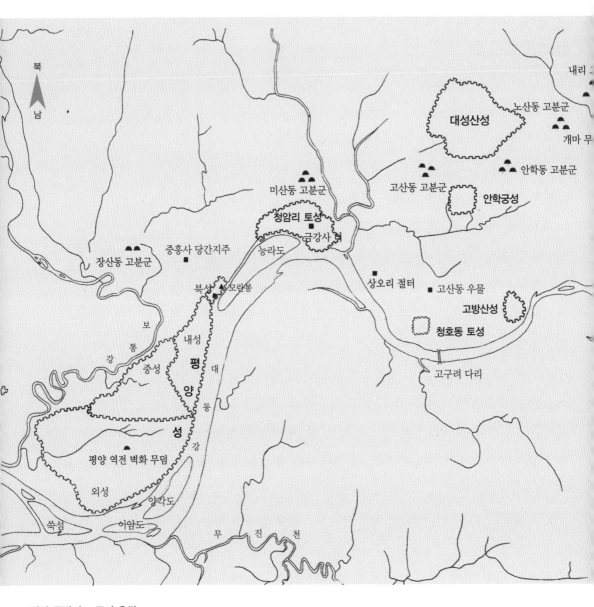

평양 근방의 고구려 유적
오른쪽의 대성산성, 안학궁성 일대가 427년 천도한 평양성이고, 왼쪽의 현 평양성은 586년 다시 천도한 장안성이다.

고분군

남경 1호 무덤   호남리 사신 무덤
금실 무덤

0   2.5km

뽑지만, 여러 귀족이 서로 하겠다고 다투면 실력을 겨루어 결정하기로요. 무한 경쟁이라는 소모전을 피하고 3년마다 한 번씩 승부를 가르는 것입니다.

승부를 가를 때는 역시 피비린내 나는 전투가 벌어졌답니다. 전투가 벌어지는 날이면 왕은 궁궐 문을 굳게 잠그고 목숨을 지키는 데만 급급할 뿐 아무 간섭도 못했다고 합니다. 귀족들끼리 실력을 겨루어 실권자를 선출하는 정치 제도, 곧 귀족 연립 체제라는 새로운 제도가 만들어졌습니다.

이로써 고구려 귀족들은 적어도 무한 경쟁으로 인한 공멸을 막을 수 있게 되었습니다. 또한 대외 정세의 변화에도 어느 정도 탄력 있게 대응할 수 있었습니다.

평양성

북쪽의 모란봉과 천연 해자인 대동강과 보통강으로 둘러싸인 천혜의 요새지이다.
산성(북성과 내성)과 평지성(중성과 외성)을 결합해 평산성(平山城)이라는 새로운 유형을 창출했다.
전체 둘레는 23킬로미터, 성벽 높이는 5~9미터로서 고구려 축성술이 한데 결집된 최고 걸작품이다.
외성에는 20세기 전반까지 바둑판처럼 쭉쭉 뻗은 고구려 시기의 도로망이 고스란히 남아 있었다고 한다.

보통문

칠성문

을밀대

현무문

북

남

현무문

영명사 터

북 성

경창문

칠성문

만수대

전금문

정혜문

중 성

장경문

내 성

군

주작문

'경상동'이란 글자가 새겨진 성돌

대동문

육로문

'괘루개절' 등의 글자가 새겨진 성돌

대동문

12

한판 싸움 : 고구려 대 통일 제국 수나라

고구려 - 수 전쟁의 전말

통일 제국 수의 등장이 몰고 온 파장

고구려에 귀족 연립 체제가 성립될 무렵, 중국 대륙의 정세는 더욱 급물살을 탔습니다. 동위와 서위가 각각 북제와 북주로 바뀌었다가, 북주가 북제를 멸망시켜 새로운 강자가 되는가 싶더니(577년), 이번에는 양견(문제)이 북주의 어린 황제를 쫓아내고 수나라를 세웠습니다(581년).

이 무렵, 돌궐은 더욱 강성해졌습니다. 때로는 북주나 북제가 서로 돌궐의 환심을 사려고 막대한 뇌물을 주거나 어린 공주를 돌궐의 대가한에게 시집보냈지요. 돌궐은 동쪽으로도 세력을 뻗쳐 거란을 복속시키고, 급기야 고구려 북방의 말갈(물길)에까지 손길을 뻗쳤습니다.

대가한

중국 북방이나 동방의 여러 족속은 우두머리를 가리켜 '가한(加汗)'이라고 했다. 부여나 고구려의 가(邗), 삼한이나 신라의 간지(干支)라는 말도 같은 뜻이다. 대가한은 우두머리 가운데 최고의 우두머리로서 어떤 족속 전체를 통일한 대족장을 가리킨다.

극도의 혼란 상태를 벗어난 고구려도 무언가 새로운 대책을 세워야 했습니다. 고구려는 먼저 수나라와 긴밀한 관계를 유지하기로 했습니다. 그러고는 수나라가 돌궐을 공격하는 틈을 타서 서북방으로 세력을 넓혔습니다.

쑹화 강 유역의 말갈족을 다시 복속시키고, 거란족 가운데 고구려 휘하의 부족들이 수와 관계를 맺지 못하도록 막았습니다. 이로써 고구려는 광활했던 세력권을 조금씩 회복했습니다. 멀리 따싱안링 산맥까지 손길을 뻗쳐 남실위에 철을 수출하며 영향력을 미치기 시작했습니다.

고구려가 과거의 영광을 조금씩 회복할 무렵, 동아시아 국제 질서가 근본적으로 바뀌는 대사건이 일어났습니다. 수가 남중국의 진을 멸망시킨 것입니다(589년 1월). 4세기 초부터 약 300년 동안 분열되었던 중국 대륙이 다시 통일되는 순간이었습니다.

진나라의 멸망 소식은 곧바로 사방으로 퍼져 나갔습니다. 북쪽으로, 서쪽으로, 그리고 동쪽으로. 물론 고구려에도 알려졌지요. 평원왕은 이 소식을 듣고 온몸을 부르르 떨었다고 합니다. 평원왕이 왜 온몸을 떨면서 두려워했을까요?

고구려가 어떻게 동북아의 대제국으로 발돋움했나요? 중국 대륙의 분열 상황을 적절히 활용한 결과라고 했지요. 그런데 분열되었던 중국 대륙이 다시 거대한 통일 제국으로 탈바꿈한 것입니다. 이 거대한 통일 제국은 그 옛날 한 무제가 그랬던 것처럼 중국 중심의 국제 질서를 확립하려고 할 것입니다. 만약 주변국에서 반기를 든다면 대군을 동원해 정벌하려고 들겠지요.

남실위
실위(室韋, 286쪽 날개 주) 가운데 남쪽에 거주하던 족속.

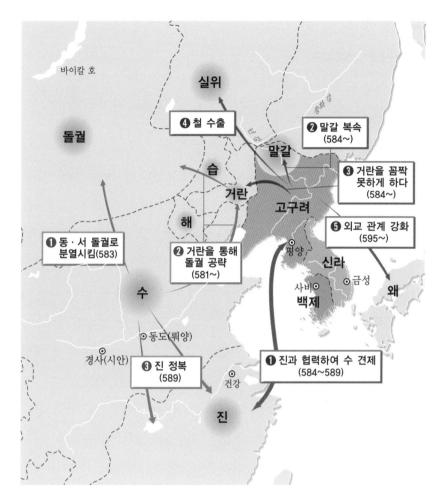

바이칼 호

돌궐

실위

❹ 철 수출

말갈

❷ 말갈 복속
(584~)

습

거란

해

고구려

❸ 거란을 꼼짝
못하게 하다
(584~)

❶ 동·서 돌궐로
분열시킴(583)

❷ 거란을 통해
돌궐 공략
(581~)

❺ 외교 관계 강화
(595~)

수

평양

신라

금성

동도(뤄양)

사비

왜

경사(시안)

❸ 진 정복
(589)

백제

건강

❶ 진과 협력하여 수 견제
(584~589)

진

6세기 말 수나라와 고구려의
대외 전략

　고구려는 엄청난 위기에 맞닥뜨린 셈이군요. 그 동안 쌓아 온 세
력권을 유지하려면 대결할 수밖에 없고, 무작정 대결하자니 수의 침
공이 두렵고. 고구려만 위기 의식을 느낀 것이 아닙니다. 어느 정도
독자 세력권을 확립한 나라는 모두 느꼈지요. 티베트 고원의 토욕혼
은 험준한 곳으로 달아나 수의 침공에 대비했다고 하니까요.

　고구려도 병장기를 수리하고, 서북방 일대의 성곽을 다시 정비했습니다. 군량미도 많이 비축했지요. 수의 침공에 대비해 만반의 대책을 세운 것이지요.

고구려 판도를 순순히 내줄 수는 없다

영주 총관(營州總管)
수나라의 동북방 거점인 영주(지금의 차오양 ; 朝陽)에 파견되었던 지방군 지휘관. 590년대 초에 설치되었는데, 수의 동북방 외교 정책과 군사 전략을 총괄했다.

해(奚)
고막해(庫莫奚, 275쪽 날개주)를 수나라 이후에는 '해'라고 불렀다.

습(霫)
시랴오허 북쪽 유역에 거주하던 족속으로 해와 거란의 북쪽, 실위의 남쪽에 있었다. 활로 사냥을 잘했다.

실위(室韋)
실위는 삼림을 뜻한다. 바이칼 호에서 따싱안링 산맥을 거쳐 넌 강 일대에 이르는 산림 지대에 거주하며 수렵이나 목축으로 삶을 영위했다. 남실위와 북실위 등 여러 지파로 나뉘어 있었으며 통일된 국가를 형성하지 못했다.

이 때 수 문제가 편지를 보내 왔습니다(590년). 편지에는 많은 내용이 담겨 있었지요. 특히 수 문제는 고구려가 서북방 일대로 세력을 뻗친 사실을 문제 삼았습니다. 그러면서 앞으로 더 이상 세력을 넓히지 않겠다고 약속하면 안전을 보장하겠다고 말했지요. 수가 언제 침공할지 모른다고 생각한 고구려는 충분히 받아들일 만한 주문이었습니다.

두 나라는 다시 국교를 정상화했습니다. 고구려는 수와 무력 대결을 벌이지 않고도 세력권을 유지할 수 있다는 희망을 가졌습니다. 그렇지만 실제 상황은 고구려의 희망과 정반대로 흘러갔습니다. 고구려의 안전을 보장하겠다는 수의 약속은 그야말로 말뿐이었습니다.

수는 고구려와 국교를 정상화하면서 랴오시 지역에 영주 총관을 설치했습니다. 그러고는 거란족에 대한 영향력을 강화하고, 시랴오허를 넘어 따싱안링 산맥 일대까지 손길을 뻗쳤습니다.

이에 따라 해, 습, 실위 등 여러 족속이 점차 수나라의 영향력 아래로 들어갔지요. 고구려는 다시 중대한 위기에 몰렸습니다. 시랴오허나 따싱안링 산맥 일대의 족속이 수에 복속한다면, 생각만 해도 끔찍한 일이었습니다.

멀리 몽골 초원으로 나아가는 교통로도 막힐 것이고, 말갈족에 대한 지배권도 흔들릴 것입니다. 그 때 수가 대군을 이끌고 침공한다면 속수무책이겠지요. 수의 의도가 명확해진 이상, 고구려도 당하고만 있을 수는 없었겠지요.

고구려는 먼저 말갈족에 대한 통제를 강화했습니다. 또한 바다 건너 왜와도 외교 관계를 더욱 밀접히 했습니다. 여러 가지 선진 문화를 전수하며 고구려 후원 세력으로 만들었지요.

그러고는 말갈병 만여 명을 동원해 수의 랴오시 지역을 공격했습니다(598년 2월). 어떤 일이 있어도 고구려 판도를 순순히 내주지 않겠다는 단호한 의지를 선언한 것이지요.

서서히 고조되는 전쟁의 기운

마침내 전쟁의 서막이 올랐습니다. 598년 6월, 수는 30만 대군을 동원해 고구려 공략에 나섰습니다.

그런데 뜻밖의 복병이 수나라 군대를 가로막았습니다. 장마와 전염병이었습니다. 당시 수나라가 고구려를 공격하려면 랴오허 하류를 건너야 했는데, 이 곳은 길이만 200여 리(약 87킬로미터)에 이르는 거대한 늪지였습니다. 수나라는 이러한 상황을 몰랐는지 장마철인 6월에 대규모 군대를 파견했습니다.

랴오허가 홍수로 범람하자 병사들은 더 나아가지 못하고, 식량조차 운반할 수 없어 굶주리게 되고, 기진 맥진한 병사들에게 세균이 침투하니 전염병이 돌았습니다. 그러니 서둘러 물러나는 수밖에 없었지요. 수나라 병사들은 전우의 시체를 밟으며 퇴각했습니다. 이 때 수나라 병사 가운데 80~90퍼센트가 죽었다니, 수나라로서는 너무나 뼈아픈 경험을 한 셈이지요.

고구려도 혼쭐이 나기는 마찬가지였습니다. 마침 장맛비가 엄청나게 내렸으니 다행이지, 수나라 30만 대군이 랴오허를 건너기라도 했다면 고구려의 운명을 장담할 수 없었지요. 이에 고구려는 수나라의 강경책을 누그러뜨리기 위해 사신을 파견해 사죄를 했습니다. 영양왕이 '요동 더러운 땅의 신하'라는 굴욕적인 표현을 써 가면서 말입니다.

그렇지만 주변 상황은 고구려에게 더욱 불리하게 돌아갔습니다. 고구려는 내심 돌궐이 다시 일어나 수를 막아 주기를 기대했는데, 그 바람은 물거품이 되었습니다. 동돌궐이 수나라에 완전히 항복하더니(599년) 서돌궐마저 무너졌거든요(602년). 게다가 남쪽의 백제는 수나라에 사신을 파견해 고구려 정벌을 요청했습니다.

서북방으로는 더 뻗어 나갈 수 없고, 남쪽에서는 백제가 강한 적대감을 드러내니 무언가 돌파구를 찾아야 했습니다. 고구려는 비장의 카드를 꺼냈습니다. 603년 가을, 대군을 동원해 신라의 북한산성을 공격한 것입니다. 551년 한강 유역을 빼앗긴 지 50여 년 만의 일입니다. 사실 고구려가 수나라와 대치하면서 남진을 감행하리라고는 아무도 예상하지 못했지요.

그러면 고구려는 왜 예상을 깨고 남진을 감행했을까요? 고구려 사람들은 수나라와 맞서려면 옛날의 세력권을 완전히 회복해야 한다고 여겼습니다. 그러려면 한강 유역을 되찾아야 했지요. 그렇지만 신라나 백제는 그렇게 만만한 상대가 아니었습니다. 더욱이 신라는

6세기를 거치면서 일취월장했지요. 당연히 남쪽 국경은 혼란에 빠져 들었지요.

이 무렵 수나라 문제가 죽고, 양제가 즉위했습니다(604년). 양제는 문제보다 더욱 큰 야망을 품은 황제였습니다. 자신이 직접 사방을 정벌하겠다는 야망 말입니다. 양제는 즉위하면서 곧바로 사방으로 정벌군을 파견했습니다. 그리고 607년에는 직접 북방 순행 길에 올랐지요.

이 때 고구려도 수나라의 움직임을 파악하려고 돌궐에 사신을 보냈습니다. 그런데 돌궐의 계민 가한은 수에 항복한 상태였기 때문인지, 고구려 사신을 숨기지 못하고 양제 일행에게 소개했습니다. 양제는 고구려 사신을 보자 단호한 말투로 말했습니다.

"너희 왕이 직접 와서 머리를 조아려라. 그러지 않으면 대군을 이끌고 정복할 것이다."

물론 고구려는 이러한 요구를 받아들일 수 없었지요. 그것은 항복, 나아가 멸망을 뜻하니까요. 결국 전쟁이라는 선택말고는 다른 길이 없었군요.

수나라는 토욕혼마저 멸한 다음(609년), 본격적으로 고구려 정벌에 착수했습니다. 수 양제는 양쯔 강에서 새롭게 건설한 대운하를 따라 탁군(지금의 베이징)으로 오면서 고구려 정벌령을 내렸습니다 (611년 2월). 백성을 대상으로 병사를 소집하는 징병령, 병기를 만들기 위한 병장기 제작령, 군량미를 전국에서 거두어들이는 군량미 운반령을 잇따라 내려 전쟁 준비를 마무리했지요. 이에 가세라도 하듯 백제와 신라도 잇따라 수나라에 고구려 정벌을 요청했습니다.

독 안에 갇혀 물귀신 된 수나라 병사들

612년 1월, 수나라 군대가 고구려 원정길에 올랐습니다. 전투병만 113만 명, 보급병은 그 두 배, 출발하는 데만 40일, 행렬 길이는 무려 1040리. 어마어마한 원정군이지요.

이 해 2월 수나라 군이 랴오허에 이르렀습니다. 지난 598년의 교훈을 되새겨 강물이 적은 시기를 선택했습니다. 그리 어렵지 않게 랴오허를 건너자 광활한 랴오둥 평원이 나타났습니다.

그런데 수나라 군을 맞이한 것은 인기척 하나 없는 허허벌판과 철벽처럼 우뚝 솟은 성곽이었습니다. 평원 전투에 익숙한 수나라 군은 순간 당황했습니다. 그렇지만 달리 방법이 없었지요. 저기 버티고 선 성곽을 무너뜨리는 수밖에. 수나라 군은 요동성을 에워싼 다음, 성벽을 부수는 충차, 성벽으로 기어오르는 운제, 땅굴을 뚫는 지도(地道), 돌을 날리는 비루 등을 총동원해 공격했습니다.

그러기를 여러 달, 그러나 요동성은 꿈쩍도 하지 않았습니다. 함락될 만하면 항복하는 체하다가 다시 전열을 가다듬곤 하니 도저히 함락할 수 없었습니다. 수 양제는 조바심이 났습니다. 대군을 거느리고 가면 어디든 정복하리라 생각했는데, 고구려의 완강한 저항 앞에 무력감마저 느껴졌습니다.

가만히 보니 군량미도 제대로 조달되지 않았습니다. 당시 수나라 군의 최대 약점은 식량과 필요한 물건을 수천 리나 날라 와야 한다는 것이었지요. 이에 고구려가 수나라 군의 약점을 최대한 활용한 전술을 구사한 것입니다. 물샐틈없는 성 방어 체계를 바탕으로 '들판에 곡식 한 톨 남기지 않고 성 안으로 들어가 성을 지키며 버티는'

청야 수성전(淸野守城戰) 말입니다.

수나라 군은 고구려 성을 함락하지 못하는 한, 100만 대군의 군량미를 모두 중국 대륙에서 가져와야 했습니다. 시간은 흐르고, 군량미는 떨어져 가고, 다급해진 수 양제는 평양성으로 곧바로 진격하기로 마음먹었습니다. 수나라는 30만 별동대를 편성해 압록강까지 진격했습니다.

요동성
고구려의 요동성은 지금 우리가 찾아볼 수 없다. 다만 평안 남도 순천시 용봉리에서 발굴된 4~5세기의 고구려 무덤에 '요동성'이라는 글씨와 함께 성곽을 그린 벽화가 있다. 이 그림은 그 벽화의 선을 따서 그린 것이다.

이 때 고구려 장수 을지문덕이 수나라 군 진영에 항복했습니다. 수나라 군의 상황을 살피기 위한 거짓 항복이었지요. 당시 수나라 병사들은 무게가 3석이나 되는 무기와 식량을 받았는데, 너무 지친 나머지 몰래 식량을 버렸습니다. 이 장면을 본 을지문덕은 수나라 군의 상황을 금방 눈치 챘지요.

을지문덕은 수나라 군 진영을 벗어나 평양성 쪽으로 수나라 군을 유인했습니다. 싸우는 척하면서 도망치기를 하루에도 예닐곱 번씩, 승리감에 빠진 수나라 군은 계속 추격했지요. 이제 평양성 공격만 남은 것처럼 보였습니다. 그렇지만 평양성은 철옹성이었습니다.

더구나 수나라 군은 중간에 있는 고구려 성을 하나도 함락하지 못했습니다. 그러니 중간에 식량을 보급받지 못해 군량미는 떨어지고, 병사들은 기진 맥진한 상태이고, 독 안에 갇힌 쥐나 마찬가지였지요. 이 때 을지문덕이 수나라 군의 총사령관 우중문에게 시 한 수를 보냈습니다.

석(石)

무게를 재는 단위. 1석은 120근이다. 수나라 이전에 1근은 약 240그램이었는데, 수 개황 연간에 종전의 3근을 1근으로 정해 1근의 무게가 700그램 전후로 늘어났다. 그렇지만 수나라 때에도 일반적으로는 종전의 단위가 사용되었다. 이에 따른다면 3석은 360근으로서 약 86.4킬로그램 (360×240그램)이 된다.

비루

신기한 책략은 하늘의 원리에 통달했고
오묘한 꾀는 땅의 이치를 꿰뚫었으며
전쟁에서 공 또한 이미 높으니
족한 줄 알고 그만둠이 어떠한가.

승리를 그 정도 맛보았으면 물러가는 것이 어떠냐고, 수나라 군을 마음껏 조롱하는 을지문덕의 웃음이 보이지 않습니까. 게다가 을지 문덕은 다시 한 번 거짓 항복하면서 "당신들이 물러나면 우리 왕이 당신네 황제를 찾아 뵙겠다"고 물러갈 명분까지 주었습니다.

수나라 군은 퇴각하기 시작했습니다. 그렇지만 수나라 군을 기다린 것은 고구려의 항복이 아니라 거센 추격이었지요. 수나라 군이 '살수(지금의 청천강)'라는 강에 이르러 허겁지겁 건널 무렵, 고구려 군이 총공세를 폈습니다. 이 때 살아서 도망친 자는 열에 한둘도 못 되었다고 합니다.

대규모 원정 실패로 수나라의 지배 질서가 점차 흔들렸습니다. 특히 농민들이 고구려 원정군에 징발되지 않으려고 도망치고, 급기야 무리를 지어 도적떼가 되었습니다. 그러나 수 양제는 이러한 동요에도 아랑곳하지 않고 고구려 정벌을 계속 추진했습니다.

612년에 이어 613년에도, 그리고 614년에도 고구려 정벌에 나섰습니다. 그리고 그 때마다 612년과 똑같은 전략을 구사했습니다. 봄에 랴오허를 건넌 다음, 요동성을 공격하고, 그것이 여의치 않으면

별동대를 편성해 평양성으로 진
격하고.

수나라 군의 전술은 너무 단
순했지요. 덕분에 고구려는 수
나라 군의 공격을 비교적 쉽게
막아 낼 수 있었습니다. 물샐틈
없는 성 방어 체계를 바탕으로
청야 수성 태세를 갖추고, 을지
문덕이 했던 것처럼 유인전과
기습 공격전을 가미하니, 수나
라 군의 공격력은 무디어질 수
밖에 없었지요.

더욱이 613년에는 수나라 군
의 군량미 보급을 맡은 양현감
이 반란을 일으켰고, 614년에는
수나라 전체가 대란에 빠졌지
요. 수나라 군은 내부의 반란으
로 무조건 퇴각할 수밖에 없었
어요. 그러고서도 수 양제는 끝

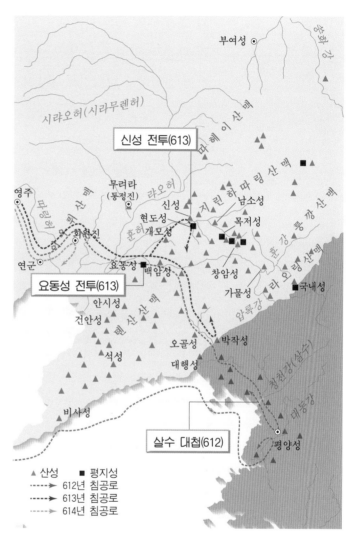

수나라 군의 침공로

까지 고구려 정벌을 포기하지 않았지만, 결국 나라 곳곳에서 농민군
이 일어서는 가운데 비참한 최후를 맞게 되지요. 거대한 통일 제국
수나라도 역사의 뒤안길로 사라지고요.

이로써 고구려는 수나라 군의 공격을 물리치고 나라를 온전히 지켜 냈습니다. 물론 피해도 막심했습니다. 무려 3년 간 수나라의 수백 만 대군과 맞섰으니, 랴오둥 지역에서 평양성에 이르는 거의 모든 땅이 전쟁터가 되었지요. 수많은 백성이 병사가 되었고, 전쟁터에서 죽기도 하고, 그 때문에 농사는 제대로 짓지도 못하고, 그 피해란 이루 헤아릴 수 없었지요.

그렇지만 고구려는 거대한 통일 제국 수나라를 상대한 한판 싸움을 승리로 이끌었습니다. 고구려가 승리할 수 있었던 것은 수나라 군의 허실을 정확하게 파악했기 때문이지요. 자신의 역량을 최대한 활용하는 지혜도 발휘했고요. 치밀한 성 방어 체계를 바탕으로 보급선이 긴 수나라 군의 약점을 최대한 활용했던 것입니다. 그리하여 고구려는 청야 수성전과 같은 다양한 전략·전술을 구사해 단 한 군데 성도 함락당하지 않고 수나라 군을 물리칠 수 있었습니다.

보급병은 왜 전투병보다 많아야 할까?

612년 고구려를 침공했던 수나라 군의 전투병은 모두 113만 명이었다고 한다. 게다가 군량미 등 각종 물자를 나르던 보급병(치중병:輜重兵)은 전투병의 2배로서 200만 명이 넘었다고 하니, 전투병과 보급병을 합치면 300만 명이 넘는 대군이다. 상상조차 하기 어려운 엄청난 규모다. 그런데 보급병이 전투병보다 훨씬 많았던 까닭은 무엇일까?

당시에는 도로나 운송 수단이 발달하지 못했기 때문에 군량미를 비롯해 거의 모든 군수품을 사람의 힘으로 날라야 했다. 그런데 전투병은 칼이나 창 같은 개인 무기 외에도 10명이나 50명을 단위로 여러 가지 공용 무기(성에 돌을 날리는 오늘날의 대포 같은 것들)와 장비를 나누어 가지고 행군했다. 이로 인해 전투병들은 자기네가 먹을 식량을 기껏 십수 일치 정도만 나를 수 있었다. 이에 따로 보급 부대를 편성하여 군량미를 비롯한 갖가지 군수품을 나르도록 했다.

그런데 수나라는 중국 대륙으로부터 랴오시 지역과 랴오허 하류의 늪지대라는 멀고 험난한 길을 따라 가야 했다. 이처럼 멀고 험난한 길을 거쳐 113만 명이나 되는 전투병의 몇 개월치 식량과 보급병들 스스로를 위한 식량, 또 기마병이 탈 말의 먹이까지 날라야 했으니 보급병이 전투병보다 많을 수밖에. 이에 수나라는 전투 군단마다 보급 부대를 배치하는 한편, 지금의 베이징 지역에서 랴오시 지역을 거쳐 랴오허까지 물자를 수송하는 전담 보급 부대를 별도로 편성했다.

수나라는 고구려 군대와 전투를 하면서, 다른 한편에서는 보급 전쟁을 치른 셈이다. 그 고통이 얼마나 심했으면, 612년 수나라 군 별동대의 병사들이 군량미를 몰래 버리며 행군을 했을까. 613년에는 보급병들이 계속 도망쳐, 군수 보급을 총괄하던 양현감이란 사람이 반란을 일으켰을 정도였다.

평강 공주와 바보 온달 이야기는 진짜 있었던 일일까?

'평강 공주와 바보 온달'의 사랑 이야기를 모르는 사람은 아마 없을 것이다.

평원왕(평강왕)에게는 평강 공주라는 어여쁜 딸이 있었다. 공주가 어렸을 때 하도 울어서, 평원왕은 공주가 울 때마다 "바보 온달에게 시집보내겠다"고 말하며 어르고 달랬다고 한다. 어엿한 숙녀로 성장하여 대귀족의 아들에게 시집보내려 하니, 공주가 정색을 하며 "아버님은 옛날부터 바보 온달에게 시집보낸다더니 왜 약속을 지키지 않으십니까?" 하고 임금의 명에 따르지 않았다고 한다.

그 날로 공주는 궁궐에서 쫓겨나고, 마침내 온달의 아내가 되었다. 이 때부터 이야기의 주인공은 평강 공주에서 바보 온달로 바뀐다. 온달은 활쏘기와 말타기를 익혀 낙랑 언덕의 사냥 대회에서 1등을 하고, 랴오둥 지역을 침공한 북주의 군대를 물리쳐 드디어 왕의 사위로 인정받게 된다.

평원왕을 이어 영양왕(양강왕)이 즉위하자, 온달은 "신라에게 빼앗긴 한강 유역을 되찾지 못하면 돌아오지 않겠다"는 비장한 각오를 남기고 신라 정벌에 나섰다. 그 각오가 얼마나 비장했던지 온달이 아단성(阿旦城)이라는 곳에서 전사해 관에 시신을 넣고 옮기려는데, 아무리 여러 사람이 힘을 써도 관이 움직이지 않았다. 공주가 와서 관을 어루만지며 "죽고 사는 것이 이미 결정되었으니, 아! 어서 돌아갑시다" 하고 통곡하니 비로소 관이 움직였다.

어린 날의 약속을 지키기 위한 공주의 용감한 행동, 느릅나무 껍질을 벗겨 먹으며 겨우 생계를 잇던 바보 온달의 극적인 인생 드라마, 죽어서도 각오를 지킨 온달 장군의 비장함, 그 비장함을 따스하게 녹여 다시 고국의 품에 안기도록 한 공주의 영원한 사랑이 오늘날까지도 진한 감동의 여운을 남긴다.

이야기 전개가 무척 극적이기에, 또 엄격한 신분제 사회였던 당시로서는 도저히 맺어질 수 없는 사랑이기에 지어 낸 이야기로 보는 견해도 있다. 그렇지만 지어 냈다고 보기에는 이야기의 전개 과정이 매우 구체적이다. 그래서 많은 학자들은 이 이야기 속에 녹아든 '역사'를 파악한다.

특히 바보 온달이 살았다는 평원왕, 영양왕 때는 중앙 집권 체제가 무너지고 귀족 연립 체제가 성립한 시기이다. 고구려 사회가 급격히 바뀌던 변동기였다. 이러한 사회 변동을 배경으로 새로운 세력이 많이 성장했을 텐데, 바보 온달도 그 가운데 하나로 짐작된다.

그러니까 바보 온달이 뛰어난 무술을 바탕으로 신흥 세력으로 성장하고, 평원왕은 이러한 신흥 세력과 결합하여 왕권을 회복하려고 했다는 것이다. 이렇게 되면 이야기 순서가 바뀌어야 할 듯. 공주가 궁궐을 나가서 온달과 결혼한 것이 아니라, 온달이 출세한 다음 결혼한 것으로 말이다. 다만 그렇게 하면 이야기가 너무 밋밋해진다. 그래서 울보 공주, 집 나간 공주, 공주의 도움을 받아 출세하는 바보 온달로 이야기 순서를 바꾸어 더욱 극적으로 만들었다고 볼 수 있겠다.

그러면 이 이야기가 왜 고구려 사람들 사이에 그렇게 널리 퍼지게 되었을까? 바보 온달의 출세와 평강 공주의 사랑이 진한 감동을 주기에? 맞는 말이다. 그렇지만 그것만으로는 부족하다. 이 이야기의 마지막 부분에 다른 열쇠가 있다.

고구려는 600년대에 접어들면서 한강 유역 회복이라는 기치를 내걸고 신라를 대대적으로 공략했다. 온달의 출정은 이 무렵의 상황을 보여 준다. 이 때 고구려는 신라 북한산성을 공격하다가 실패하는데, 온달의 전사와 일치하는 대목이다. 온달의 출정과 전사는 신라에 대한 강경책을 상징적으로 보여 주는 사건이다.

고구려의 대 신라 강경책은 연개소문이 정변을 일으키면서 절정으로 치닫는다. 집권자들이 이러한 정책을 강력하게 추진하기 위해서는 고구려 사람들의 마음을 하나로 결집시켜야 했다. 그래서 온달의 출정과 전사를 비장한 이야기로 꾸며 널리 퍼뜨린 것으로 생각된다.

죽어서도 움직이지 않은 온달의 비장한 각오, 그 비장한 각오를 다시 고국의 품으로 안은 공주의 영원한 사랑. 이 이야기를 듣고도 전선으로 뛰쳐나가지 않을 고구려 젊은이는 없을 것이다. 그 젊은이를 붙잡을 어버이나 지어미도 없을 테고. 그러고 보니 평강 공주와 바보 온달의 이야기에는 공주와 바보의 평범한 사랑 이야기가 아닌 7세기 전반 강경한 대외 정책을 실현하려 한 고구려 집권자들의 치밀한 전략이 담겨 있다.

일본으로 건너간 고구려 승려들

고구려는 6세기 후반 수나라를 견제하기 위해 주변 여러 나라와 밀접한 관계를 맺었다. 특히 왜에 선진 문화를 전수하며, 왜를 후원 세력으로 만들려고 많은 노력을 기울였다.

이 때 고구려의 혜자(惠慈) 스님이 왜로 건너가 쇼오토쿠(聖德) 태자의 스승이 되었다(595년). 혜자 스님은 쇼오토쿠 태자를 도와 불교를 크게 일으켰을 뿐 아니라, 왜가 여러 선진 문물을 갖출 수 있도록 도왔다. 두 사람 사이가 얼마나 가까웠는지, 혜자 스님은 귀국한 다음 쇼오토쿠 태자의 사망 소식을 듣고 어느 날을 정해 정토(淨土 : 부처가 산다는 이상향, 죽은 다음의 세상)에서 만나기를 빌었는데, 소원한 바로 그 날에 열반에 드셨다(돌아가셨다)고 한다.

담징 스님도 왜로 건너가 유교 경전과 더불어 물감, 종이, 먹, 연자방아 등을 만드는 기술을 전해 주었다(610년). 담징 스님은 유명한 호류지(法隆寺 : 법륭사. 일본 나라 현에 있는 절)의 금당에 벽화를 그렸다고도 전한다(610년).

그 밖에도 이 무렵 굉장히 많은 고구려 승려들이 왜로 건너가 불교와 고구려의 선진 문화를 전해 주었다.

이 무렵 찬란한 꽃을 피운 일본의 아스카 문화(7세기 전반 왜의 정치 중심지는 나라 남쪽의 아스카 지방이었다. 아스카를 중심으로 발전한 7세기 전반의 문화를 아스카 문화라 한다)는 백제뿐 아니라 고구려 문화의 지대한 영향을 받아 이루어졌다. 이를 증명이라도 하듯 아스카 문화의 상징인 아스카 사(飛鳥寺)의 가람 배치는 평양 금강사 터(청암리 절터)를 빼닮은 1탑 3금당식이다(262쪽 참조). 또한 아스카에 있는 다카마쓰 고분(高松塚 : 고송총)의 인물이나 사신(四神) 그림은 고구려 고분 벽화를 보는 듯한 착각을 일으킬 정도이다.

다카마쓰 고분 벽화

13

물리치고 또 물리쳤건만

고구려 멸망에 이르기까지

눈에는 눈, 이에는 이

618년 9월 고구려 영양왕이 죽고, 이복동생인 영류왕이 새 임금으로 즉위했습니다. 이에 앞서 이 해 5월에는 수나라가 고구려 정벌의 후유증을 이기지 못하고 결국 멸망했습니다. 농민군의 함성이 중국 대륙을 뒤흔드는 가운데 당(唐)이 건국되었지요. 고구려에서는 새 임금, 중국 대륙에서는 새로운 왕조의 역사가 열린 것입니다.

　영류왕이나 당나라 앞에는 헤쳐 나가야 할 과제가 산더미처럼 쌓여 있었습니다. 영류왕은 612년 수나라 군의 평양성 공격을 막아 낸 인물입니다. 군사적 역량을 갖추었던 만큼, 땅에 떨어진 왕권을 회복하려고 했겠지요. 그러나 귀족 세력은 여전히 강대했고, 실권자인 '대대로'의 권세는 왕권을 능가할 정도였지요.

당도 비록 수나라 도성인 장안성(長安城)을 장악했지만, 중국 대륙 곳곳에는 수많은 세력이 버티고 있었습니다. 그 중 몇몇 세력은 당에 버금 가는 독립 왕조를 이루었지요. 영류왕이나 당 모두 내부의 도전 세력을 물리치는 것이 급했군요.

이에 당나라는 중국 대륙을 통일하기 위해 온 힘을 기울이는 한편, 대외적으로는 온건한 정책을 폈습니다. 당의 온건책은 전쟁으로 지친 고구려에게도 반가운 소식이었지요. 두 나라는 사신을 주고받으며 평화로운 외교 행보를 이어 갔습니다.

고구려가 수나라 군 포로를 돌려보내자, 당나라는 영류왕을 책봉하고 도교를 전해 주었습니다. 고구려 사람들이 당에 유학하겠다고 요청하자, 이것도 허락했지요.

그런데 평화로운 관계도 잠시 잠깐. 당나라는 628년 중국 대륙을 다시 통일한 다음, 주변 세력을 하나씩 제압하면서 본색을 드러냈습니다. 당도 수처럼 처음부터 중국 중심의 국제 질서를 세우려는 야욕을 갖고 있었지요. 다만 중국 대륙이 분열된 상태였기 때문에 잠시 꿈을 미루었을 뿐이지요.

당나라는 중국 대륙을 통일한 다음 곧바로 대외 정복에 나섰습니다. 먼저 수, 당 교체기에 부흥한 동돌궐부터 공략했습니다. 이에 거란이 먼저 항복을 청하더니, 630년 동돌궐이 무너지자 고구려 서북방에 있는 해, 습, 실위 등이 잇따라 당나라에 항복을 청했습니다. 고구려 사람들은 다시 위기가 몰려오는 것을 직감했습니다.

이에 고구려는 당나라에 동돌궐 토멸을 축하하는 사절을 파견하여 평화로운 관계를 유지하고 싶다는 뜻을 전달했습니다.

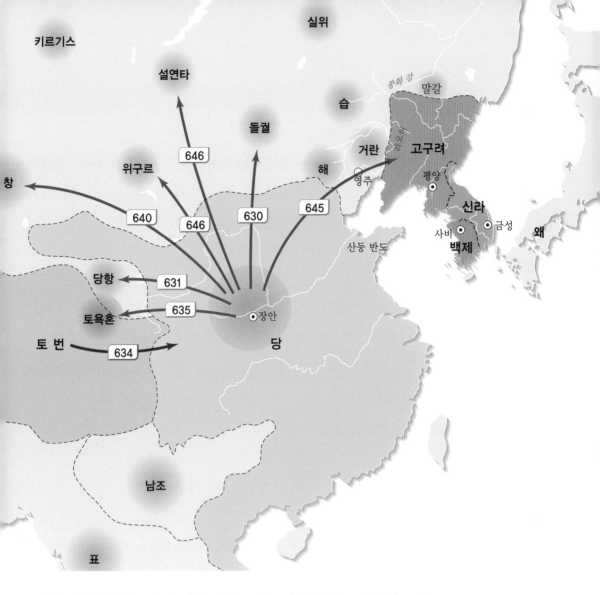

키르기스

실위

설연타

습

송화 강

말갈

돌궐

위구르

646

해

거란

고구려

646

630

645

영주

평양

창

640

646

산둥 반도

신라

631

당항

금성

635

토욕혼

사비

왜

장안

토번

634

당

백제

남조

표

아울러 '봉역도'를 바쳐 당의 책봉국임도 인정했지요. 여기에는 당
이 고구려 영토의 제후로서 고구려 왕을 책봉했으니, 제후의 영역을
보장하라는 숨은 의도도 깔려 있었지요.

온건한 외교 노선을 선택한 것인가요? 그렇지만 고구려 사람들은
외교 노선만으로는 생존권을 지킬 수 없음을 잘 알았습니다. 당연히
군사 방어책도 세웠지요. 631년 2월부터 부여성에서 서해에 이르는
광활한 대평원을 가로질러 천리장성을 쌓기 시작했습니다. 천리장

당나라의 대외 정복 활동

봉역도(封域圖)

봉역은 책봉을 받은 제후의
영토 범위를 뜻하는 말. 봉
역도라 하면 곧 제후의 영
역을 표시한 지도를 말한
다. 고구려 지도를 바치면
서 '봉역도'란 이름을 썼다
면, 곧 고구려가 당나라의
제후국임을 인정하는 태도
가 된다.

성은 16년에 걸친 대역사 끝에 완성되었지요.

외교 유화책과 군사 방어책을 동시에 마련했군요. 그런데 당나라는 뜻밖의 조치를 취했습니다. 당은 사신을 보내, 고구려가 수나라 군의 시신을 모아 만든 전승 기념물인 '경관(京觀)'을 파괴했습니다 (631년 8월). 고구려의 기세를 꺾기 위해 경관을 허문 것입니다. 당에 대항하지 말라는 강력한 경고를 담아서 말입니다.

그런데 이상하게도 당나라는 고구려에게 군사 행동을 더 취하지는 않았습니다. 그래서 고구려는 눈에는 눈, 이에는 이로 맞선다는 전략을 세워 놓고도 외교 유화책과 군사 강경책을 놓고 저울질할 수밖에 없었지요.

평양성을 피로 물들인 연개소문의 정변

이러한 대외 상황에서 고구려 내부의 갈등은 더욱 커졌습니다. 귀족 세력들은 점차 대당 정책을 둘러싸고 온건파와 강경파로 나뉘었지요.

반면 시간이 지날수록 당나라의 판도는 더욱 넓어졌습니다. 당은 630년 동돌궐을 토멸한 다음, 635년에는 토욕혼을 격파하고, 640년 8월에는 고창마저 무너뜨렸습니다. 이제 고구려를 제외하면 당에 대적할 만한 세력이 거의 모두 사라졌군요.

고구려는 다시 중대한 선택의 갈림길에 섰습니다. 이 때 영류왕을 비롯한 몇몇 귀족 세력은 온건한 외교적 타협책을 모색했습니다. 영류왕은 고창국이 멸망하기 직전인 640년 2월, 세자 환권(桓權)을 사신으로 보내 당나라의 속셈을 알아보았지요. 그리고 왕족이나 귀족

고창(高昌)

중국 톈산(天山 : 천산) 산맥 동쪽의 신장(新疆 : 신강) 일대에 있었던 나라. 이 지역에 뿌리를 내린 한족(漢族 : 중국 민족)이 5세기에 나라를 세워 6세기에 번성을 누리다가 640년 당나라에게 멸망했다.

의 자제를 당의 국자감(오늘날의 국립 대학과 같은 곳)에 들여 보내고 싶다고 청했습니다.

말하자면 볼모를 보내겠다는 것이니, 당나라에 대항하지 않겠다는 의사 표현이로군요. 당은 영류왕의 요청에 확답을 피한 채, 이듬해 진대덕(陳大德)을 사신으로 파견했습니다. 진대덕은 국내외 정보를 총괄하는 벼슬인 직방랑중(職方郎中)을 맡은 사람이었지요. 당은 고구려 내부 사정을 가장 잘 파악할 수 있는 인물을 사신으로 보낸 셈이로군요.

영류왕은 군대를 성대하게 도열시킨 가운데 진대덕을 맞이했습니다. 고구려의 군사력이 여전히 막강하다는 것을 보여 주고 싶었겠지요. 당나라 군도 얼마든지 물리칠 수 있다고 말입니다. 그러면서 진대덕을 융숭하게 대접하며 외교적 타협책을 모색했지요.

그렇지만 진대덕은 이런 것에는 아랑곳하지 않고 직방랑중이라는 벼슬에 걸맞게 고구려 내부 정세를 탐색하기 시작했습니다. 먼저 고창국 멸망 소식을 전하면서 고구려의 의중을 살폈습니다. 그리고 고구려 관리들에게 뇌물을 주며 명승지를 둘러본다는 핑계로 곳곳의 군사 시설과 자연 지세를 샅샅이 염탐했습니다.

진대덕의 방문 목적은 고구려의 군사 상황을 파악하는 데 있었군요. 고구려 귀족들은 이것도 모른 채, 고창국 멸망 소식을 듣고 갈팡질팡했습니다. 동돌궐과 토욕혼에 이어 고창국까지 멸망했다니, 다음 공격 대상이 고구려임은 삼척 동자도 알 일. 실권자인 대대로가 진대덕의 숙소를 세 번이나 방문한 것을 보면, 얼마나 당황했는지 쉽게 짐작되겠지요.

진대덕이 돌아간 다음, 대당 정책을 둘러싼 갈등은 더욱 심해졌겠지요. 이러한 갈등은 귀족 세력의 분열과 맞물려 목숨을 건 권력 투쟁으로 발전했습니다. 642년 1월, 영류왕을 비롯한 온건파 귀족 세력은 연개소문부터 제거하기로 결정했습니다. 연개소문을 천리장성의 책임자로 임명하여 변방으로 쫓아 낸 다음 죽이기로 모의한 것입니다.

당시 연개소문 집안은 '막리지'라는 벼슬을 세습하며 출신 부인 동부(東部)의 군사력을 관장하던 최상층 귀족 가문이었습니다. 그런데 아버지가 죽은 다음 연개소문이 벼슬을 이어받으려 하자, 여러 귀족들이 잔인하고 포악하다며 반대했습니다. 연개소문은 용서를 빌고 복종하겠다고 맹세하여 겨우 벼슬에 올랐지요.

연개소문이 얼마나 많은 견제를 받았는지 알 수 있겠지요? 뒤집어 말하면 연개소문의 세력이 그만큼 막강했다는 뜻이고요. 자신을 제거하겠다니, 연개소문도 자구책을 세워야겠군요. 연개소문은 장성 책임자로 임명되고도 변방으로 떠나지 않고 계속 왕도에 머물렀습니다. 영류왕과 반대파 귀족을 몰아낼 계획을 세우기 위해서였지요.

642년 9월, 준비가 끝나자 연개소문은 귀족들에게 초청장을 보냈습니다. "변방으로 떠나기 위해 군대 사열식을 거행하니 참석해 주십시오" 하고 말입니다. 대동강변의 사열식장에는 술과 음식이 풍성하게 차려지고, 귀족들은 성대한 만찬을 기대하며 사열식장으로 들어섰습니다. 눈엣가시인 연개소문이 변방으로 떠난다니 얼마나 반가웠겠습니까.

귀족들이 모두 들어오자, 연개소문은 사열식을 거행하는 대신 칼을 빼 들었습니다. 반대파 귀족 180여 명의 목을 베어 버렸지요. 피

연개소문은 이름이 여럿이라던데?

연개소문의 이름은 역사책마다 다르게 나온다. 《삼국사기》에는 연개소문(淵蓋蘇文), 중국 역사책에는 개금(蓋金), 일본 역사책에는 이리가수미(伊梨柯須彌)…….

《삼국사기》를 보면, 연개소문은 '스스로 물 속에서 태어났다'면서 '연못 연(淵)'을 성씨로 삼았다고 한다. 비슷한 이야기는 연개소문의 아들인 남생의 묘지명에도 나온다.

남생의 묘지 탁본(중국 허난 박물원)

일본 역사책에 나오는 '이리가수미'와 연개소문을 비교해 보면, '가수미'는 '개소문'에 해당할 것이므로 당시 고구려 사람들이 '연(淵)' 자를 '이리(伊梨)'로 읽은 사실을 알 수 있다. 또 중국 역사책에 나오는 '개금'이라는 이름은 '개소문' 중에 '소문'을 '쇠 금(金)'이라는 한자로 표현한 것이라 볼 수 있다.

그런데 고구려 멸망 뒤 당나라로 간 연개소문의 후손들은 성씨를 '연(淵)'과 뜻이 비슷한 '샘 천(泉)'으로 바꾼다. 천남생, 천남산, 천헌성……. '연(淵)'이 당 고조 이연(李淵)의 이름과 같다고 하여 이를 피했기 때문이다. 당시에는 황제나 임금과 이름자가 같으면 신하 된 자가 같은 이름을 쓸 수 없다 하여 이름을 고쳤다.

'연(淵)'을 '샘 천(泉)'으로 바꾸었다. 그러고 보니 연개소문 집안 사람들은 자기네 조상이 물과 특별한 연관이 있다고 믿은 모양이다. 이는 다른 귀족 가문들이 고구려 왕실과 연관되는 시조 설화를 가진 것과 뚜렷이 구별되는 일이다. 이에 연개소문 집안이 물, 곧 농업 생산력을 기반으로 성장한 신흥 귀족이었다고 보는 학자들도 있다.

의 만찬이 끝나자, 연개소문은 곧바로 궁궐로 달려갔습니다. 영류왕을 죽이고 시신을 여러 토막으로 잘라 구렁에 버렸지요. 그러고는 영류왕의 조카인 보장을 새 임금으로 세우고, 자신이 모든 권력을 독차지했습니다.

명분 없는 쿠데타의 한계

연개소문은 단 한 번 정변을 일으켜 권력을 장악했습니다.

그렇지만 연개소문에 대한 반발도 만만치 않았지요. 특히 지방 성주들의 반발이 심했습니다. 안시성주도 그 가운데 한 명이었습니다. 연개소문이 직접 토벌에 나섰지만 실패했지요. 연개소문은 안시성주의 지위를 인정하는 선에서 타협할 수밖에 없었어요.

오랜 세월 막강한 권력을 쌓아 온 귀족 세력을 제압하는 것은 결코 쉽지 않았지요. 사실 그의 쿠데타는 뚜렷한 명분도 없었습니다. 권력 투쟁에서 살아남기 위한 욕망, 그것이 전부였지요.

당시 고구려 사회는 안팎으로 위기였습니다. 끊임없는 외침과 귀족들의 권력 다툼, 그 속에서 가장 고통받는 것은 백성들이었지요. 그런데도 귀족들은 호사스런 생활을 누리려고 온갖 물자를 거두어 갔습니다. 굶주리는 사람은 늘어 가고, 민심은 흉흉해지고, 곳곳에서 도적이 일어났어요. 이에 귀족들은 '반역을 꾀한 자는 불태운 뒤 머리를 베고, 길 가는 사람을 겁탈한 자도 죽이는 등' 엄한 법을 만들어 백성을 옥죄었지요.

연개소문은 이러한 모순을 개혁하는 대신, 반대파 귀족 세력을 제

성주(城主)

고구려는 각 지역에 성을 쌓고 지방관을 파견하여 지방 지배와 군사 방어를 맡도록 했다. 지방관의 명칭은 성의 등급에 따라 달랐지만, 일반적으로 성주라고도 했다.

압하기 위해 자신의 권력 기반을 강화하는 데만 힘을 쏟았습니다. 다. 어린 자식에게 높은 벼슬과 군사 지휘권을 주고, 도교를 들여 와 귀족 세력과 연계된 불교를 탄압하고, '태대대로'라는 종신 벼슬을 만들어 취임하고……

겉으로는 귀족 연립 체제를 부정하고 종신 집권의 꿈을 이룬 것처럼 보였습니다. 그렇지만 귀족 연립 체제를 개혁하고 자신의 집권을 정당화하는 데는 실패했지요. 오히려 귀족 연립 체제의 모순은 오랫동안 잠복했다가 그의 죽음과 함께 폭발합니다.

연개소문의 권력 기반은 우리가 생각하는 것보다 훨씬 취약했고, 또한 귀족 세력을 통합하는 데도 실패했던 것입니다. 명분 없는 쿠데타와 허약한 권력 기반, 이것으로는 대외 정책도 탄력 있게 펼칠 수 없었겠지요. 연개소문과 신라 김춘추가 만났을 때의 일은 이 점을 잘 보여 줍니다.

642년 여름, 신라가 백제에게 성 40여 곳을 빼앗겼습니다. 위기에 몰린 신라는 고구려에 도움을 청하기로 했지요. 이 해 초겨울 김춘추가 평양성을 방문하니, 막 권력을 손에 쥔 연개소문이 그를 맞이했습니다.

김춘추가 도움을 요청하자, 연개소문은 "고구려의 옛 땅인 한강 유역을 돌려주면 도와 주겠다"는 엉뚱한 요구를 했습니다. 신라 땅의 절반을 내놓으라니, 신라로서는 도저히 받아들일 수 없었겠지요. 이로써 고구려는 신라와 손잡을 기회를 잃게 되었습니다.

연개소문은 왜 이렇게 무리한 요구를 했을까요? 잘만 하면 신라에게 상당한 양보를 받아 내고 한반도 정세를 주도할 수도 있었을 텐데 말입니다. 바로 명분 없는 쿠데타로 권력을 장악한 직후였기 때문입니다. 하루 빨리 전과를 올려 반대파 귀족의 반발을 잠재우고 취약한 권력 기반을 보완하려는 성급한 마음이 앞섰기 때문이지요.

문제는 여기서 끝나지 않았습니다. 연개소문의 쿠데타는 고구려 침공의 명분만 찾던 당나라에게도 반가운 소식이었지요. 사실 연개소문도 당의 침공이 두려웠어요. 그래서 당 태종에게 백금을 바치고, 관리 50명을 보내 황제를 호위하겠다는 제의도 했답니다.

그렇지만 오래 전에 이미 고구려 정벌을 결심한 당 태종의 마음을 되돌릴 수는 없었지요. 결국 연개소문의 쿠데타는 당에게 침공의 명분만 제공한 셈이었습니다. 연개소문도 당나라 군의 침공에 맞서는 강경책을 선택할 수밖에 없었지요.

안시성의 교훈

644년 10월, 당 태종이 '임금을 시해한 연개소문을 토벌한다'는 명분을 내걸고 고구려 정벌에 나섰습니다. 이 때 수 양제의 실패를 경험했던 많은 신하들이 "고구려는 멀어서 군량미를 옮기기 어렵고, 성곽을 잘 지키므로 함락하기 힘듭니다"고 반대했지요.

그러나 당 태종은 지금은 수나라 때와 사정이 다르다면서 정벌을 밀어붙였습니다. 아마 당 태종은 주변국을 모두 제압한 사실이나 고구려 내부 상황을 상세히 파악한 사실을 떠올렸겠지요. 수 양제의 실패를 결코 되풀이하지 않겠다는 확신과 함께 말입니다.

645년 봄, 당나라 군이 랴오허에 도착했습니다. 과연 당나라 군은 겉모습부터 수나라 군과 달랐습니다. 수나라 군이 보병이든 기병이든 무거운 갑옷으로 중무장했던 데 비해, 농민 출신 병사를 근간으로 하는 당나라 군은 대부분 갑옷을 입지 않은 날렵한 옷차림이었습니다. 당연히 기동력이 뛰어났겠지요. 수나라 군이 시종일관 한 길로만 랴오허를 건넜던 데 비해, 당나라 군은 세 갈래로 나누어 건넜습니다.

당나라 군은 랴오허를 건넌 뒤에도 수나라 군과 다른 행보를 보였습니다. 수나라 군은 요동성을 공격하다가 여의치 않으면 평양성으로 진공했는데, 당나라 군은 고구려 성들을 하나씩 무너뜨리는 전략을 폈습니다. 진대덕의 정탐으로 고구려 군사 방어 체계를 간파한 결과이지요. 섣불리 덤볐다가는 독 안에 갇힌 신세가 될 줄을 미리 알았던 것입니다.

또한 당나라 군은 초기에 전과도 많이 올렸습니다. 북쪽으로 랴오허를 건넌 부대는 개모성을 함락하고, 남쪽으로 건넌 부대는 건안성을 공격하여 수천 명의 고구려 군사를 죽였습니다. 산둥 반도를 출발하여 보하이 만을 건넌 부대는 랴오둥 반도 남단의 비사성을 함락했지요.

당나라 군은 요동성에 집결해 성곽을 겹겹이 에워쌌습니다. 고구려군도 결사 항전의 자세로 임했지요. 밤낮을 가리지 않고 공방전을 벌인 지 십수 일, 고구려군은 마침내 당의 화공(火攻) 앞에 무릎을 꿇어야 했습니다. 요동성을 함락한 당군이 백암성으로 몰려오자, 성주 손대음은 지레 겁을 먹고 백기 투항을 했습니다. 이로써 당군은 압록강으로 나아가는 지름길을 확보했습니다.

그런데 당나라 군은 더 진격하지 않고 다시 랴오둥 평원을 따라 남

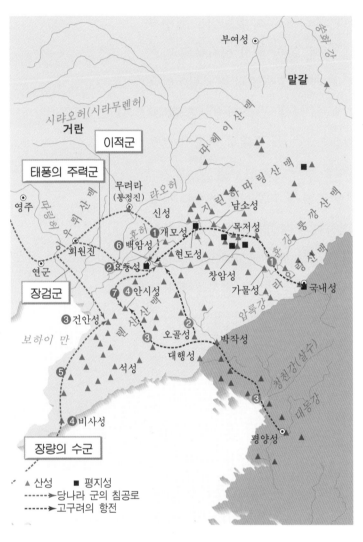

쪽 안시성으로 나아갔습니다.
왜 곧바로 압록강을 거쳐 평양
성으로 진공하지 않았을까요?
당시 랴오둥 평원에서 압록강
으로 나아가는 길은 세 갈래였
답니다. 각 길목에는 개모성-
백암성, 안시성, 건안성이 버
티고 있었지요. 그 안쪽에도
여러 성이 늘어섰고요. 그러니
백암성을 함락했다고 곧바로
압록강으로 진격할 수 없었지
요. 그랬다가는 수나라 군대처
럼 독 안에 갇힌 쥐 신세가 될
테니까요.

당나라 군이 안시성에 도착
하자, 연개소문도 15만 대군을
보내 구원에 나섰습니다. 그런
데 이들은 전통적인 전술을 펴
지 않고 섣불리 평원전을 벌이
다가 당나라 군에게 몰살당했
지요. 반면 안시성주는 전통적
인 청야 수성전으로 맞섰습니
다. 당나라 군은 온갖 수단을

645년 당나라 군의 진격
❶ 개모성 함락(645년 4월)
❷ 요동성 함락(645년 5월)
❸ 건안성 공격.
❹ 비사성 함락(645년 5월)
❺ 건안성으로 진격.
❻ 백암성 함락(645년 5월)
❼ 고구려 중앙군 무너지다(645년 6월)

645년 고구려의 항전
❶ 국내성 · 신성의 4만 대군을 파견하여 요동성을 지원하다.
❷ 오골성 군대 1만을 파견하여 백암성을 지원하다.
❸ 고구려 · 말갈 연합군 15만을 파견하여 안시성을 지원하다.
❹ 안시성주가 당나라 군을 물리치다.

수나라와 당나라 군대의 차이점

고구려를 침공했던 수나라와 당나라 군대는 겉모양부터 달랐다. 우선 수나라 기병은 무사와 말 모두 갑옷으로 무장한 중장기병이었다(《수서》 예의지). 이러한 중장기병은 후한 말에 나타났는데, 곳곳의 호족(지방의 유력자)이 막강한 경제력을 바탕으로 중장기병 부대를 사사로이 거느리는 군대로 양성하면서 널리 퍼졌다. 그리고 4세기 이후 북중국을 장악한 북방 족속들이 호족들과 협력하여 중장기병을 대대적으로 양성하면서 군대의 주력 기반으로 자리 잡게 되었다. 중국 대륙을 통일한 수나라 역시 호족 집단을 정치 기반으로 삼았기 때문에 중장기병이 주력 부대를 이루었다.

그런데 수나라 말기의 농민 봉기를 거치면서 호족 집단은 치명적인 타격을 입게 되고 중장기병도 점차 사라졌다. 반면 당나라는 농민군을 규합하여 중국 대륙을 재통일했다. 농민군 병사들은 바로 일반 백성이었기에 값비싼 갑옷들을 다 갖출 수 없었다. 이로 인해 당나라 군대는 몸이 가벼워 날쌘 기동력을 자랑하는 경기병이나 경보병으로 이루어졌다. 가령 당 태종이 탔던 전투마를 조각해 놓은 '소릉육준(昭陵六駿)'을 보아도 갑옷을 입은 말이 없다.

당나라 군은 수나라 군에 비해 날렵했고, 기동력도 좋았다. 이에 시종일관 한 길로만 랴오허를 건넜던 수나라 군과 달리, 당나라 군은 여러 갈래로 랴오허를 건너는 게 수월했다. 당나라 군은 랴오허를 건넌 다음에도 랴오둥 평원 곳곳을 헤집고 다니며 고구려 성곽을 공략했다. 그렇지만 겨울이 오기 전 겨우 몇 달 동안에 그토록 즐비한 고구려 성을 모두 무너뜨리기는 불가능했다. 당 태종은 이 점을 깊이 생각하지 않았기 때문에, 수나라 군과 달리 고구려 성 여러 곳을 무너뜨리고도 결국 눈물을 삼키며 물러가야 했다.

안시성으로 짐작되는 중국 랴오닝 성 하이청(海城:해성) 시의 영성자산성

다 동원했지만, 좀처럼 공략할 수 없었습니다.

그러자 당나라 군은 안시성 동남쪽에 흙산을 쌓기 시작했습니다. 산을 쌓은 지 60여 일, <u>연인원</u> 50여만 명을 동원한 끝에 흙산이 성벽보다 높아졌습니다. 당나라 군이 성 안을 내려다보며 공격하려는 순간, 흙산이 갑자기 성벽 쪽으로 무너졌습니다. 고구려군은 기다렸다는 듯이 재빠르게 흙산을 점령했지요.

당나라 군이 안시성에서 발목이 묶인 사이, 어느덧 계절이 바뀌어 찬바람이 불어 왔습니다. 풀은 마르고, 물이 얼기 시작하고, 군량미는 다 떨어져 가고. 조금 더 머뭇거리다가는 추위와 눈보라에 얼어 죽을 판이었습니다. 당나라 군은 물러나는 것 외에는 달리 방법이 없었지요.

당 태종은 고구려의 군사 상황을 정확히 파악한 탓에 수 양제의 전철을 밟지는 않았지요. 그렇지만 '고구려는 너무 멀고 성을 잘 지키는 나라'임을 뼈저리게 느껴야 했지요. 1년도 안 되는 짧은 기간에 무수한 고구려 성을 모두 점령하기란 애초부터 불가능했던 것입니다. 당 태종이 물러가자, 안시성주가 성벽에 올라 작별 인사를 했다고 합니다. '당나라 군도 별수 없군' 하고 당 태종을 마음껏 조롱하는 안시성주의 웃음이 보이나요?

연인원
여러 날 걸려 끝낸 어떤 일을 하루에 다 한 것으로 가정하고, 그 일에 참여한 인원의 수를 날 수로 환산한 것. 가령 열 사람이 5일 걸려 끝낸 일의 연인원은 50명이다(10명×5일=50).

안시성주는 정말 양만춘 장군인가?

안시성주, 642년 쿠데타를 일으킨 연개소문에게 강력하게 항거하고, 645년에는 당 태종의 침공을 저지한 역사적 인물. 그렇지만 《삼국사기》와 같은 역사책에서는 안시성주라고만 할 뿐, 이름이 나오지 않는다. 다만 조선 후기에, 송준길이라는 선비의 문집인 《동춘당선생별집(同春堂先生別集)》이나 박지원의 기행문인 《열하일기(熱河日記)》와 같은 책에서만 양만춘(楊萬春, 梁萬春)이라고 이름을 전할 뿐이다. 역사적 근거가 분명치 않으므로 재미 삼아 이야기할 때는 안시성주가 양만춘이었다고 할 수 있겠지만, 역사책에서는 함부로 단정해서 쓸 수 없겠다.

한국문화예술진흥원에서 나온 〈민족기록화－민족사관 편〉의 안시성 전투 기록화(박창돈 그림)
다만 아래 그림과 달리 안시성은 실제로 석성이 아니라 토성이다.

전쟁에서는 이겼건만

안시성 전투는 고구려 군사 방어 체계의 막강함을 다시 한 번 보여 주었습니다. 그렇지만 당 태종은 결코 고구려 정벌을 그만둘 생각이 없었습니다. 연개소문이 사신을 보내 사죄를 하며 아리따운 미녀까지 바쳤는데도, 이를 물리치며 연개소문의 조공을 받지 말라고 명했지요. 647년 2월, 당 태종이 신하들을 모아 다시 고구려 정벌을 의논했습니다. 이들은 오랜 논란 끝에 다음과 같이 결론을 내렸습니다.

"고구려는 산에 의지하여 성을 쌓았기 때문에 쉽게 함락할 수 없다. 그러니 소규모 부대로 자주 침공하여 농사일을 버리고 성 안으로 들어가도록 만들자. 그리하여 1000리가 쑥대밭이 되면 백성의 마음이 떠나, 싸우지 않고도 압록강 이북을 얻을 수 있을 것이다."

당은 이러한 전략에 따라 647년부터 거의 해마다 수천 명에서 1만 명에 이르는 소규모 군대를 보내 곳곳을 공격했습니다. 이에 고구려도 군사력을 총동원했지요. 당나라 군이 어디를 공격하든 중요 거점이 되는 성에서 구원병을 파견하여 물리쳤습니다. 이에 따라 당나라 군은 '1000리를 쑥대밭으로 만들기'는커녕, 한두 성을 함락하고는 곧바로 물러나야 했지요.

고구려는 다시 자신감을 회복하고 남과 북으로 세력을 뻗치기 시작했습니다. 연개소문도 당나라에 대한 전쟁을 주도하면서 권력 기반을 굳혀 나갔지요. 남으로는 백제와 연합해서 신라를 협공하여 많은 전과를 올렸습니다. 북으로는 말갈족에 대한 지배를 강화하는 한편, 당에 예속된 거란을 공격하기도 하고요.

또한 몽골 초원, 나아가 중앙아시아 일대의 여러 나라와 교섭하며 당을 견제할 방안도 모색했습니다. 사실 연개소문은 645년에도 몽골 초원의 설연타에게 도움을 청한 바 있지요. 다만 이 때는 당이 미리 설연타에게 강력한 경고를 보냈고, 연개소문도 뒤늦게 구원을 청했기 때문에 이루어지지 못했지요. 연개소문은 이 때의 실패를 교훈 삼아, 그 뒤 초원 지역 각 방면으로 사신을 보내 활로를 모색했답니다.

그런데 바로 이 무렵, 동아시아 국제 질서를 뒤흔들 엄청난 사건이 일어났습니다.

648년 신라가 고구려, 백제의 협공을 견디다 못해 당나라에 구원을 요청했습니다. 김춘추는 당 태종에게 "백제를 무너뜨린 다음 고구려를 공격하자"고 제의했습니다. 당 태종은 645년의 쓰라린 기억을 되살리며 무릎을 탁 쳤습니다. '신라로부터 군량미를 보급받는다', 병참선의 문제점을 해결할 묘안을 찾은 것입니다.

두 나라는 곧바로 군사 동맹을 맺었습니다. 백제와 고구려를 차례로 멸한 다음 평양성을 경계로 땅을 나눈다는 밀약과 함께 말입니다. 신라는 군수 물자를 보급하고, 당은 군사력을 제공하는 국제 연합군이 탄생한 것입니다. 이에 따라 고구려의 전통적인 전술은 무용지물이 되었습니다.

당군은 660년 백제를 무너뜨리고는 거의 해마다 평양성까지 진공했습니다. 한겨울에도 평양성을 에워쌌다가 매서운 추위가 닥치거나 큰 눈이 오면 신라로부터 군량미를 보급받아 물러나곤 했지요.

설연타(薛延陀)

흉노의 후예로서 위구르 15종족의 하나. 돌궐에 예속되었다가 630년대에 돌궐이 쇠약해지자 세력을 떨치기 시작했다. 646년 당나라의 공격을 받아 멸망했다.

이 때도 고구려군은 죽을 힘을 다해 싸웠지만, 백제는 이미 멸망했
고, 신라와 당나라의 연합군은 마음 놓고 평양성까지 진격하는 상황
이었지요. 그러니 이제 고구려의 운명은 풍전등화(風前燈火)와 같은
신세였습니다.

바로 이 무렵(665년), 무서울 것 없이 권력을 마구 휘두르던 연개소문
이 죽었습니다. 그의 죽음은 곧바로 권력 투쟁으로 이어졌습니다. 오랫
동안 억눌렸던 귀족 세력의 권력욕이 폭발한 것입니다. 귀족들은 연개
소문의 아들들을 앞세워 치열한 권력 다툼을 벌였습니다. 처음에는 맏
아들인 남생이 권력을 잡는가 싶더니 동생들(남건과 남산)에게 밀려났

지요.

결국 남생은 당에 투항하고, 연개소문의 동생 연정토는 신라로 투항하고. 강대한 적 앞에서 사분 오열한 고구려의 귀족 세력. 그러고도 고구려가 멸망하지 않는다면 분명 기적이겠지요. 그렇지만 역사에 우연은 있어도 기적이란 없답니다.

당나라 군은 남생을 길잡이로 삼아 마지막 공격에 나섰습니다. 남쪽에서는 신라가 수레 수천 대에 군량미를 싣고 평양성으로 출발했고요. 당나라 군은 남생이 작성한 계획표에 따라 신성부터 공략했습니다.

신성이 넘어가자, 북쪽의 부여성에서 평양성에 이르기까지 그렇게 견고하던 성들이 순식간에 와르르 무너졌습니다. 지난 수십 년간 수·당의 침공을 그토록 잘 막았건만, 권력욕에 눈먼 귀족 세력의 분열과 다툼은 그 모든 것을 물거품으로 만들었습니다.

668년 9월, 평양성이 함락되고 보장왕이 항복함으로써 마침내 고구려는 멸망했습니다. 압록강가의 주민들이 돌무지 무덤을 쌓으며 고구려 문화의 원류를 탄생시킨 지 900여 년, 또한 그들이 고구려라는 나라를 만든 지 700여 년 만에, 고구려는 한국사, 나아가 동북아시아 역사에 거대한 발자국을 남기고 역사의 뒤안길로 사라지고 말았습니다.

신성(新城)

훈허 북쪽 물가에 있었던 신성은 국내성으로 들어가는 길목이자, 랴오둥 지역과 쑹화 강 일대를 연결하는 고구려 서방의 가장 중요한 요충지였다.

아프라시압 궁전 벽화의 고구려 사신

1965~1968년, 우즈베크 공화국 사마르칸트 시 아프라시압 언덕의 궁전 유적에서 색깔이 선명한 벽화가 발견되었다. 벽화에는 궁전 주인이었던 소그디아나 왕국〔한자로는 강국(康國)〕의 와르흐만(Varxuman) 왕이 여러 나라의 외교 사절을 맞이하는 장면이 있었다. 와르흐만 왕은 650년대 전반 당나라로부터 '강거도독(康居都督)'에 임명된 인물. 그러니까 연개소문과 거의 같은 시기에 활약한 인물이다.

이 벽화에는 둥근 고리 칼(환두대도 : 環頭大刀)을 차고, 모자에 새 깃털을 꽂은 인물이 두 명 나온다. 바로 고구려 고분 벽화에서 흔히 만나는 고구려 사람의 모습이다. 우리는 이 벽화를 통해 저 멀리 중앙아시아까지 사절을 보내 외교전을 펼친 고구려 사람들을 만날 수 있는 것이다.

아프라시압 벽화

천리장성은 어디에, 왜 쌓았을까?

옛 기록에 천리장성은 동북쪽 부여성에서 서남쪽 바다에 이르는 1000리 구간에 쌓았다고 합니다. 그런데 무려 16년에 걸쳐 쌓았다는 대규모 성곽이지만, 현재 그 유적이 분명하게 남아 있지 않아요. 이로 인해 천리장성을 어디에 쌓았는지를 둘러싸고 많은 논란이 있습니다.

앞에서 고구려는 랴오둥 평원과 동부 산간 지대의 접경에 산성을 쌓아 방어 체계를 구축했다고 했습니다(9장 참조). 이에 기존의 산성 중심 방어 체계를 보완하기 위해 천리장성을 쌓았다고 보는 견해가 있지요. 기존 산성을 한 줄로 연결한 것이 천리장성이라는 주장입니다.

그런데 이렇게 보는 데는 몇 가지 문제가 있습니다. 먼저 기존 산성들을 굳이 하나로 연결할 필요가 없었지요. 랴오둥 평원에서 고구려 중심부로 나아가려면 랴오허의 지류들을 따라 난 길을 가게 되는데, 길과 길 사이마다 험준한 산줄기가 있었습니다. 이에 고구려는 이들 진입로 어귀마다 산성을 쌓아 물샐틈없는 방어 체계를 구축했지요. 기존 산성만으로도 랴오허 지류를 따라 진입하는 적군을 충분히 방어할 수 있는데, 굳이 험준한 산줄기를 가로질러 기존 산성들을 하나로 연결할 필요는 없었을 것입니다.

또한 천리장성의 출발점인 부여성은 쑹화 강 연안의 평야에 위치한 오늘날의 눙안 일대로 짐작됩니다. 출발점이 평야 한복판인데, 기존 산성들을 연결했다고 보기는 더욱 어렵겠군요.

그러면 천리장성을 어디에 쌓았을까요? 일단 장성의 출발점이 쑹화 강 연안의 평야라는 사실을 주목해야겠습니다. 더욱이 쑹화 강 연안의 평야는 서남 방면의 랴오둥 평원과 연결돼 광활한 대평원을 이루지요. 이로 보건대, 천리장성은 쑹화 강에서 랴오허 하구에 이르는 대평원을 가로질러 만들었으리라고 여겨집니다. 실제 눙안 일대에서 랴오허 하구까지의 거리는 500여 킬로미터로서 1000리에 해당하지요.

천리장성은 기존의 산성 중심 방어 체계와는 완전히 다른 새로운 군사 방어선이 됩니다. 그럼 고구려가 왜 새로운 군사 방어선을 구축했는지 궁금할 것이다. 먼저 당나라 군의 새로운 전술에 대비하려는 목적을 들 수 있습니다. 당나라 군의 기동력은 수나라 군에 비해 월등히 뛰어났어요. 그래서 수나라 군이 한 방향으로만 고구려를 침공한 데 비해, 당나라 군은 여러 갈래로 랴오허를 건넜습니다. 이에 고구려는, 여러 갈래로 건너오는 당나라 군을 막기 위해 랴오허 하류 연안을 따라 장성을 쌓은 것입니다.

한편 랴오허 중상류에서 쑹화 강변에 이르는 구간은 당나라 군의 침공로와는 직접 관련이 없습니다. 그런데 왜 이 곳에도 장성을 쌓았을까요? 이 곳은 농경 지대와 유목 지대의 자연 경계선입니다. 장성 안쪽에는 고구려에 예속된 말갈, 바깥쪽에는 당에 예속된 거란이 살았습니다. 고구려는 말갈이 떨어져 나가지 않도록 하고, 당의 조종을 받는 거란의 침공을 막기 위해 농경·유목 지대의 경계선을 따라 장성을 쌓은 것입니다.

결국 천리장성은 당의 새로운 전술에 대응하기 위한 군사 방어선인 동시에 북방 족속의 이탈과 침공을 막기 위한 외교선이었습니다. 고구려는 당군의 침공 위협이 높아지는 가운데, 새로운 정세를 헤쳐 나가기 위해 온 국력을 모아 서북방 국경 지대에 거대한 장성을 쌓은 것이다.

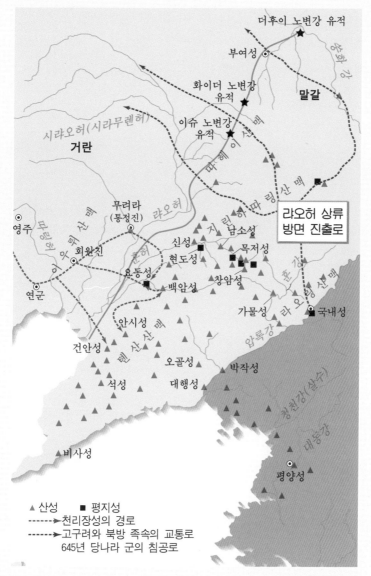

더후이 노변강 유적

부여성 ⊙

화이더 노변강
유적

이슈 노변강
유적

시랴오허(시라무렌허)

거란

말갈

라오허 상류
방면 진출로

무려라
(통정진) ⊙

신성

현도성

남소성

목저성

창암성

요동성

백암성

가물성

국내성

영주 ⊙

회원진 ⊙

연군 ⊙

안시성

건안성

오골성

대행성

박작성

석성

청천강(살수)

압록강

대동강

비사성

평양성 ⊙

▲ 산성   ■ 평지성
-------▶ 천리장성의 경로
━━━━▶ 고구려와 북방 족속의 교통로
645년 당나라 군의 침공로

천리장성의 경로

14

민족 문화로 살아 숨쉬는 고구려 역사

고구려, 그 후

겉보기만 호사스러운 생활

고구려가 멸망한 뒤, 보장왕을 비롯한 대다수 지배층은 당나라로 끌려갔습니다. 신라가 아닌 당이……, 나당 연합군의 성격을 엿볼 수 있는 대목이군요. 당이 군사적 주도권을 쥐고, 신라는 보조하던 상황 말입니다. 그러니 당이 가장 상징적인 전리품인 보장왕을 끌고 간 것은 당연했겠지요.

당은 보장왕에게 죄를 묻지 않았습니다. 오히려 높은 벼슬을 주었지요. 고구려 정벌의 명분으로 '연개소문 토벌'을 내걸었던 만큼, 허수아비 왕이었던 그에게 죄를 물을 수도 없었겠지요. 더욱이 보장왕은 여러 가지로 쓰임새가 많았답니다.

보장왕은 고구려의 마지막 왕이었습니다. 어쨌거나 고구려를 대표하는 인물인 셈이지요. 당나라는 바로 여기에 주목했답니다. 당은 보장왕이 당의 신하로서 고구려의 정통성을 계승한다고 대내외에 과시하고 싶었던 것입니다. 그래서 보장왕이나 그 자손들에게 고구려 왕조를 이은 듯한 '고려조선군왕(高麗朝鮮郡王)'이라는 벼슬을 주었지요.

그러고는 고구려 유민의 부흥 운동을 억누르는 명분으로 삼았지요. 당의 보호 아래 고구려의 정통성이 잘 계승되고 있으니, 딴 생각 품지 말라고 말입니다. 아울러 당이라는 세계 제국의 위엄과 관용을 과시하는 수단으로도 삼았습니다. 당 황제는 적대국에게도 관용을 베푸는 높은 덕을 지닌, 천하 사방의 천자라고 말입니다.

그렇지만 이것도 어디까지나 이들이 당에 순종할 때의 이야기입니다. 당의 뜻을 거스를 경우에는 가차없이 제거했지요. 가령 보장왕은 676년 고구려 유민을 위로하고 달래 주라는 명령을 받고 옛 고구려 땅으로 돌아옵니다. 이 때 보장왕은 말갈족과 연계하여 고구려 부흥을 꾀하다가 발각되지요. 당은 곧바로 보장왕을 불러다가 멀리 유배를 보냈지요.

고구려 왕족이 좋은 대접을 받았다지만, 당에 복종해야만 겨우 목숨을 부지할 수 있었군요. 이러한 점은 당으로 끌려간 다른 귀족들도 마찬가지였습니다. 연개소문 아들 형제의 엇갈린 운명은 고구려 유민들의 힘겨웠던 인생 행로를 잘 보여 줍니다.

둘째 아들 남건은 마지막까지 평양성을 지킨 인물입니다. 남건은 그래도 형 남생의 애원으로 죽음을 면하고 유배 길에라도 오를 수 있었지만, 끝까지 항거하다가 포로가 된 다른 귀족이나 장수들은 대부분 죽음을 당했겠지요.

막내 아들 남산은 평양성 함락 직전에 투항했습니다. 덕분에 벌을 받지 않고 벼슬을 받아 당의 관리로 활동했지요. 그렇지만 남산처럼 마지못해 항복한 인물은 늘 경계의 대상이었습니다. 남산도 죽을 때까지 30여 년 간 당의 장안성 안에 갇혀 지냈지요. 그러니 살아도 산 목숨이 아니었겠지요. 오죽했으면 망국의 한이 가슴 깊이 사무쳐 향수병으로 죽었을까요.

맏아들 남생은 일찌감치 당에 투항해 극진한 대우를 받았습니다. 이에 보답이라도 하듯 남생은 고구려 정벌을 진두 지휘하고, 고구려 유민을 다스리는 데 앞장서다가 옛 고구려 땅을 지배하기 위해 당나라가 설치한 안동도호부 관사에서 병으로 죽었답니다(679년). 남생처럼 자진 투항한 인물들은 높은 벼슬을 받고 많은 활동을 했겠지요.

그런데 이들의 삶도 그리 순탄치 않았습니다. 남생의 아들인 헌성은 돌궐을 토벌하고도 모함을 받아 비참한 최후를 맞지요. 그 밖에 고문과 고자 부자는 거란족을 토벌하다가 전사하고, 고족유란 사람은 70세의 노구를 이끌고 남방의 만족(蠻族)을 정벌하다가 병사하고, 고현은 세 번이나 돌궐 전쟁에 파병되었지요.

한결같이 동족인 고구려 유민을 다스리거나 이민족을 토벌하는 데 투입되었군요. 그러다가 전사하거나 병사하고, 용케 살아나도 모함으로 죽고. 겉보기는 호사스러웠지만, 실제로는 당나라에 충성을 다하고도 언제 죽을지 모르는 위태로운 삶을 살았군요.

당나라 사람으로 살 수밖에

왕족이나 귀족이 이러했으니 일반 백성이야 말할 필요도 없겠지요.

당나라에 끌려간 일반 백성은 두 부류로 나뉜답니다. 한 부류는 고구려 멸망과 더불어 포로로 붙잡힌 백성입니다. 이들은 대부분 당나라 장수나 관리에게 전리품으로 넘겨져 노비가 되었지요. 그러니 얼마나 비참하게 살았을지 쉽게 짐작할 수 있겠지요.

또 한 부류는 당이 옛 고구려 땅을 다스리다가 유민들의 반발이 거세지자 끌고 간 백성들입니다(669년). 대부분 부유한 백성들로 3만여 호나 되었지요. 당은 676년 이들을 돌려보내 옛 고구려 땅에 대한 지배를 강화하려다가 여의치 않자 다시 끌고 갔지요.

당은 이들을 아직 개발하지 않은 지역이나 변경 지대로 보냈습니다. 농지를 개간하거나 다른 종족의 침입을 막는 데 활용했군요. 당은 이들을 당나라 백성으로 만들기 위해 세금 면제 혜택을 주기도 했답니다. 그에 따라 당나라 정책에 잘 협조하여 출세한 인물도 한둘 나왔지요.

유명한 고선지(高仙芝)도 그 가운데 한 사람입니다. 그의 집안은 서쪽 변경인 간쑤(甘肅:감숙) 지방으로 옮겨져 군인으로 활약했지요. 고선지도 혁혁한 전공을 세우고 벼슬이 높이 올랐건만, '개똥 같은 고려 놈'이라는 모멸을 받다가 결국 당 관리의 질시로 참형을 받게 됩니다.

당으로 끌려간 고구려 사람들은 이래저래 힘겨운 삶을 살았군요. 더욱이 유민 1세대나 2세대가 자신을 '고구려 사람'이라고 생각했던 데 비해, 남생의 증손자이자 보장왕의 외손인 연비(淵毖)는 자신이 어디 사람인지 밝힐 때에 '경조만년인(京兆萬年人)', 곧 당나라 도성 사람이라고 했지요.

어렵게 목숨을 부지했더라도 점차 당나라 사람이 되어 갔군요. 옷차림새와 같은 겉모양뿐 아니라 사고 방식까지 말입니다. 그러니까 이들은 시간이 흐를수록 고구려 역사와 더욱 멀어지다가, 결국 중국 사람이 되었겠지요.

신라 땅으로 가 보자

보장왕을 비롯한 최고 지배층, 그리고 3만여 호나 되는 부유한 백성이 당으로 끌려갔지만, 고구려 사람들은 대부분 옛 고구려 땅에 남아 살았습니다. 자, 그럼 옛 고구려 땅에 남아 생활하던 이들의 인생 행로를 따라가 볼까요?

당은 고구려를 무너뜨리고 평양성에 안동도호부라는 지배 기관을 설치했습니다. 고구려 정벌에 혁혁한 전공을 세운 설인귀(薛仁貴)를 최고 책임자로 임명하고, 2만 대군을 주둔케 했습니다. 그러고는 옛 고구려 땅을 9도독부, 42주, 100현으로 나누어 다스렸지요. 옛 고구려 땅을 통째로 당나라 영토로 만들려는 속셈이었지요.

당의 야욕은 여기에서 그치지 않았지요. 648년 김춘추와 당 태종이 맺은 밀약이 생각납니까? 백제와 고구려를 무너뜨리고 평양성을 경계로 영토를 분할하기로 한 밀약 말입니다. 이에 따르면 신라가 백제 땅을 차지해야겠지요. 그런데 당은 백제를 멸한 다음 그 땅에 웅진도독부를 설치했답니다(660년).

그리고 고구려 땅에 안동도호부를 설치하더니, 신라마저 계림도독부로 만들겠다고 선언했습니다. 삼국을 몽땅 집어삼키겠다는 것이로군요. 신라는 웅진도독부가 생길 무렵부터 당의 야욕을 간파하고 대책을 세웠지요. 안으로 친당파를 제거하고, 밖으로는 왜와 관계를 개선하여 배후의 위험 요소를 없앴지요.

그러고는 당나라 군이 티베트 고원에 위치한 토번의 침공을 막느라 정신없는 틈을 타서 옛 백제 땅을 공략했습니다(669~670년). 그리고 순식간에 옛 백제 땅을 점령했지요. 이 때 신라는 고구려 유민 출신인 장군 고연무가 압록강 너머로 진격하도록 도와 당나라 군의 남하를 저지했어요(670년 3월).

이로써 당의 지배력이 약해지자, 고구려 유민들이 곳곳에서 일어났습니다. 검모잠(劍牟岑)은 한성(漢城:황해도 재령)에서 왕족 안승(安勝)을 추대하여 고구려 부흥을 선언했지요(670년 6월). 안시성에서도 대규모 부흥 운동이 일어났고요(670년).

당은 안승 일파를 가장 경계했습니다. 당이 곧바로 토벌에 나서자, 안승은 검모잠과 갈등을 빚다가 그를 살해하고 신라로 투항했습니다. 그러면 신라에 투항한 안승은 그 뒤 어떻게 되었을까요?

신라는 안승과 그 부하들을 금마저(金馬渚:전북 익산)에 살도록 했습니다. 그리고 안승을 보덕국왕(報德國王)으로 임명해 고구려를 계승한 나라처럼 만들었지요.

신라가 안승 집단을 융숭하게 대접한 데는 그만한 이유가 있었습니다. 우선 고구려 유민의 지지를 끌어 내려는 목적이 있었습니다. 나아가 외교에도 활용했고요. 신라는 왜에 사신을 보낼 때마다 이들을 데리고 가서 고구려 사신으로 소개했습니다. 왜의 협력도 받고, 왜로 망명한 고구려 유민의 지지도 끌어 낼 속셈이었지요.

그러나 당나라 군도 물러가고, 신라가 왕도뿐 아니라 지방에 대한 지배를 강화함에 따라 안승 집단은 거추장스러운 존재가 됩니다. 신라는 안승을 왕도인 오늘날의 경주로 옮겨 와, 유민 집단에서 떨어뜨려 놓았습니다(683년). 이에 고구려 유민이 반발하자, 군대를 보내 토벌하고 여러 곳으로 뿔뿔이 흩어져 살게 했습니다(684년).

이 때 상당히 많은 유민이 남원경으로 옮아 갔습니다. 그래서 신라 말기까지 남원경에는 고구려의 거문고 연주 소리가 끊이지 않았다고 합니다. 거문고의 천재 옥보고(玉寶高)도 이 때 태어났고요. 국악의 본고장이라는 남원의 명성은 멀리 고구려 역사까지 거슬러 올라간 셈이군요. 이처럼 한반도 지역의 고구려 부흥군은 신라와 더욱 강하게 결합되어 갔습니다.

한편 급한 불을 끈 당은 랴오둥 지방에 대한 지배를 강화하며 안시성에 웅거한 고구려 부흥군을 토벌했습니다(671년). 그런 다음 압록강을 건너 평양성으로 진공했습니다. 이 때부터 고구려 부흥군을 등에 업은 신라군과 당나라 군 사이에 치열한 공방전이 펼쳐졌지요. 초반에는 신라군이 밀렸으나, 675년 전세를 역전, 당나라 군을 쓰러뜨리지요. 당시 당나라 군은 수도인 장안성을 위협하던 토번 때문에 한반도에 더 오래 머무를 형편도 아니었습니다.

마침내 당나라 군이 한반도에서 물러나자, 신라군과 행동을 같이 했던 고구려 부흥군은 대부분 신라 땅(영흥만 이남)으로 갔습니다. 670년 압록강을 건너 당나라 군을 공략했던 장군 고연무도 이 대열

웅거(雄據)

어떤 지역에 자리 잡고 굳게 막아 지킴.

에 끼었지요. 삼국을 통일한 나라, 신라 땅에서 새로운 삶을 시작한 것입니다.

이렇게 하여 신라 땅에는 신라 사람과 더불어 옛 백제 사람, 옛 고구려 사람이 어우러져 살게 되었습니다. 신라는 이들을 한 나라의 백성으로 융합하기 위한 각종 정책을 폈습니다. 이에 따라 삼국 백성들은 삼국 가운데 한 나라인 신라가 아니라, 삼국을 아우른 통일 신라라는 새로운 나라의 백성으로 탈바꿈해 갔답니다.

새로운 희망을 찾아서

신라 땅으로 간 고구려 유민은 대체로 한반도에 거주하던 사람이었습니다. 고구려 영토 전체를 놓고 본다면 주민의 일부분일 뿐이지요. 압록강 너머 옛 고구려 땅에는 수많은 옛 고구려 사람들이 살았지요. 그러면 이들은 어떠한 행로를 걸었을까요?

당은 서방의 토번 때문에 한반도에서 물러났지만, 결코 한반도를 포기할 마음이 없었습니다. 이에 당은 안동도호부를 요동성으로 옮겨 한반도 공략의 전진 기지로 삼으려 했습니다(676년). 이를 위해 당은 랴오둥 지방에 대한 지배를 강화했지요.

당은 고구려를 대표하던 상징적인 두 인물, 보장왕과 남생을 랴오둥으로 보냈습니다. 보장왕은 고구려 유민의 대표자로, 남생은 이들을 다스리는 당의 관리로 말입니다. 당에 자진 투항했던 남생과 마지못해 항복한 보장왕의 운명을 교묘하게 이용한 것이지요. 이와 더불어 당으로 끌고 갔던 고구려 유민을 돌려보내, 랴오둥 지방을 개

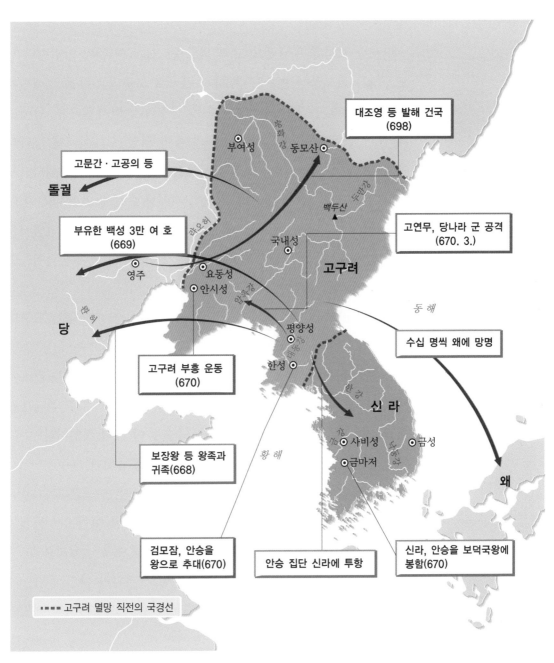

대조영 등 발해 건국
(698)

고문간 · 고공의 등

돌궐

부유한 백성 3만 여 호
(669)

당

고려 부흥 운동
(670)

보장왕 등 왕족과
귀족(668)

검모잠, 안승을
왕으로 추대(670)

안승 집단 신라에 투항

고연무, 당나라 군 공격
(670. 3.)

수십 명씩 왜에 망명

신라, 안승을 보덕국왕에
봉함(670)

왜

부여성

동모산

백두산

국내성

영주

요동성

안시성

평양성

한성

고구려

동 해

신 라

사비성

금성

금마저

황 해

▪▪▪▪ 고구려 멸망 직전의 국경선

고구려 유민의 행방

발하도록 했지요.

그러나 보장왕도 남생도 당의 의도대로 움직여 주지 않았습니다. 보장왕은 랴오둥 지방으로 온 다음 곧바로 고구려 부흥을 모색했지요. 말갈족과 손잡고 고구려 부흥을 꿈꾸다가 발각됩니다. 남생도 그 동안 동족을 배신한 것이 마음의 병이 되었는지, 아니면 당나라를 위해 지나치게 충성을 바치다가 과로했는지 병으로 죽습니다.

그러니 당이 랴오둥 지방을 확고히 지배할 수는 없었겠지요. 이러한 상황에서 한반도 원정을 모색했지만, 제대로 될 리가 없었지요 (678년). 게다가 토번 세력은 더욱 세가 커지고, 680년대에 접어들면서는 그 동안 잠잠했던 돌궐마저 부흥하게 됩니다.

이로써 랴오둥 지방에 대한 당의 지배는 크게 약해졌지요. 고구려 유민으로서는 새 희망을 싹틔울 여건이 마련된 셈이고요.

696년, 마침내 새 희망이 싹트기 시작했습니다. 이 해 거란족이 당에 반기를 들고 영주(오늘날의 랴오닝 성 차오양;朝陽)를 함락했습니다. 중국 대륙과 랴오둥 지방 사이의 교통이 끊긴 것입니다. 이에 고구려 유민들이 대거 새로운 희망을 찾아 나섰습니다.

당은 거란족을 토벌한 다음 이들을 추격했지만, 이들은 당의 추격을 뿌리치고 계속 동쪽으로 이동했습니다. 때마침 이번에는 돌궐이 영주를 점령하고 남하했으므로 당은 더 추격할 수도 없었지요. 고구려 유민들은 마침내 당의 힘도 신라의 힘도 미치지 않던 동만주에 이르러, 말갈 사람들과 더불어 '발해'라는 새 희망의 나라를 세웠습니다(698년).

발해는 고구려 계승국임을 만천하에 선언했습니다. 그리고 9세기 전반에는 랴오둥 지방까지 점령하지요. 신라가 차지한 대동강 이남 지역을 제외한다면 고구려 영토 대부분을 되찾은 셈이지요. 뿐만 아니라 발해는 고구려 사람들이 빚어 낸 온갖 문화도 고스란히 계승했어요.

하늘에서 내려다본 차오양 (영주) 시 전경
고구려 유민들은 이곳 영주로 옮겨 와 새로운 희망을 다시 찾았다.

그래서일까요. 주변 나라들도 발해를 고구려를 계승한 나라로 인정했답니다. 바다 건너 일본은 발해를 '고려(高麗)', 곧 고구려로 불렀지요. 돌궐 사람들도 발해를 'Mug-lig'라고 했는데, 이는 그들이 고구려를 부르던 이름 'Mökli＝맥구려(貊句麗)'에서 유래한 말이랍니다. 더구나 당나라 사람들이 발해를 'Keu-li＝고려(高麗)'라 했던 기록도 전합니다.

보장왕을 비롯하여 당으로 끌려간 고구려 유민의 삶만 보면, 고구려는 멸망과 동시에 흔적도 없이 사라진 것처럼 보입니다. 그렇지만 옛 고구려 땅에 남았던 사람들은 저마다 새로운 희망을 찾아 나섰습니다. 그리하여 한 줄기는 신라를 통해, 또 한 줄기는 발해를 통해 고구려의 역사와 문화를 면면히 이었던 것입니다.

고구려, 그 후 335

일본과 돌궐로 간
고구려 유민들

고구려 유민들은 동해의 험난한 파도를 헤치고 일본 열도로도 건너갔답니다. 《일본서기》에는 고구려 유민 수십 명이 망명한 기록이 나오고, 서기 815년 일본 고대 성씨의 유래와 계보를 기록한 책 《신찬성씨록(新撰姓氏錄)》에는 고구려 계통의 성씨가 50여 개나 나오지요.

일본 열도로 건너간 유민들의 삶도 다양했습니다. 귀족이나 유민 집단의 우두머리는 일본 조정의 관리나 지방 호족으로서 비교적 평온한 삶을 누렸지요. 기술자나 화가와 같은 전문직에 종사했던 사람도 제 능력을 발휘하며 그런 대로 순탄하게 살았겠지요.

반면 일반 백성의 삶은 여기서도 고단했답니다. 특히 일본 조정은 동국(東國), 곧 지금의 도쿄 동쪽 일대를 개발하는 데 고구려 유민 집단을 대거 투입했습니다. 고구려 유민들은 일본 열도를 개발하는 데 피와 땀으로 기여했군요.

그렇지만 일본 열도로 건너간 유민들은 점차 일본 사회에 동화해 갔습니다. 당연히 고구려 사람이라는 자의식도 흐려지고, 결국 일본 사람의 일부가 되었지요.

한편 고구려 유민들은 따싱안링 산맥을 넘어 몽골 초원으로도 갔답니다.

몽골 초원이라! 유목민이 사는 곳인데, 농경민인 고구려 사람이 어떻게 생활할 수 있을까? 당연한 의문이지요. 앞에서 고구려 사람들은 서쪽의 유목민이나 동쪽의 산림족과 이웃해 살았다는 이야기를 했는데, 생각나나요? 고구려 사람들은 일찍부터 초원의 유목민들과 활발하게 교류했고, 때로는 이들과 협력하여 중국 세력의 위협에 대처하기도 했지요.

고구려 사람들은 이 과정에서 유목 사회를 깊이 이해하고, 유대 관계를 쌓았겠지요. 바로 유목민과 깊은 관계를 가졌던 사람들이 몽골 초원으로 간 것입니다. 막리지 고문간(高文簡)도 그 가운데 한 사람입니다. 그는 몽골 초원으로 간 다음, 돌궐 지역을 호령하던 묵철 가한(默啜可汗)의 사위가 되지요. 고공의(高拱毅)라는 인물도 돌궐로 망명하여 '고구려 대추장〔大酋〕'으로 불렸고요.

이들의 행적이나 명칭으로 보아 상당한 세력이 돌궐로 갔음을 알 수 있겠군요. 다만 당나라의 거듭된 공격으로 돌궐이 동요하자, 이들은 715년 돌궐의 족장들과 함께 당나라에 투항하지요. 당도 이들에게 높은 벼슬을 주었다고 하는데, 당나라에서 걸어간 인생 행로는 전하지 않는답니다.

민족 문화로 살아 숨쉬는 고구려 사람의 삶

1997년 무더운 여름날 오후, 서울 동쪽의 아차산 산마루에서 서울
대학교 박물관의 고고학자들이 구슬땀을 흘리고 있었습니다. 흙을
조금씩 파 내려가면서 질그릇 조각 하나 나올 때마다 그 위치와 크
기를 기록하기를 수십 일. 그 무더웠던 여름날의 기세가 한풀 꺾일
무렵, 유적이 비로소 온전한 모습을 드러냈습니다.

    산마루 가장자리를 따라 성벽 겸 축대를 쌓고, 그 위에 지휘관과 병
사들의 막사를 여러 채 지은 보루였습니다. 막사 안에는 물을 담아 두
던 저장고 시설, 난방을 위한 쪽구들, 밥을 짓던 부뚜막 시설, 무기를

수리하던 대장간 시설 등이 있었습니다. 칼, 창, 도끼, 화살촉 등 무기와 함께 병사들이 사용하던 생활 도구가 많이 출토되었지요.

유적은 5세기 후반~6세기 중반의 고구려 보루로 밝혀졌습니다. 고구려가 백제 한성을 함락하고 한강 유역을 다스리던 무렵이로군요. 고구려 병사들의 생활상이 1500년의 세월을 훌쩍 뛰어넘어 우리 눈앞에 생생하게 나타난 것입니다. 이 유적에 이어서 아차산 일대에 500여 미터 간격으로 늘어선 고구려 보루가 모두 15개 확인되었지요.

놀라운 사실은 고구려 병사들이 사용했을 질그릇, 곧 토기의 모양

울 동쪽 아차산에서 고구려 보루가 발견되어, 복원한 모습을 그림으로 그려 보았다.

아차산에서 출토한 고구려 토기
❶ 큰 항아리(높이 83.8센티미터) ❷ 긴 항아리(높이 34.5센티미터) ❸ 시루(높이 30.8센티미터) ❹ 귀항아리(높이 30.2센티미터)
❺ 자배기(지름 17.3센티미터) ❻ 귀잔(높이 7.2센티미터) ❼ 접시(높이 6.8센티미터) ❽ 구절판(높이 25.4센티미터)

이 우리네 할머니들이 쓰시던, 지금도 시골 장독대에서 볼 수 있는
그릇과 똑 닮았다는 점입니다. 큰 항아리를 비롯해 음식을 찌는 시
루, 갖가지 음식을 조리하는 데 쓰는 자배기, 길쭉하면서 둥그스름
한 항아리, 음식을 담아 먹었을 사발, 둥글면서 납작한 접시, 반찬이
나 안주를 담던 구절판 접시에 이르기까지.

혹시 박물관이나 역사책에서 백제나 신라의 토기를 보았을 때 이상

신라의 굽다리 접시(왼쪽)와 백제의 세 발 달린 토기

하다고 느낀 적 없나요? 백제나 신라의 토기는 밑바닥이 둥근 것이 많지요. 그래서 똑바로 세우기 위해 다리나 굽을 붙인 경우가 많고요. 나무 받침대나 받침용 토기인 그릇받침을 따로 만들기도 했지요.

　우리네 할머니들이 사용하던 단지나 항아리의 밑바닥을 보세요. 한결같이 평평하지요. 그러니 바닥이 둥근 백제나 신라의 토기를 보면 어딘가 어색하고 낯설 수밖에요.

신라의 고도 국립 경주 박물관에 있는 옹기 쓰레기통. 신라 토기가 아니라 고구려 항아리를 빼닮은 모습이다.

그런데 아차산에서 나온 고구려의 토기들은 놀랍게도 대부분 밑바닥이 평평했답니다. 단지나 항아리는 시골 장독대의 옹기를 빼닮기라도 하듯이 한결같이 길쭉하면서 둥그스름했고요. 우리 할머니들이 사용하던 그릇은 백제나 신라가 아니라 바로 고구려 토기의 전통을 이은 것이로군요.

바로 그렇습니다. 삼국 통일 후, 삼국의 문화가 융합되는 과정에서 국적에 관계 없이 가장 우수한 것이 널리 퍼졌습니다. 때로는 두 나라나 세 나라 문화가 다 같이 어우러지기도 했고요. 그리하여 질그릇은 만들기도 쉽고 사용하기도 편리한 고구려 양식이 주류를 이루게 되었어요.

고구려 문화는 삼국 문화가 융합되는 과정에서 민족 문화의 밑거름이 되었군요. 이로 인해 우리는 지금도 고구려 사람들처럼 된장이나 김치를 즐겨 먹으며 훈훈한 온돌방에서 따스하게 겨울을 보낼 수 있게 되었지요. 반면 지금 이 순간 우리 민족을 제외하면 중국이나 일본, 심지어 만주 땅 어디를 둘러보아도 고구려 문화를 온전히 계승한 족속이나 민족을 찾아볼 수 없습니다.

그래서 고구려는 누가 뭐라고 해도 우리 역사입니다. 발해가 멸망한 뒤 광활했던 고구려 영토는 대부분 우리 민족의 활동 무대가 될 수 없었지요. 하지만 고구려는 우리 조상이 세운 나라일 뿐 아니라,

고구려 사람들이 일구고 빚었던 역사와 문화는 민족 문화의 밑거름
이 되어 지금도 우리 속에서 살아 숨쉬거든요. 일찍이 고려나 조선
시대의 역사가들도 이 사실을 깊이 깨달아 고구려 역사를 우리 역사
로 적었고, 지금도 우리 나라의 많은 역사학자들이 고구려 역사를
열심히 연구하고 있답니다.

고구려 이야기를 마치며

고구려 이야기를 재미있게 읽었나요?

조금 어려웠다고요. 처음 들어 보는 강이나 산맥, 그리고 나라 이름이 너무 많다고요. 게다가 등장하는 인물도 많고, 사건도 복잡해 정리가 잘 안 된다고요.

그럴지도 모르겠군요. 저는 고구려 역사를 전문으로 연구하면서 대학교에서 강의를 하고 있습니다. 평소 초등학생이나 중학생 여러분에게 우리 역사를 들려 줄 기회가 거의 없지요. 그 때문에 우리 역사를 쉽게 들려 주는 방법을 잘 모른다고 하면, 변명이 될까요?

《아! 그렇구나 우리 역사》가 기획되어 처음 구상한 지 3년 만에 이 책이 나왔습니다. 그로부터 2년이 지난 지금, 어려운 부분을 줄이고 풀어쓰는 등 보완 작업을 거쳐 개정판을 내기에 이르렀습니다. 처음에는 막막하기만 했지요. 초등학교 4학년인 딸아이의 동화책을 읽으면서 문장 연습부터 했답니다. 그렇지만 딱딱한 논문만 쓰던 제가 동화책처럼 쉽고 재미있게 쓴다는 것은 너무 어려웠습니다.

'그만둘까' 하는 생각이 여러 번 들었지요. 그 때마다 딸아이가 어릴 때 바보 온달과 평강 공주 이야기를 들으며 초롱초롱한 눈망울을 굴리던 모습이 떠올랐습니다. 유치원생인 사내아이들이 박물관 진열장의 유물을 호기심 어린 눈으로 바라보던 모습도 생각났고요. 게다가 참고하려고 읽었던 '이야기 역사책'들이 대부분 역사의 흐름과는 관계 없이 이야기만 잔뜩 늘어놓은 점도 떠올랐지요.

한 편의 논문을 쓰는 것보다 훨씬 힘들다고 생각했지만 꼭 써야겠다고 마음먹었지요. 그러면서 재미있는 이야기뿐만 아니라, 고구려 역사의 흐름 전체를 들려 주리라고 마음먹었습니다. 사실 재미있는 이야기만 나열된 책은 진짜 역사책이라고 보기 어렵거든요.

역사란 긴 시간의 이야기입니다. 여러분이 매년 성장하듯이 역사도 끊임없이 변화한답니다. 역사를 공부함으로써 인류가 살아온 과정, 그리고 현재 사는 모습이 형성된 과정을 알 수 있지요. 이를 바탕으로 미래의 삶을 그려 볼 수도 있고요. 그러니까 역사의 흐름을 잘 알면 현재의 모습을 정확하게 진단하고, 더 나은 미래를 설계할 수 있겠군요.

그래서 저는 고구려가 태동하여 멸망할 때까지, 천 년 가까운 그 기나긴 역사를 하나의 물줄기로 엮기 위해 많은 노력을 기울였습니다. 고구려 사람들의 삶과 생각, 나라를 다스리던 제도 등이 시대에 따라 변하는 모습을 그려 나갔지요. 여기에다 고구려 사람들이 일구었던 삶의 터전, 화려한 비상(飛翔)을 도모했던 광활한 무대를 담기도 하고요.

고구려는 우리 역사상 가장 넓은 영토를 차지했던 나라이지요. 그래서 우리는 고구려 역사를 말하거나 들을 때 자신도 모르게 우쭐해지곤 합니다. 자기 나라의 역사에 긍지를 갖는 것은 좋은 일입니다. 그렇지만 그것이 지나쳐 주변 나라의 역사를 돌아보지 않거나 무시해 버린다면 우물 안 개구리가 될 위험성이 높겠지요.

우리는 빠르게 변화하는 세계화 시대에 살고 있습니다. 이를 슬기롭게 헤쳐 나가려면, 무엇보다 세계 정세를 정확하게 파악하고, 우리 자신을 냉철하게 평가할 수 있어야 합니다. 우리는 이를 게을리 하다가 지난 1997년 IMF 사태라는 뼈아픈 경험을 한 적이 있습니다.

고구려 역사를 바라보는 눈도 마찬가지입니다. 고구려가 대제국을 건설한 것은 단지 국력이 강성했기 때문만은 아니었답니다. 고구려가 주변국과 다양한 외교 관계를 맺고 성공과 좌절을 거듭하면서 동아시아 국제 정세를 파악하는 탁월한 국제 감각을 키웠기 때문이지요.

고구려 역사에서 진짜 배워야 할 것은 '지금은 사라진 광활한 영토'가 아니라, 바로 '탁월한 국제 감각'입니다. 그래서 저는 고구려 역사를 동아시아 국제 정세와 연관지어 설명하면서 고구려 사람들의 대외 인식과 정책을 그리려고 많은 노력을 기울였습니다. 여러분이 세계화의 험난한 파고를 뛰어넘을 국제 감각을 키울 수 있기를 기원하면서 말입니다.

역사를 일구어 온 주체는 인간, 바로 우리 자신이지요. 그렇기 때문에 역사를 진정으로 사랑하려면 또 이를 통해 더욱 나은 미래를 설계하려면, 역사를 일구었던 한 사람 한 사람의 삶을 소중하게 여길 줄 알아야 합니다. 어쩌면 고구려 역사의 거대한 흐름, 고구려 사람들의 탁월한 국제 감각을 공부하는 것보다 더 중요한 일인지도 모릅니다.

그래서 고구려 역사를 일구었던 많은 사람들의 삶을 담으려고 노력했습니다. 자료 부족으로 일반 백성의 삶까지 충분히 담지는 못했지만, 애정을 갖고 바라본다면 그들의 삶이 친근하게 다가올 것입니다. 이를 통해 여러분이 우리 역사를 사랑하는 마음을 다지고, 많은 사람과 더불어 살면서 새로운 역사를 일구어 가는 지혜를 얻기를 기대해 봅니다.

제 생각이 얼마나 전달되었는지 모르겠네요. 제대로 전달되지 않았다면, 애정이 듬뿍 담긴 눈으로 다시 한 번 읽어 보세요. 그래도 이해가 잘 안 되거나 어려운 부분이 있으면, 책에 있는 메일로 연락 주세요. 다음에는 더욱 멋진 모습으로 여러분을 만날 수 있게 말입니다.

이 책은 많은 사람의 도움을 받아 세상에 나왔답니다. 처음 이 책이 나올 때까지 물심양면 지원해 주신 고래실출판사, 좋은 일러스트를 그려 주신 김형준님께 고마운 마음을 전합니다. 그리고 무엇보다 어려운 고비를 넘기면서 개정판으로 거듭나게 해 준 이 책의 기획자이자 여유당출판사 대표인 조영준 님께 감사의 마음을 전합니다.

2005. 6. 30.

왕산 서실에서 여 호 규

삼국 시대의 연표

고구려	백제	신라	가야	기타	동 양	서 양	중 국
57년 박혁거세, 신라를 세우다(삼국사기).					97년 사마천, 《사기(史記)》 완성.		서기전 260
37년 고주몽, 고구려를 세우다(삼국사기).							
36년 고구려, 비류국을 병합하다.							
28년 고구려, 북옥저를 병합하다.					25년 후한(동한) 광무제 즉위.		서한 西漢 = 전한 前漢
18년 위례성에서 백제의 시조 온조왕 즉위하다.							
17년 유리왕이 〈황조가〉를 짓다.					4년 예수 탄생.		
서기전 16년 온조, 백제를 세우다(삼국사기).							
서기 3년 고구려, 국내성으로 천도하다							
6년 고구려에 부여의 5만 병력이 공격해 왔으나 대설로 실패하고 돌아감.							서기8 9 신新
13년 고구려, 부여 공격하여 왕 대소를 죽이다.							
13년 부여 왕의 동생이 1만여 명의 백성과 투항.							
19년 탈해가 금관국 해변에 닿았으나 기이하게 여겨 받아들이지 않다.					25년 후한 성립(~220).		23
42년 김수로, 금관가야를 세우다.					30년 예수, 십자가에서 처형되다.		25
48년 아유타 국 공주 허황옥이 가락국에 와서 수로왕과 혼인하다.					45년 인도, 쿠샨 왕조 성립.		
53년 고구려, 태조왕 즉위.							
56년 고구려, 동옥저를 통합하여 영토가 동으로 동해, 남으로 살수에 이르다.					64년 네로의 박해로 베드로와 바울 순교.		
77년 가야, 신라의 공격을 받아 싸워 패하다.					67년 중국에 불교 전래.		
96년 가야, 신라의 남쪽 변경을 습격.					79년 화산 폭발로 폼페이 시 매몰.		동한 東漢 = 후한 後漢
97년 신라가 군사를 일으켜 가야를 치려 하므로 임금이 사신을 보내 사죄하니 그만두다.							
101년 신라 파사 이사금이 월성을 쌓고 거처를 금성에서 월성으로 옮기다.							
102년 신라가 음즙벌국(안강), 실직곡국(삼척), 압독국(경산)을 복속시키다.							
102년 가야, 신라의 음즙벌국과 실직곡국이 국경을 두고 서로 다투다. 신라 왕이 금관국 수로왕에게 그 평결을 물어 오니 수로왕은 다투던 땅을 음즙벌국에 붙이게 했다.					105년 채륜, 종이 발명.		
108년 가야의 비지국(창녕)·다벌국(합천)·초팔국(초계)이 신라의 공격을 받아 합병되다.					113년 로마, 최대의 영토 이룩.		

146년 고구려, 요동의 서안평을 공격하여, 대방 태수를 죽이고 낙랑 태수의 가족을 잡아 오다.	150년 무렵 쿠샨 왕조의 불교 발흥, 간다라 미술 융성.
165년 차대왕이 시해되고, 동생 신대왕 즉위하다.	166년 로마 사절, 중국 방문.
179년 고국천왕 즉위하다.	184년 후한, 황건적의 난.
189년 가야의 허 왕후, 157세로 사망.	
189년 신라, 구양성에서 백제군 대파.	
197년 고국천왕 죽고 산상왕 즉위.	
199년 가야의 수로왕, 158세로 사망.	200년 무렵 신약 성서 성립.
209년 신라, 포상팔국의 공격을 받은 가야를 구원해 주다.	
212년 가야, 신라에 왕자를 보내 볼모로 삼게 하다.	220년 한나라 멸망, 3국(위·촉·오)이 일어서서로 겨루다.
236년 감문국(경북 개령), 신라에 항복.	226년 사산조 페르시아에 파르티아 멸망.
236년 골벌국(경북 영천), 신라에 항복.	
242년 고구려, 요동의 서안평 공격.	
250년 전후 백제가 목지국을 무너뜨리고, 마한의 최강자로 서다.	
260년 백제의 고이왕, 16관등과 공복을 제정.	
262년 김씨 최초의 왕 미추 이사금 즉위.	265년 위나라의 뒤를 이은 진(晉)나라가 뤄양(낙양)에서 건국.
	280년 진이 오를 멸하고 중국 다시 통일.
298년 중국 한나라의 침입으로 책계왕 전사.	
304년 낙랑 태수가 보낸 자객에 의해 분서왕이 살해되다.	
311년 고구려, 요동군의 서안평을 점령하다.	
313년 고구려, 낙랑군을 무너뜨리다.	313년 밀라노 칙령, 크리스트 교 공인.
314년 고구려, 대방군을 무너뜨리다.	316년 북방 이민족의 침입으로 서진 멸망.
331년 미천왕 죽고 고국원왕 즉위하다.	317년 남쪽으로 내려간 사람들이 지금의 난징(남경)에서 동진을 일으키다.
342년 고구려, 전연의 침공으로 도성이 함락되다.	
346년 근초고왕 즉위.	320년 굽타 제국이 인도를 통일하여 광대한 지역을 통치하다.
356년 신라 나물 마립간 즉위. 김씨의 왕위 계승권을 확립하다.	
364년 백제 사람이 가야 탁순국에 와서 왜로 통하는 길을 묻다.	
366년 왜가 가야의 탁순국에 사마숙녜를 파견하다.	
368년 왜의 사신이 찾아와 외교 관계를 수립하다.	

동한
東漢
=
후한
後漢

220

삼국
(위·촉·오)

265

280

서진
西晉

304

316

317

5
호
16
국
시
대

동진
東晋

369년	영산강 유역의 마한 세력을 정벌하다. 칠지도 제작.	
371년	백제, 고구려의 평양성 공격, 고구려 고국원왕 전사.	4세기 후반 아시아 쪽에서 몰려온 훈 족의 공격을 받고 게르만 족, 유럽의 남동부로 집단 대이동.
372년	백제, 중국의 동진에 사신 파견, 공식 외교 관계 수립.	
372년	고구려 소수림왕, 태학 설립, 불교 전래,	
373년	율령 반포.	375년 게르만 족, 대이동 시작.
377년	백제, 고구려의 평양성 공격.	
377년	신라의 이름으로 전진에 사신 파견(처음으로 중국과 수교).	
382년	신라 나물 마립간, 전진(前秦)에 사신 파견.	
391년	광개토왕 즉위.	
392년	실성 마립간을 고구려에 볼모로 보냄.	395년 로마 제국이 동·서로 나뉘다.
396년	백제, 고구려 광개토왕의 공격을 받아 한강 이북의 땅을 빼앗기다.	
396년	광개토왕, 수군을 거느리고 백제 공격하여 58개의 성 함락.	
400년	광개토대왕, 5만의 군사를 신라에 보내 백제·가야·왜의 연합군 토벌.	5세기 무렵 왜(倭)라고 불리다. 왜의 왕들은 당시 동진과 동진을 이은 송나라에 사신을 보냈다.
402년	우호 관계 명목으로 내물왕 왕자를 왜에 볼모로 보냄.	
405년	백제, 일본에 한학 전하다.	5세기 서로마 제국의 옛 영토에 여러 게르만 족의 왕국이 세워지다.
412년	광개토왕이 죽고 장수왕이 즉위하다	420년 동진(東晉) 멸망, 송(宋) 건국.
418년	신라의 박제상이 눌지 마립간의 두 아우를 고구려와 왜로부터 탈출시키다.	426년 아우구스티누스의 《신국론》.
427년	고구려, 국내성에서 평양으로 수도 이전.	
433년	비유왕과 신라의 눌지왕이 군사 동맹을 맺다(나제 동맹).	439년 북위, 북중국 통일.
441년	가야의 사물현(고성)이 신라에 꼬리가 긴 흰 꿩을 바치니 신라 왕이 곡식을 내주다.	
452년	허 왕후의 명복을 빌기 위해 수로와 왕후가 혼인한 곳에 왕후사를 세우다.	
464년	고구려가 신라를 공격하니 백제와 가야가 신라를 지원하다.	

5
호
16
국
시
대

386

동

진

420

439

북위
北魏 송
宋

472년	개로왕이 북위에 사신을 보내 고구려를 정벌해 줄 것을 청하다.
475년	고구려의 공격을 받아 한성 함락, 개로왕 피살. 남은 무리가 웅진으로 내려가 백제를 다시 잇다.
475년	장수왕이 한성 함락, 백제의 개로왕 죽다.
477년	귀족 출신 해구가 문주왕을 살해하다.
481년	고구려가 말갈과 함께 신라의 북쪽 변경을 침공하자, 가야가 백제와 신라에 구원병을 보내다.
487년	신라 소지 마립간, 우편 역마 제도를 두고 도로망을 정비하다.
490년	신라 왕경에 처음으로 시장을 설치하다.
493년	백제 동성왕이 혼인을 청하자, 소지 마립간이 이찬 비지의 딸을 보내다.
494년	부여가 물길에 쫓겨 고구려에 투항하다.
501년	동성왕 피살되고, 무령왕 즉위.
502년	신라 지증왕, 순장 금지령을 발포하고 우경을 장려하다.
503년	신라 국호 확정. 왕호도 마립간에서 왕으로 바꾸다.
505년	신라, 지방 통치 조직인 주군제 실시. 우경 실시.
512년	신라, 우산국 정벌.
514년	신라, 가야의 아시촌(함안)을 소경으로 삼다.
517년	신라, 병부를 설치하다.
520년	법흥왕, 율령을 반포하고 관리의 복식을 정하다.
522년	가야국이 신라에 혼인을 청하다. 신라는 이찬 비조부의 누이를 보내다.
523년	무령왕 사망, 성왕 즉위. 무령왕릉이 만들어지다.
527년	법흥왕, 불교 공인.
531년	상대등 관직 설치.

4~6세기	야마토(大和) 정권이 일본 열도에 난립하던 여러 집단을 한 국가 체제로 묶는 과정을 진행하다. 일본 곳곳에 앞부분은 네모나고 뒷부분은 둥그런 '전방후원분'이라는 거대한 무덤이 만들어지다.
476년	게르만의 장군 오도아케르가 서로마 황제를 폐위. 서로마 제국 멸망.
486년	프랑크 왕국 건국.
500년	힌두교 창시.
529년	동로마(비잔틴) 제국, 《유스티아누스 법전》 편찬.

송
宋

479

제
齊

북
위
北
魏

502

양
梁

532년	금관가야, 신라에 병합되다.		
538년	도읍을 사비로 옮기고, 국호를 '남부여'로 바꾸다.	534년, 535년 북위가 동위 · 서위로 분열.	534 535
546년	고구려, 왕권 계승을 둘러싸고 대규모 내분이 일어나다.		
551년	백제, 신라와 고구려를 공격, 한강 유역 일대를 빼앗다.		동위 東魏
552년	왕산악, 거문고 만들다.		
552년	백제의 노리사치계, 일본에 불교 전래.		서위 西魏
553년	신라의 급습을 받아 한강 하류 지역을 빼앗기다.		
545년	진흥왕, 거칠부를 시켜 《국사(國史)》를 편찬하다.		
551년	나제 연합군, 고구려 공격. 한강 유역 차지.	550년 동위 멸망, 북제 건국.	550 양 梁
551년	가야에서 투항한 우륵이 음악에 정통하다는 말을 들은 신라 진흥왕, 우륵을 만나다.		
552년	진흥왕, 신라 사람 세 명으로 하여금 우륵에게 음악을 배우게 하다.	552년 돌궐이 유연을 멸망시킴.	북제 北齊
553년	신라, 한강 하류를 기습 점령.		
554년	관산성 전투에서 성왕이 피살당하다. 신라에 대패.		557
554년	백제와 신라, 관산성 전투를 벌이다. 백제 성왕 전사.	557년 서위 멸망, 북주 건국.	북주 北周
561년	신라 창녕에 진흥왕 순수비 건립.		
562년	신라, 대가야 병합. 가야가 반란을 일으켜 화랑 이사부와 사다함이 이를 평정하다.		
562년	황룡사 준공.	581년 북주 멸망, 수 건국.	577 569
		589년 수나라, 중국 통일.	진 陳
598년	고구려, 요하를 건너 수나라 공격.		581
600년	백제, 미륵사 착공.	606년 동 로마, 페르시아와 전쟁.	
603년	고구려, 신라의 북한산성 공격.		589
610년	고구려 담징, 일본 호류지 금당에 벽화를 그림.	610년 무렵 무하마드(영어 표기로는 마호메트, 570~632년)가 이슬람 교를 일으키다.	
611년	신라와 가잠성 전투에서 승리하다.		수 隋
612년	수의 고구려 2차 침입, 을지문덕이 살수에서 수나라 군 대파.		

350 고구려

613년 수나라 3차 침입.	618년 당나라 건국.
614년 수나라 4차 침입.	622년 헤지라(이슬람 기원 원년)
618년 영류왕이 즉위하다.	629년 현장, 인도 여행.
621년 신라의 설계두, 당나라로 떠나다.	
631년 천리장성 쌓기 시작, 16년 만에 완성.	634년 이슬람, 아라비아 전역을 통일하다.
632년 진평왕이 죽고 선덕여왕 즉위.	640년 당, 고창국을 멸망시키다.
641년 해동증자라고 불리는 의자왕 즉위.	
642년 백제의 의자왕이 신라 공격, 대야성을 포함한 40여 개 성을 함락.	
642년 쿠데타 성공한 연개소문, 보장왕을 세우다.	
642년 백제의 공격에 김춘추가 고구려에 가서 군사 원조를 요청했으나 실패하다.	
645년 고구려, 당 태종이 침입했으나 안시성에서 격퇴.	645년 일본 다이카 개신(大化改新) 나카노 오에(中大兄) 왕자 세력이 쿠데타를 일으켜 집권하고, 수·당의 율령 국가 체제를 본받아 천황 중심의 중앙 집권 국가를 목표로 정치 개혁을 추진.
645년 황룡사 9층탑 완성.	646년 당나라 현장, 인도에서 돌아와 《대당서역기》 지음.
648년 김춘추, 당에 가서 군사 원조를 요청.	
651년 신라, 품주를 집사부로 개편하다.	655년 당 측천무후, 황후에 오르다.
660년 나당 연합군의 공격을 받고, 의자왕이 항복하다. 부흥 운동이 곳곳에서 일어나다.	661년 이슬람, 옴미아드 왕조 성립.
663년 부흥 운동을 도우러 온 왜군이 백촌강에서 전멸, 부흥 운동이 막을 내리다.	
665년 연개소문 사망하다.	
668년 고구려 멸망, 부흥 운동 전개.	668년 당의 북쪽에서 돌궐(투르크)이 힘을 발휘하고, 서쪽에서는 토번(티베트)이 당과 힘을 겨루던 시대. 당은 돌궐을 굴복시키고 티베트에는 공주를 시집 보내는 등 주변 민족과 관계를 정리하는 데 힘쓰다. 그러나 동쪽에서 가장 위협적인 고구려를 제압하지 못하여 고심하다가 신라와 손을 잡고 결국은 고구려도 멸해 세계 제국을 건설하다.
676년 당나라 군사 한반도에서 철수. 신라, 삼국 통일 완수.	

618

당
唐

682년 국학을 설립하고, 감은사를 짓다.
685년 9주 5소경을 설치하다.
686년 원효 죽다.
689년 신라, 녹읍을 없애고 대신 녹봉 지급.
698년 대조영, 발해 건국.
702년 의상 죽다.
703년 204명의 일본국 사신이 신라에 오다.

690년 여자 황제, 측천무후 탄생. 원래 당 태종의 후비였으나, 태종을 이은 고종의 후비가 되었다가 황후가 되었다. 690년 나라 이름을 '주'로 바꾸고 황제가 되다.

705년 측천무후 세상을 떠나다. 중종이 뒤를 이어 당의 국호를 되살리다.
712년 중종과 예종의 뒤를 이어 현종 즉위. 처음에는 과감한 개혁 정치로 칭송을 받았으나 말년에 일어난 '안록산의 난'으로 현종 시대의 절정 무너지다.
712년 일본 율령 국가 체제를 완성하여 나라 시대의 전성기를 누리다.

731년 동해안에 침입한 일본 병선 300척을 대파하다.
733년 신라, 당의 요청으로 발해 공격.
735년 신라, 대동강 이남의 옛 고구려 영토 영유를 당으로부터 공식 인정받다.
751년 김대성, 불국사와 석불사(석굴암)를 짓기 시작하다.

732년 프랑크 왕국, 사라센 격파 (푸아티에 전투).

당
唐

751년 프랑크 왕국의 피핀 3세(재위 751~768년)가 카롤링거 왕조 창시.
751년 탈라스 전투(당나라와 비슷한 시기에 일어난 이슬람 교가 동으로 세력을 넓히다가 서쪽으로 진출하던 당과 충돌한 사건).

756년 발해, 상경 용천부로 천도.
757년 녹읍 부활.
765년 경덕왕 사망, 혜공왕 즉위.
768년 대공의 난 일어나다.
771년 성덕대왕 신종(에밀레종)이 만들어지다.
780년 이찬 김지정이 반란을 일으켜 궁궐을 포위하자, 상대등 김양상과 이찬 김경신 등이 군사를 몰아 김지정을 죽이다. 혜공왕 사망, 김양상(선덕왕) 즉위.
785년 선덕왕 사망, 상대등 김경신(원성왕)이 즉위.
788년 원성왕, 독서삼품과 설치.

755년 안록산의 난 이후 당은 당쟁의 폐와 환관의 전횡이 갈수록 심해지다.
768년 피핀 3세의 아들 샤를마뉴 즉위. 샤를마뉴, 프랑크 왕국을 유럽 최대 왕국으로 성장케 하다.
771년 프랑크 왕국 통일.

809년 김언승이 아우 제옹과 함께 군사를 일으켜 조카 애장왕을 죽이고 즉위, 헌덕왕이 되다.		
812년 김헌창의 난 일어나다.	814년 프랑크 왕국의 샤를마뉴 사망. 이후 제국이 분할되고 그 때 나뉜 경계가 오늘날의 프랑스, 독일, 이탈리아를 이루다.	
828년 장보고의 요청으로 청해진 설치.		
833년 전국에 큰 기근이 들고 돌림병이 퍼지다.		
834년 흥덕왕, 골품제의 규제를 재강조하는 명령을 내리다.		
839년 김양이 장보고의 군사를 빌려 민애왕을 죽이고 김우징(신무왕)을 추대하다.		
신무왕 사망, 문성왕 즉위.		당 唐
845년 문성왕이 장보고의 딸을 후비로 삼으려다 신하들의 반대로 그만두다.		
846년 장보고, 청해진에서 문성왕이 보낸 자객에게 피살.	875년~884년 황소의 난. 당 제국이 멸망하게 된 결정적인 계기.	
885년 최치원, 당에서 귀국하다.		
889년 조정에서 지방에 세금을 독촉하자 전국에서 농민들이 들고일어나다.		
원종과 애노가 사벌주(상주)에서 반란을 일으키다.		
892년 견훤, 후백제를 세우다.		
894년 최치원이 진성여왕에게 시무 10여 조를 올렸으나 시행되지 못하다.		
898년 궁예, 송악에서 나라를 일으키다.		
905년 궁예, 도읍을 철원으로 옮기다.	907년 당나라 멸망. 일본 율령 체제가 무너지면서 중앙 귀족이나 사원, 신사 등이 광대한 사유지를 소유, 장원이 발달하다.	907
		5대10국
	916년 중국, 거란(요) 건국.	
918년 왕건, 궁예를 죽이고 고려를 세우다.		916
919년 왕건, 송악으로 도읍을 옮기다.		
926년 발해 멸망		
927년 견훤, 신라 수도를 공격, 경애왕을 자살케 하고 경순왕을 세운 뒤 철수.		북송 北宋
935년 3월 견훤의 아들 신검이 견훤을 금산사에 유폐하고 즉위.		· 요遼
935년 6월 견훤, 고려에 망명하다.		
935년 10월 신라 멸망.		

사진 제공

18 돌널 무덤 — 국립부여박물관
18 움 무덤, 나무 곽 무덤, 독 무덤 — 《조선유적유물도감》 2
19 운평리 돌무지 무덤 — 《조선유적유물도감》 4
20 압록강 상류의 북한 풍창 마을 — 여호규
26~27 임강총, 서대묘, 태왕릉 외 — 여호규
27 석촌동 4호 무덤 — 서울대학교 박물관
28 압록강 유역 — 여호규
31~32 운평리 고분군 전경과 철기 유물 — 《조선유적유물도감》 2
33 고리자루 긴칼 — 《북한의 문화재와 문화 유적》 II
35 노남리 고분군 분포도 — 《조선유적유물도감》 4
35 노남리에서 나온 쇠붙이 — 《유적 발굴 보고》 - ⑬ 압록강 독로강 유역 고구려 유적 발굴보고
51 《삼국사기》〈고구려 본기 1〉, 《삼국유사》 고구려조 — 여호규
52~53 훈 강 댐에서 올려다보이는 오녀산 — 여호규
54~55 오녀산성 동쪽 성벽, 병영 터, 천지, 오녀산성 정상에서 내려다본 훈 강, 오녀산의 험준한 산길 — 여호규
57 1930년대의 국내성 북쪽 성벽 — 《통구》 下, 1994년의 국내성 북쪽 성벽, 새로 단장한 최근 모습 - 여호규
58 국내성 서문 터와 서벽 전경 — 여호규
59 국내성 출토 막새기와 — 《고구려 성》 I
71 국동대혈 — 여호규
84~85 산성자산성 전경 — (사단법인) 고구려연구회
84 산성자산성 동쪽 벽과 출토 수막새 — 여호규
90~91 우산하 고분군 — 《통구》 上
97 경산 임당의 순장 무덤 — 영남대학교박물관
97 고령 지산동 44호 무덤 — 박천수
115 모두루 묘지 — 《통구》 下
121 현재 보호각을 씌운 광개토왕릉비 — 여호규
121 광개토왕릉비 — 《조선고적도감》 1
122 광개토왕릉비 비문과 탁본 — 《조선고적도감》 1, 《조선유적유물도감》 4
127 장군총의 돌방 안 — 《조선유적유물도감》 4
132 광개토왕릉비 1면 탁본 — 《조선고적도감》 1
136 신라 서봉총 출토 은합 — 국립경주박물관
137 호우총의 호우 — 국립경주박물관
138~139 태왕릉 전경, 태왕릉의 흩어진 계단석과 버팀돌 - 여호규, 태왕릉에서 발견된 글자가 새겨진 벽돌 — 《조선유적유물도감》 4
139 장군총 평면도 — 《통구》 上
148 대성산성의 소문봉 장대 — 《조선유적유물도감》 3
155 남한강가의 중원고구려비 — 《남한강 문물전》
156 대장장이 신 — 《한국 고대의 문자와 기호 유물》
157 아차산 4보루에서 나온 고구려의 농공구 — 서울대학교박물관
158 탄화 쌀과 탄화 조 — 한국토지공사 토지박물관
159 춤 무덤 벽화 중 사냥 그림 — 《북한의 문화재와 문화 유적》 I
160 여러 가지 화살촉 — 서울대학교박물관
160~161 안악 3호 무덤 벽화의 행렬도 — 《북한의 문화재와 문화 유적》 I
161 투겁창, 칼, 도끼와 그 옆모습, 초승달 모양 도끼 — 서울대학교박물관
162 세 칸 무덤의 개마 무사 — 《북한의 문화재와 문화 유적》 I
163 지안 12호 무덤 벽화 중 포로의 목을 베는 그림 — 《북한의 문화재와 문화 유적》 I
163 기병의 금동 신발 바닥과 복원한 금동 신발 — 《북한의 문화재와 문화 유적》 II
164 투구, 투구 조각 — 서울대학교 박물관
164~165 덕흥리 벽화 무덤의 행렬도 — 《북한의 문화재와 문화 유적》 I
166 말의 갖춤새 — 서울대학교 박물관
8장의 고구려 고분 벽화 — 《고구려 고분벽화》, 《북한의 문화재와 문화 유적》 I · II
177 쪽구들 — 《아차산 제4보루》
193 지안 박물관 앞뜰의 기둥 주춧돌들 — 여호규
193 집의 구조와 고분 벽화 속의 여러 가지 두공 형식 — 《고구려 문화사》
194 암키와 조각 — 한국토지공사 토지박물관
195 막새기와 — 국립중앙박물관
195 암키와 — 국립중앙박물관
195 수키와 — 한국토지공사 토지박물관
196 우리 곁의 기와 지붕 — 전수정
198 철옹성 — 《조선유적유물도감》 3
198 한강 유역의 고구려 보루 — 서울대학교 박물관
199 구의동 보루 성벽 - 서울대학교 박물관
202 용담산성의 토석혼축 모습 — 여호규
203 고려성산성의 서쪽 흙벽 — 여호규
205 오녀산성, 변우산성, 백암성, 태자성 — 여호규
207 랴오닝 성 카이위안의 고성자산성 — 여호규
211 오골성 — 여호규
212 랴오닝 성 서풍현 성자산산성 — 여호규
216 오녀산성 동벽, 백암성 북쪽 벽의 치 — 여호규

219 백암성 북벽과 치 — 여호규
220 성자산산성 북쪽 성벽 — 여호규
221 석대자산성 동쪽 성벽 — 여호규
222~223 동단성 동벽 바깥의 참호, 성자산산성 서벽
바깥의 참호, 최진보산성 남문 부근 — 여호규
223 국내성 북벽 바깥의 해자 터 — 《통구》上
224 몽촌토성의 복원한 목책 — 전성영
224 청원 남성골 유적 — 충북대학교 박물관
225 평양성 성돌 — 《조선유적유물도감》 3
10장의 고구려 고분 벽화 — 《고구려 고분벽화》, 《북한의
문화재와 문화 유적》 Ⅰ · Ⅱ, 《통구》上, 下
258 해 뚫음무늬 금동 장식품 — 《고구려》
262~263 금강사 터의 가람 배치도와 목탑 복원 모형,
연가 7년명 금동 일광 삼존상, 오매리 절골터 출토 금동
판 — 《조선유적유물도감》 3 · 4
278~279 평양 근방의 고구려 유적 — 《조선유적유물도
감》 3
281 을밀대, 평양성의 옹성, '경상동'이란 글자가 새겨
진 성돌, '괘루개절' 등의 글자가 새겨진 성돌 — 《조선유
적유물도감》 3
281 대동문, 보통문, 현무문 — 《북한의 문화재와 문화
유적》 ① 건물편
291 요동성 — 《조선유적유물도감》 3
300 다카마쓰 고분 벽화 — 출처미상
307 남생의 묘지 탁본 — 《중국낙양문물명품전》
314 중국 랴오닝성 하이청 시의 영성자 산성 — 여호규
315 안시성 전투 기록화 — 독립기념관
318 푸순 고이산성 내부와 고이산성에서 바라본 푸순 시
가지 — 여호규
320 아프라시압 벽화 — 《한국 전통복식 2천년》
335 하늘에서 내려다본 차오양(영주) 시 전경 — 송호정
340 아차산 출토 고구려 질그릇 — 서울대학교 박물관
341 신라의 굽다리 접시 — 국립경주박물관
341 백제의 세 발 달린 토기 — 서울대학교박물관
342 옹기로 만든 쓰레기통 — 여호규

★ 여유당출판사에서는 이번 개정판을 내면서 이 책에 실린 사
진에 대해 저작권자의 허락을 다시 받기 위해 최선을 다했습니
다. 혹시 내용이 빠졌거나 잘못 기록된 부분이 있으면 연락주시
기 바랍니다.

참고 문헌

사전 · 지도

두산동아백과사전연구소, 《두산세계백과사전》, 두산동
아, 1996
한국민속사전편찬위원회, 《한국민속대사전》, 한국사전연
구사, 1997
한국민족문화대백과 편찬부, 《한국민족문화대백과사전》,
한국정신문화연구원, 1991
한국고고학사전편찬위원회, 《한국고고학사전》, 국립문화
재연구소, 2002
중학교 《사회과부도》
고등학교 《역사부도》
고등학교 《지리부도》
譚其驤 主編, 《中國歷史地圖集》釋文匯編(東北券), 中央民族
學園出版社, 1988
傅馬利 · 楊守一, 《中華人民共和國地圖集》, 中國地圖出版社,
1996
劉明光, 《中國自然地理圖集》, 中國地圖出版社, 1998

도감

《경주박물관이야기》, 국립경주박물관, 2000
《고구려 고분벽화》, 서문당, 1989
《高句麗古墳壁畵》, 朝鮮畵報社, 1985
《고구려 고분벽화》, 한국방송공사, 1994
《고구려 성》, 한국방송공사, 1994
《고구려 – 한강유역의 고구려 요새》, 서울대학교박물관,
2000
《남한강 문물전》, 국립대구박물관,
《대륙에 남은 고구려》, 고구려연구회, 2003
《문자로 본 신라》, 국립경주박물관, 2002
《민족기록화》 – 민족사 편, 한국문화예술진흥원, 1993
《발굴유물도록》, 서울대학교박물관, 1997
《북한의 문화재와 문화 유적》 Ⅰ · Ⅱ, 서울대학교 출판
부, 2000
《북한의 문화재와 문화 유적》 ① 건물편, 서울대학교 출
판부, 2002
《조선고적도보》 1, 도서출판 민족문화, 1993
《조선유적유물도감》 3~6, 조선유적유물도감편찬위원회,
1990
《중국낙양문물명품전》, 국립부여박물관, 1998
《집안고구려고분벽화》, 조선일보사, 1993
《한국의 고대의 문자와 기호유물》, 국립청주박물관,
2000

《특별기획전 고구려》, 2003
《한국의 고대의 토기》, 국립중앙박물관, 1997
《한국 전통복식 2천년》, 국립대구박물관, 2002

통사 · 분야사
고교 《역사부도》
고교 《지리부도》
중 · 고교 《국사》 교과서
중학교 《사회과부도》
중 · 고교 《국사》 교과서
초등학교 《사회》 6-1 교과서

경희대학교 전통문화연구소, 《동이전 고구려 관계자료》,
    1982
공석구, 《고구려 영역확장사 연구》, 서경문화사, 1998
국사편찬위원회 편, 《중국정사 조선전 역주》(1 · 2), 1987
국사편찬위원회, 《한국사》 2, 1977
국사편찬위원회, 《한국사》 5(고구려), 1996
김기흥, 《고구려건국사》, 창작과비평사, 2002
김기흥, 《새롭게 쓴 한국고대사》, 역사비평사, 1993
김영진, 《고구려유물편》, 사회과학출판사(백산자료원 복
    각본), 2002
김원룡, 《한국고고학개설》, 일지사, 1986
김원룡, 《한국벽화고분》, 일지사, 1980
김원룡, 《한국미술사연구》, 서울대 출판부, 1987
김정배 · 유재신 엮음, 《중국학계의 고구려사 인식》, 대륙
    연구소, 1991
김철준, 《한국고대사회연구》, 지식산업사, 1976
노태돈, 《고구려사연구》, 사계절, 1999
단국대학교 사학회, 《사학지》 13 - 중원고구려비 특집호,
    1979
리지린 · 강인숙, 《고구려력사연구》, 사회과학출판사,
    1976
박진욱, 《조선고고학전서》 - 중세편:고구려, 과학백과사
    전출판사, 1991
변태섭, 1986《한국사통론》삼영사
사회과학원 고고학연구소, 《조선고고학개요》(새날 복각
    본), 1989
사회과학원 역사연구소, 《고구려문화사》, 사회과학출판
    사, 1975
사회과학원 역사연구소, 《조선전사》 3 과학백과사전출판
    사, 1979
손영종, 《고구려사》 1~3, 과학백과사전종합출판사,
    1990~1999

여호규, 《고구려 성》 I-압록강 중상류편, 국방군사연구
    소, 1998
여호규, 《고구려 성》 II - 요하유역편, 국방군사연구소,
    1998
역사문제연구소, 《사진과 그림으로 보는 한국의 역사》,
    웅진출판, 1993
역사신문 편찬위원회, 《역사신문》 1, 사계절, 1995
역사학연구소, 《우리 역사를 찾아서》 1, 심지, 1994
이기백, 《한국사신론》(신수판), 일조각, 1990
이기백, 《우리역사의 여러모습》, 일조각, 1996
이기백 · 이기동, 《한국사강좌》 1- 고대편, 일조각, 1982
이병도 역주, 《역주 및 원문 삼국유사》, 광조출판사, 1984
이인철, 《고구려의 대외정복 연구》, 백산자료원, 2000
이전복 · 손옥량(강인구 · 김영수 번역), 《고구려간사》, 삼
    성출판사, 1990
이진희(이기동 역), 《광개토왕비의 탐구》, 일조각, 1982
전국역사교사모임, 《살아있는 한국사교과서》 1, 휴머니스
    트, 2002
전용신 역, 《완역 일본서기》, 일지사, 1989
전호태, 《고구려 고분벽화 연구》, 사계절, 2000
전호태, 《고분벽화로 본 고구려 이야기》, 풀빛, 1999
정구복 외 역주, 《역주 삼국사기》, 한국정신문화연구원,
    1996
정영호 감수, 《그림과 명칭으로 보는 한국의 문화유산》,
    시공테크, 1999
주영헌, 《고구려 고분벽화무덤의 편년에 관한 연구》, 과
    학원출판사, 1961
최무장, 《고구려고고학》 1 · 2, 민음사, 1995
한국고대사회연구소 편, 《역주 한국고대금석문》 I, 가락
    국사적개발연구원, 1992
한국사편집위원회, 《한국사》 2~4, 한길사, 1995
한국생활사박물관 편찬위원회, 《한국생활사박물관》 03
    고구려 생활관, 1997
한국역사연구회 고대사분과, 《문답으로 엮은 한국고대사
    산책》, 1994
한국역사연구회 고대사분과, 《삼국시대 사람들은 어떻게
    살았을까》, 청년사, 1998
한국역사연구회 지음, 《한국역사》, 역사비평사, 1992
한국역사연구회 편, 《역사문화수첩》, 역민사, 2000
한영우, 《다시찾는 우리역사》, 경세원, 1997

王健群(임동석 번역), 《광개토왕비연구》, 역민사, 1985
李殿福(차용걸 · 김인경 번역), 《중국내의 고구려유적》, 학
    연문화사, 1994

魏存成(신용민 번역), 《高句麗考古》, 호암미술관, 1996
武田幸男, 《高句麗史と東アジア》, 岩波書店, 1989
三上次男, 《高句麗と渤海》, 吉川弘文館, 1990
東潮·田中俊明, 《高句麗の歴史と遺蹟》, 中央公論社, 1995

논문
강현숙, 〈고구려 봉토석실분의 변천에 관하여〉, 《한국고고학보》 31, 1994
김기흥, 〈6,7세기 고구려의 조세제도〉, 《한국사론》 17, 1987
김현숙, 〈광개토왕비를 통해본 고구려수묘인의 사회적 성격〉, 《한국사연구》 65, 1989
노중국, 〈고구려국상고〉, 《한국학보》 16·17, 1979
서영대, 〈고구려 평양천도의 동기〉, 《한국문화》 2, 1981
서영대, 〈고구려 귀족가문의 족조전승〉, 《한국고대사연구》 8, 1995
서영수, 〈광개토왕릉비문의 정복기사 재검토〉(상), 《역사학보》 96, 1982
여호규, 〈3세기 고구려의 사회변동과 통치체제의 변화〉, 《역사와 현실》 15, 1995
여호규, 〈3세기 후반 – 4세기 전반 고구려의 교통로와 지방통치조직〉, 《한국사연구》 91, 1995
여호규, 〈압록강 중류유역에서 고구려의 국가형성〉, 《역사와현실》 21, 1996
여호규, 〈4세기 동아시아 국제질서와 고구려 대외관계의 변화〉, 《역사와현실》 36, 2000
여호규, 〈고구려 천리장성의 경로와 축성배경〉, 《국사관논총》 91, 2000
여호규, 〈6세기말 – 7세기초 동아시아 국제질서와 고구려 대외정책의 변화〉, 《역사와현설》 46 , 2002
이기백, 〈고구려 왕비족고〉, 《진단학보》 20, 1959
임기환, 〈고구려 초기의 지방제도〉, 《경희사학》 14, 1987
임기환, 〈6·7세기 고구려 정치세력의 동향〉, 《한국고대사연구》 5, 1992
임기환, 〈온달 서동설화와 6세기 사회〉, 《역사비평》 22, 1993
전호태, 〈고구려 장천1호분 벽화의 서역계 인물〉, 《울산사학》 6, 1993
정찬영, 〈기원 4세기까지의 고구려묘제에 대한 연구〉, 《고고민속논문집》 5, 1973
천관우, 〈광개토왕릉비재론〉, 《전해종박사화갑기념사학론총》, 1979

보고서
고고학 및 민속학연구소, 《안악 제3호분 발굴보고》과, 학원출판사, 1958
고고학 및 민속학연구소, 《대동강류역고분발굴보고》, 1959
고고학 연구실, 《동명왕릉과 그 부근의 고구려 유적》, 김일성종합대학 출판사, 1976
구의동보고서 간행위원회, 《한강유역의 고구려요새》, 1997
金元龍, 《韓國美術全集》 4(壁畵), 同和出版公社, 1973
김일성종합대학 고고학 및 민속학 강좌, 《대성산성의 고구려 유적》, 김일성종합대학 출판사, 1973
김재원, 《壺杅塚과 銀鈴塚》, 국립중앙박물관, 1948
사회과학원, 《덕흥리고구려벽화무덤》, 과학 백과사전출판사, 1981
신형식, 《집안 고구려유적의 조사연구》, 국사편찬위원회, 1996
서울대학교 박물관, 《아차산 제4보루》, 2000
정찬영, 《압록강 독로강 유역 고구려 유적 발굴보고》, 과학백과사전출판사, 1983
최무장, 《고구려 발해문화》, 집문당, 1985
최희림, 《고구려 평양성》, 과학 백과사전출판사, 1978
토지박물관·연천군, 《연천 호로고루》, 1999
한국정신문화연구원, 《고구려의 고고문물》, 1996
吉林省文物志編委會, 《集安縣文物志》, 1984
王禹浪·王宏北, 《高句麗 渤海古城址研究匯編》 상·하, 哈爾濱出版社, 1994
中國國家文物局, 《中國文物地圖集》(吉林分册), 中國地圖出版社, 1993
池內宏, 《通溝》上·下, 日滿文化協會, 1938

* * *

이 책의 내용에 궁금한 점이 있으면 여호규 선생님께 이메일로 문의하세요.

이메일 주소 : hgyeo1123@hanmail.net

* * *

아! 그렇구나
우리 역사

❸ 고구려

2003년 7월 25일 1판 1쇄 펴냄
2005년 7월 25일 개정판 1쇄 펴냄
2019년 3월 20일 개정판 6쇄 펴냄

글쓴이 · 여호규
그린이 · 김형준
펴낸이 · 조영준

펴낸곳 · 여유당출판사
출판등록 · 2004-000312
주   소 · 서울시 마포구 동교로 27길 53, 지남빌딩 201호
전   화 · 02-326-2345 | 팩스 · 02-6280-4563
이메일 · yybooks@hanmail.net
블로그 · http//blog.naver.com/yeoyoubooks

ISBN 89-955552-3-8 44910
ISBN 89-955552-0-3(전15권)

ⓒ 여호규 · 여유당, 2005
협약에 따라 인지를 붙이지 않습니다.

책값은 뒤표지에 있습니다. 잘못된 책은 구입하신 서점에서 바꾸어 드립니다.